Ludger Fischer
Küchenirrtümer

Ludger Fischer

KÜCHENIRRTÜMER

Osburg Verlag

Dr. Ludger Fischer, geboren 1957 in Essen, ist Politikwissenschaftler, Philosoph und Kunsthistoriker. Er vertrat über zehn Jahre die Hersteller von Lebensmitteln in Kleinbetrieben – Bäckereien, Metzgereien, Eisdielen etc. – in den Beratungsgremien der Europäischen Kommission in Brüssel. Im Osburg Verlag veröffentlichte er 2019 das Buch *We are anders,* in dem er die Hintergründe des unvermeidlichen Brexit erklärt. Küchenirrtümer zählen auch dazu.

Die *Küchenirrtümer* von Ludger Fischer erschienen 2009 unter dem Titel *Kleines Lexikon der Küchenirrtümer* und 2010 *Noch mehr Küchenirrtümer* im Eichborn Verlag, Frankfurt am Main. Bei der vorliegenden Ausgabe handelt es sich um die aktualisierte und überarbeitete Neuausgabe.

Erste Auflage dieser Ausgabe 2020
Zweite Auflage 2020

www.osburgverlag.de

Lektorat: Wolf-Rüdiger Osburg
Korrektorat: Mandy Kirchner, Weida
Umschlaggestaltung: Judith Hilgenstöhler, Hamburg
Satz: Hans-Jürgen Paasch, Oeste
Druck und Bindung: CPI books GmbH, Leck
Printed in Germany
ISBN 978-3-95510-218-0

So etwas wie eine Widmung

Sie haben's gut! Sie können alle Schlauheiten, die in diesem Buch stehen, lesen. Sie können sie glauben oder nicht, sie befolgen oder nicht, sie ausprobieren oder nicht. Aber stellen Sie sich mal meine Frau vor! Carina ist eine hervorragende Köchin und Anregerin. Sie muss sich trotzdem täglich meine Besserwisserei anhören. Schlimm! Ich glaube, ich sollte ihr wenigstens dieses Buch widmen. Und wissen Sie was? Das mache ich auch!

Inhaltsverzeichnis

»Fangen Sie schon mal an, zu kochen!«

»Wie soll das gehen? Ich weiß doch noch gar nicht, was es heute geben soll.« »Jetzt fragen Sie doch nicht so unbeholfen. Setzen Sie Wasser auf! Heißes Wasser brauchen Sie sowieso. Für Nudeln, Reis, Kartoffeln, Gemüse. Dann schälen und schneiden Sie Zwiebeln! Zwiebeln brauchen Sie auch immer. Zwiebeln machen jedes Gericht schmackhaft. Zwiebeln enthalten so viel natürliches Natriumglutamat, dass Sie sich das künstliche sparen können. Ein Gericht, in das keine Zwiebeln kommen, gibt es praktisch nicht.« »Schokoladenpudding?« »Müsste man mal probieren. Sie dünsten also die Zwiebeln sanft an und wenn entschieden wird, was es heute geben soll, haben Sie schon zehn Minuten Vorsprung.« »Gute Idee!«

Worum es geht

Pilze darf man nicht aufwärmen, das wusste schon die erfahrene Oma. Und Spinat auch nicht. Und ein tolles Menü am Abend macht dick. Und Muscheln soll man nur in Monaten mit »R« essen. Und ein Soufflé fällt zusammen, wenn man zu früh die Ofentür öffnet – es gibt unzählige Küchenweisheiten. Die meisten entbehren aber jeder Grundlage, sind längst veraltet oder schlichtweg falsch, wie auch die hier erwähnten. Diese und weitere Küchenirrtümer werden hier aufgedeckt.

Dieses Buch basiert auf meinen beiden »Lexika der Küchenirrtümer«. Die Kapitel sind hier allerdings thematisch gegliedert. Und damit niemand eine Überschrift für die Wahrheit hält, steht am Anfang jeweils »Irrtum«.

Hier geht's los:

Irrtum: Absinth ist verboten

Das Zeug schmeckt scheußlich! Mir jedenfalls. Eigens für dieses Buch und um Ihnen das gefährliche Experiment zu ersparen, habe ich es auf mich genommen, Absinth zu mir zu nehmen. Das mit einer geheimnisvollen Aura umgebene Getränk profitiert noch immer vom Ruf, den es durch sein achtzigjähriges Verbot erlangt hat. Das Verbot wurde mit der angeblich verheerenden Wirkung von Absinth begründet. Was das Verbot angeht, kann ich Sie hier auf den neuesten Stand bringen: Es existiert nicht mehr. Sie können Absinth fast überall problemlos kaufen. Bevor Sie das machen, lesen Sie aber bitte die folgenden Warnhinweise oder fragen Sie Ihren Arzt oder an der Theke.

In den 1920er-Jahren gab es die Modeerscheinung, sich durch exzessiven Absinthkonsum als Mitglied einer bestimmten Künstler- und Weltschmerzclique auszuweisen. Mit der damals noch legalen Droge gaben Oscar Wilde, Henri de Toulouse-Lautrec, Pablo Picasso und Ernest Hemingway genauso an, wie es in den 1960er-Jahren Bill Clinton mit seinem wahrscheinlich einmaligen Haschischkonsum tat. Vincent van Gogh versuchte, mittels Absinth seine Epilepsie zu mildern, was wahrscheinlich nicht funktionierte. Er fand aber durch diesen Suff und in Kombination mit dem ebenfalls eifrig geschluckten Digitalis (Fingerhut) die Farbe Gelb ganz wunderbar und verwendete sie exzessiv.[1]

Die vom Absinth hervorgerufenen euphorisch-kreativen Räusche werden dagegen heute eher auf Autosuggestion zurückgeführt. Wie bei Haschisch: »Mann, war ich vielleicht stoned«, höre ich noch einen Kommilitonen nach dem Genuss einer Zigarette schwärmen, in die wir – angeblich – Haschisch gemischt hatten. Die Inhaltsstoffe von Absinth lassen eher an Kräuterlikör denken als an Drogen: Fenchel,

Anis, Wermut. Aus Wermut (Artemisia absinthium) wird zwar der reine Wirkstoff Thujon gewonnen ($C_{10}H_{16}O$), als Nervengift wirkt dieser Stoff aber nur in sehr, sehr großen Mengen. Allerdings hat Thujon außerdem eine nierenschädigende Wirkung.

Angeblich wurde das Mixgetränk 1792 in der Schweiz, genauer in Couvet, vom Arzt Dr. Pierre Ordinaire als Heilmittel erfunden. Wenn das mal kein Witz ist. Belegt ist allerdings, dass Henri Louis Pernod 1805 in Pontarlier Absinth herstellte. Seit 1863 griff in ganz Europa eine Reblauskatastrophe um sich. Fast alle Weinstöcke wurden vernichtet. In der Folge stieg Wein erheblich im Preis. Absinth aber konnte, weil er stark aromatisiert war, auch auf der Basis anderer alkoholischer Getränke hergestellt werden. Der Preis blieb gleich, die ärmere Bevölkerung schwenkte, zumindest in Frankreich, von Wein auf Absinth um – und das etwas zu heftig. Man sprach von Absinthismus und meinte doch Alkoholismus. Dann passierte 1905 das, was leider gelegentlich unter Alkoholeinfluss passiert: ein Dreifachmord. Der frustrierte Erntehelfer Jean Lanfrey erschoss im volltrunkenen Zustand seine Frau und seine beiden Töchter. Der Vorfall ließ die Gesetzgeber vieler Länder überreagieren. Das Getränk, das angeblich das Verbrechen ausgelöst hatte, wurde verboten – 1905 in Belgien und Brasilien, 1908 in der Schweiz, 1910 in den Niederlanden, 1912 in den USA, 1915 in Frankreich und zuletzt 1923 in Deutschland.

So ein Gerät nennt man Absinthlöffel, obwohl es eigentlich eher eine Art Lochblech ist. Zucker drauf, Absinth drüber, anzünden und sich ungeheuer kultig vorkommen.

Den größten Hersteller von Absinth, Henri Louis Pernod, focht das kaum an. Nach dem Verbot des Inhaltsstoffs Wermut ließ Pernod diesen einfach weg und nannte sein Getränk »Pernod«. Und nun kommt der Hintergrund zur interessanten Nachricht, der Wiederzulassung von Absinth:

Die EU hat die Herstellung und den Verkauf von Absinth nach etwa achtzig Jahren Verbot wieder erlaubt.[2] Der zulässige Thujon-Gehalt wurde dabei auf 35 Milligramm pro Liter festgelegt, eine Menge, die keinerlei Halluzinationen, Nervenschäden, Krämpfe oder sonstige heftige Reaktionen auslösen kann. Drogenfreunde sind trotz dieser strikten Grenzwerte über die Wiederzulassung ganz aus dem Häuschen.[3] Absinth wird, weil er hochprozentig ist (bis zu 90 Prozent!), normalerweise mit Wasser verdünnt. Bei dieser Verdünnung kommt es zu einer opaleszierenden Weißfärbung. Man kennt das vom Anisschnaps. Die ätherischen Öle sind nur in Alkohol gelöst. Bei Zugabe von Wasser fallen sie aus, sie »präzipitieren«. Ein fieses Wort.

Um den verlorenen Kulteffekt auszugleichen, der durch den verringerten Wirkstoffgehalt entstand, belebten ritualerfahrene Menschen eine alte Absinth-Verzehrempfehlung wieder: Ein Zuckerlöffel wird in das Glas Absinth getaucht. Dann wird das Gemisch (mindestens 60 Prozent Alkohol + Zucker als Katalysator) wie eine Mini-Feuerzangenbowle entzündet. Der ganze Zauber hat, wie auch bei der großen Feuerzangenbowle oder beim Flambieren, überhaupt keinen Einfluss auf den Geschmack. Es sieht aber enorm gut aus, macht eine Riesenshow und man kann sich als Kenner ausgeben: »Mann, war ich vielleicht stoned!«

Irrtum: Alkohol verdampft beim Kochen

Zum Glück nicht! Jedenfalls nicht so schnell, wie Sie es vielleicht erwarten. Was einen Braten in Burgundersoße ausmacht, eine Brüsseler Karbonade mit süßer Biersoße oder einen Coq au Vin sind die zarten Aromen, die vom Alkohol gebunden und weitergetragen werden. Wer für alkoholkranke Menschen oder Kinder kocht, sollte mit den Alkoholgaben aber vorsichtig sein. Alkohol ist durchaus nicht so flüchtig, wie es vielleicht erscheint. Noch zu oft wird behauptet: »Das bisschen Alkohol ist doch längst verkocht, bis das Essen auf dem Tisch steht.« Reiner Alkohol (und nur reiner Alkohol) siedet schon bei 78 Grad. Mischungen von Alkohol mit anderen Flüssigkeiten, vorwiegend Wasser, sieden aber wegen des enthaltenen Wassers auch schon einmal erst knapp vor 100 Grad. Alle trinkbaren und zum Kochen verwendeten alkoholischen Getränke haben nun einen Alkoholgehalt von 9 Prozent (belgisches Bier), 12 Prozent (Wein) oder maximal 40 Prozent (alle Sorten von Schnaps). Es sind darin also bis zu 91 Prozent Wasser enthalten, das einem Verdunsten (Sieden) des Alkohols erst einmal entgegenwirkt.[4] Diese Erfahrung kann jeder machen, der sich auf einen Weihnachtsmarkt begibt und einen Glühwein trinkt. In den unschönen Warmhaltetöpfen wird er über Stunden auf Trinktemperatur gehalten und enthält doch, wenn er getrunken wird, noch so viel Alkohol, dass einem ganz warm ums Herz wird.

An der University of Idaho wurden die genauen Werte ermittelt: Eine kochende Soße oder Suppe mit Wein oder Schnaps enthält noch bis zu 85 Prozent des zugegebenen Alkohols. Längere Kochzeiten führten wie erwartet zu geringeren Anteilen. Nach einer halben Stunde waren immerhin noch 35 Prozent enthalten und selbst nach zweieinhalb Stunden enthielt eine Soße noch fünf Prozent der ursprünglichen Alkoholmenge.[5] Also: Vorsicht bitte!

Irrtum: Alufolie muss mit der matten Seite nach außen zeigen

Alles hat zwei Seiten, Alufolie auch: eine glänzende und eine matte. Immer wieder geistert durch die Kochempfehlungsliteratur der Hinweis, dass die glänzende Seite einer Alufolie eine andere Wirkung habe als die matte. So gibt es zum Beispiel für das Grillen die Empfehlung, die matte Seite müsse beim Einwickeln von Fleisch oder Fisch nach außen weisen. Sie lasse Hitze durch und ermögliche das Garen, während die glänzende Seite Hitze abschirme.[6] Oder: »Die matte Seite nimmt Wärme und Kälte auf, die glatte Seite weist Kälte und Wärme ab. Beim Frischhalten von Speisen muss die blanke Seite außen sein, beim Garen in der Alufolie muss die matte Seite außen sein.« Meist wird gar nicht auf die Ursache dieser angeblich unterschiedlichen Wirkung eingegangen. Wenn überhaupt, dann wird die Vermutung geäußert, der Abschirmungseffekt gehe auf eine bessere Wärmereflexion zurück. Auch wenn es sich plausibel anhört, so ist es doch ein Irrtum oder, besser gesagt, ein Effekt, der küchentechnisch überhaupt nicht ins Gewicht fällt.

Aluminium wird zwischen Walzen ausgewalzt, bis es nur noch etwa 4 µm dick ist. 4 µm sind 0,004 Millimeter. Somit ist das Aluminium etwa zehnmal dünner als ein dünnes menschliches Haar. Beim letzten Walzvorgang laufen zwei Schichten Alufolie übereinander durch die Walzen. Dabei werden die äußeren Seiten glänzend, die inneren bleiben matt. Die beiden Folienstränge werden dann getrennt und jeweils so aufgewickelt, dass die glänzende Seite nach außen zeigt. Der Grund dafür ist simpel: Es sieht schöner aus. Die Wärmestrahlung wird von der polierten Seite der Alufolie tatsächlich stärker reflektiert als von der unpolierten. Das ist aber völlig unerheblich. Bei den Temperaturen, die im Backofen herrschen, also etwa 250 Grad, spielt die Wärmestrahlung bei der Wärmeübertragung nämlich nur eine untergeordnete Rolle. Die meiste Wärme wird durch Konvektion übertragen, nämlich in der Ofenluft (Konvektion: ein Teilchentransport durch äußere Einwirkung). Innerhalb der Folie überwiegt dann die Wärmeleitung. Erst bei Temperaturen über 500 Grad leistet die Wärmestrahlung einen schwachen wahrnehmbaren Beitrag zur Wärmeübertragung. Schafft Ihr Herd 500 Grad?[7]

Unter Hobbyköchen gilt trotzdem die Faustregel: Will man etwas schnell garen, dann verwende man die matte Seite der Alufolie nach außen. Soll Hitze abgeschirmt werden, dann lege man die glänzende Seite nach außen. Viele Praxistests haben diese Vorgehensweise bereits widerlegt. Der Gesamtverband der Aluminiumindustrie in Düsseldorf teilt deshalb auch mit: »Entgegen dieser weitverbreiteten Meinung spielt es keine Rolle, auf welche Seite der Folie Sie die Nahrungsmittel legen. Unzählige Tests haben keine unterschiedlichen Gär- und Bräunungsergebnisse ergeben. Der unterschiedliche Glanz ist rein produktionstechnisch bedingt und beeinflusst nicht den Garverlauf.«[8] Fazit: Verwenden Sie Alufolie einfach so, wie sie Ihnen am besten gefällt.

Irrtum: Aluminiumtöpfe verursachen die Alzheimer-Krankheit

Aluminiumteilchen aus Töpfen und Pfannen, so heißt es noch immer in vielen Warnhinweisen, *könnten* die Alzheimer Krankheit auslösen.[9] Bei Autopsien hatte man in den Gehirnen verstorbener Alzheimer-Patienten erhöhte Aluminiumkonzentrationen festgestellt. Die Werte waren nicht zu vernachlässigen, weil sie immerhin vier- bis sechsmal so hoch waren wie bei Menschen, die ohne erkennbare Alzheimer Krankheit gestorben waren. Wieder einmal viel zu schnell wurden Ursache und Wirkung vertauscht und man nahm Aluminium als Ursache der Krankheit an – nicht etwa, was genauso nahegelegen hätte, die Krankheit als Ursache der erhöhten Aluminiumkonzentration. Erstaunlich ist auch, dass die Warnhinweise sich alle recht allgemein auf »Forschungen« beziehen, ohne konkrete Untersuchungen zu nennen. Das deutsche Bundesinstitut für Risikobewertung (BfR) sieht dagegen für Warnhinweise keinen Anlass: »Die geschätzte Aluminiumaufnahme sowohl aus Lebensmittelbedarfsgegenständen (z. B. Aluminiumfolien, Kochgeschirr) als auch aus kosmetischen Mitteln (Antitranspirante) ist gering«, heißt es in der am 22. Juli 2007 aktualisierten Stellungnahme zu diesem Thema.[10] Spätere Stellungnahmen beziehen sich lediglich auf die Tatsache der Aluminiumabgabe von Grillrosten und Menüschalen an Lebensmittel, nicht auf deren gesundheitliche Bedeutung. Diese sei vor allem zu vernachlässigen im Vergleich zur Aufnahme aus Lebensmitteln, die Aluminium natürlicherweise enthalten.

Laut dem National Institute of Health (USA) gibt es für eine Verbindung von Aluminiumaufnahme und Alzheimer-Krankheit nicht einmal Hinweise. Die Mengen Aluminium, die von entsprechenden Kochgefäßen an die darin zubereiteten Speisen abgegeben werden, seien minimal.[11] Auch die Weltgesundheitsorganisation (WHO) sieht keinen Zusammenhang zwischen der oralen Aluminiumaufnahme und dem Risiko, an Alzheimer zu erkranken.[12] Das Europäische Forum für Gesundheitsinformationen und die Universität Berkeley in Kalifornien untersuchten die am Herd gebräuchlichsten Materialien. Sie kamen zu dem Schluss: Eine Beziehung von Aluminium in Trinkwasser und der Alzheimer-Krankheit, die in mehreren epidemiologischen Studien nachgewiesen wurde, kann nicht leicht abgetan werden. Dennoch ist ein ursächlicher Zusammenhang durch diese Studien nicht nachgewiesen.

Vielleicht ist es ja doch genau andersherum. Alzheimer-Erkrankte lagern mehr Aluminium ein. Die Alzheimer Forschungsinitiative kommt zu dem Schluss: »Viele Wissenschaftler glauben, dass die Anhäufung von Aluminium im Gehirn von Alzheimer-Patienten eher aus der Zerstörung der Nervenzellen resultiert, als sie Ursache der Zerstörung ist. [...] Die Aluminiumbelastung durch Kochutensilien, Backpulver, Deodorants oder Antazida [das sind Arzneimittel zur Neutralisierung der Magensäure] reicht nicht aus, die Krankheit zu verursachen.«[13] Umso erstaunlicher ist es, dass das eingangs erwähnte Bundesinstitut für Risikobewertung trotzdem empfiehlt, für Lebensmittel wie Apfelmus, Rhabarber, Tomatenpüree oder Salzhering keine aluminiumhaltigen Töpfe oder Schalen zu verwenden und bei diesen Lebensmitteln auf den Einsatz von Aluminiumfolie zu verzichten. Der Hintergrund: Aluminium löst sich unter dem Einfluss von Säuren und Salzen. Tomatensoße etwa schmeckt dann bitter. Wenn es aber völlig ungefährlich ist und wenn nachgewiesene Aluminiumablagerungen in Gehirnen von Menschen, die an Alzheimer erkrankt waren, nicht Ursache, sondern Folge der Erkrankung sind: Warum sollte man dann aus gesundheitlichen Gründen darauf verzichten? Lesen Sie dazu auch den Abschnitt »Kupfertöpfe sind ideal zum Kochen«, denn da gibt es durchaus ein gesundheitliches Risiko.

Irrtum: Backöfen dürfen während der Garzeit von Fleisch nicht geöffnet werden

Anlass für diese seltsame Empfehlung für das Braten von Fleisch ist der angeblich hohe Feuchtigkeitsverlust, der durch das Öffnen der Backofentür entsteht. Fleisch, nach dem oft und lange mit geöffneter Tür gesehen werde, verliere auf diese Weise mehr von seinem kostbaren Saft als nötig.

Das aber würde heißen:

a) Im Mikroklima des Backofens wird beim Garen eine maximale Sättigung der Luft mit Wasser erreicht.

b) Diese Sättigung verhindert weiteres Verdunsten von Wasser aus dem Fleisch.

Die erste Behauptung lässt sich mithilfe eines hitzebeständigen Hygrometers leicht überprüfen. Dazu zwei Szenarien – hier das erste: ein Herd älterer Bauart, befeuert mit Kohle oder Gas, ohne Sichtfenster. Die Ofentür schließt eher schlecht als recht, sicher nicht so dicht, dass bei 200 Grad keine feuchtigkeitsgeschwängerte Luft nach außen austreten könnte. Szenario zwei: ein moderner Elektrobackofen mit Sichtfenster und Innenbeleuchtung, möglicherweise mit Umluftventilator. Hier gibt es überhaupt keinen Grund, die Ofentür zu öffnen, weil man den Bräunungsgrad des Fleischs sehr gut durch das Fenster beobachten kann. Und trotzdem: Wenn man es gelegentlich tut, etwa um weitere Gewürze hinzuzufügen, die über die gesamte Garzeit hin möglicherweise verbrennen würden, entsteht nur ein geringer Feuchtigkeitsverlust. Die Garzeit wird nur unwesentlich verlängert. Wenn man den Braten nicht zu lange in zu großer Hitze lässt, kann also gar nichts Schlimmes passieren. Um ganz sicherzugehen, kann man die Niedrigtemperatur-Garmethode anwenden. Dabei trocknet das Fleisch keineswegs aus, obwohl es stundenlang gegart wird. Es bleibt saftig und es entwickeln sich alle gewünschten Aromen.

Irrtum: Bestrahlung aus Lebensmitteln kann sich im Menschen anreichern

Bestrahlung von Lebensmitteln ist ein angstbesetztes Thema. Deshalb ist es nötig, hier etwas ausführlicher zu werden.

Erst einmal: Erdnüsse sind keine Nüsse, sondern Hülsenfrüchte. Dagegen sind Erdbeeren keine Beeren, sondern Sammelnussfrüchte. So weit, so sprachlich verwirrend, zumindest im Deutschen. Dass es sich bei Erdbeeren gar nicht um Beeren, sondern um Sammelnussfrüchte handelt, kann man erkennen, wenn man einmal eine Erdbeere von Nahem betrachtet und die kleinen gelben Nüsschen daran entdeckt. Allergiker erkennen die Verwandtschaft einfach an einer pelzigen Zunge nach dem Essen. Einen Pelz tragen auch Erdbeeren selbst schon nach kurzer Zeit, wenn sie nicht unter Idealbedingungen gelagert werden. Erdbeeren sind sehr empfindliche Früchte. Etwas zu viel Feuchtigkeit, etwas zu viel Druck und es bildet sich auf ihrer Oberfläche Schimmel. Erdbeeren, die zu reif geworden sind, schimmeln schon am Strauch. Für einen Transport bzw. für die Übergabe an eine möglicherweise recht lange Vertriebskette müssen Erdbeeren deshalb behandelt werden.

Zur Vermeidung von Pilzwachstum gibt es zwei schlechte Methoden: a) das Besprühen mit einem Fungizid, also einem pilzabtötenden Mittel, und b) die Behandlung mit ionisierenden Gammastrahlen. Die Bestrahlung erzeugt im Lebensmittel Molekülbruchstücke, sogenannte Radikale und Ionen, die bei lebenden Organismen zur Schädigung der Zellen und damit zu deren Absterben führen. Genau das will man ja. Die Verwendung von Strahlen nennt man auch Kaltsterilisation. Der größte Vorteil der Kaltsterilisation: Die bestrahlten Früchte bleiben roh. Ihre Haltbarkeit verlängert sich auf bis zu zehn Tage. Wer darin eine Verbrauchertäuschung sehen will, muss schon sehr kompliziert argumentieren. In den Erdbeeren selbst reichert sich diese Strahlung nicht an. Dazu müssten sie mit einer 1–10-millionenfach stärkeren Dosis bestrahlt werden.[14] Gamma- und Röntgenstrahlen schädigen die Zellstruktur von Mikroorganismen. Sie schädigen sie sogar so stark, dass diese nicht mehr weiterleben können. Ihre Gene gehen kaputt. Wenn ein Mensch dieser Strahlung ausgesetzt wäre, würde er auch Schaden nehmen. Er nähme aber ebenfalls Schaden, wenn er sich in einen Ofen setzen würde oder sich mit kochendem Wasser übergösse. Das macht aber keiner. Bakterien und Insekten lässt man diese Behandlung jedoch ungerührt angedeihen. Das finde ich gut. Die Bestrahlung tötet nämlich auch Bakterien wie das höchst gefährliche,

Kolibakterium E. coli, Salmonellen, Staphylokokken und Listerien. Meine körpereigene Abwehr könnte nur mit ganz wenigen dieser Fieslinge fertigwerden und dass ich die nächste Salmonellen- oder Listerienvergiftung überlebe (ich hatte schon zwei), ist keineswegs sicher. Sicher ist es aber, dass bei der Bestrahlung auch empfindliche Organismen wie Insekten und deren Larven getötet werden. Auch das finde ich gut. Die Strahlung macht, ich betone noch einmal, die bestrahlten Lebensmittel *nicht* radioaktiv. Für den Verzehr ist diese Methode also völlig ungefährlich, für die Lebensmittelsicherheit äußerst probat. Warum ruft sie dann bei so vielen Menschen Befürchtungen hervor?

In Deutschland geht man mit dieser Konservierungsmethode jedenfalls sehr sparsam um. Bisher ist trotz erwiesener Unbedenklichkeit in Deutschland nur die Bestrahlung von getrockneten aromatischen Kräutern und Gewürzen mit Elektronen-, Gamma(γ)- und Röntgenstrahlen zugelassen. Das sind vor allem Knoblauchpulver, Majoran, Ingwer, Pfeffer und Petersilie. Auch die Bestrahlung dieser Kräuter muss in zusammengesetzten Lebensmitteln angegeben werden. 1999 wurden zwei EU-Richtlinien beschlossen, die europaweit die Bestrahlung von Lebensmitteln regeln.[15] Schon im Dezember 2000 wurde eine dieser Richtlinien mit der Lebensmittelbestrahlungsverordnung (LMBestrV) in deutsches Recht umgesetzt und damit der Verkauf bestrahlter Lebensmittel auch in Deutschland ermöglicht – nicht ganz zur Freude von Skeptikern, die zwar keine Gefährdung durch angereicherte Strahlung sehen, wohl aber eine mögliche Entstehung freier Radikale sowie Vitaminverlust. Bestrahlung zerstört tatsächlich Vitamine, wie auch jede Wärmebehandlung unter anderem in einem Ofen oder in einer Mikrowelle Vitamine zerstört. Auch freie Radikale entstehen bei der Bestrahlung. Das nimmt man aber in Kauf, denn nur so erreicht man den wichtigsten Effekt einer Behandlung von Organismen mit Strahlen: die Zerstörung von Organismen, die Menschen gefährlich werden könnten. Dass sich in einer zehn Tage alten Erdbeere relativ weniger

Vitamine befinden als in einer frisch geernteten, dürfte auf der Hand liegen. Dass damit ein nennenswertes Vitamindefizit beim Verzehr entstünde, nicht. Die Bundesforschungsanstalt für Ernährung stellte in ihrem Bericht zur Strahlenkonservierung von Lebensmitteln fest: »Nach Anwendung der richtigen Bestrahlungsdosis treten in Lebensmitteln nur geringe chemische Veränderungen auf. Sie sind mengenmäßig viel geringer als die durch Kochen und Braten verursachten Veränderungen.«[16]

Von einem Praxisversuch in Frankreich wird berichtet: »Im Mai und Juni 1987 wurde erstmalig auch in Frankreich ein Verbrauchertest durchgeführt; dabei wurden in Lyon auf mehreren Märkten drei Wochen lang bestrahlte Erdbeeren verkauft, für die eine Frischegarantie von vier Tagen gegeben wurde. Wegen der höheren Qualität der bestrahlten Erdbeeren waren viele Verbraucher bereit, den 30 Prozent höheren Preis zu bezahlen.«[17] So interessant dieses Verbrauchertestergebnis auch ist, ganz legal kann es nicht abgelaufen sein, denn 1987 waren Erdbeeren in Frankreich nicht zur Bestrahlung freigegeben.

Bestrahlung wird auch eingesetzt, um das Reifen von Südfrüchten zu verzögern. Bei Cognac dagegen beschleunigt sie die Alterung künstlich. Kartoffeln und Zwiebeln werden am Auskeimen gehindert und bei Champignons wird durch Bestrahlung die Hutöffnung verzögert. Obwohl beim Bestrahlen von Lebensmitteln keine Radioaktivität in den Früchten zurückbleibt, ist diese chemiefreie Sterilisierungsmethode nicht beliebt und nicht sehr weit verbreitet. Zu aufwendig sind die Sicherheitsvorkehrungen, die bei der Anwendung getroffen werden müssen. Deshalb wird die Methode auch vorwiegend zur Sterilisation von medizinischem Gerät und von Verpackungsmaterial eingesetzt. Bei getrockneten Lebensmitteln ist der Einsatz schon etwas umfangreicher. Müslimischungen, Dörrobst und Trockengemüse werden häufig bestrahlt, um ohne Chemie Ungeziefer zu beseitigen.[18] Unsinnig und überflüssig ist diese Methode also nicht. Vor allem in schlecht entwickelten Ländern könnte sie zur Verbesserung der Hygiene eingesetzt werden.

Lebensmittel	Belgien	Frankreich	Italien	Niederlande	Vereinigtes Königreich
tiefgefrorene Gewürzkräuter		10			
Kartoffeln	0,15		0,15		0,2
Süßkartoffeln					0,2
Zwiebeln	0,15	0,075	0,15		0,2
Knoblauch	0,15	0,075	0,15		0,2
Schalotten	0,15	0,075			0,2
Gemüse, einschließlich Hülsenfrüchte					1
Hülsenfrüchte				1	
Obst (einschließlich Pilze, Tomaten, Rhabarber)					2
getrocknete Gemüse und Früchte		1		1	
Getreide					1
Getreideflocken und -keime für Milchprodukte		10			
Getreideflocken				1	
Reismehl		4			
Gummiarabikum		3		3	
Hühnerfleisch				7	
Geflügel		5			
Geflügel (Hausgeflügel, Gänse, Enten, Perlhühner, Tauben, Wachteln und Truthähne)					7
mechanisch gewonnenes Hühnerfleisch		5			
Innereien von Hühnern		5			
tiefgefrorene Froschschenkel	5	5		5	
dehydriertes Blut, Plasma, Koagulate		10			
Fische und Muscheln (einschl. Aale, Krustentiere und Weichtiere)					3
tiefgefrorene geschälte Garnelen	5	5			
Garnelen				3	
Eiklar			3	3	
Kasein, Kaseinate		6			

In Frankreich – man verzeihe mir den Gedankensprung von den schlecht entwickelten Ländern hierher – werden zahlreiche Lebensmittel, vor allem Froschschenkel und geschälte Garnelen, bestrahlt. Sie dürfen aber nicht in Deutschland verkauft werden. Ein Verstoß gegen die Regeln des Europäischen Binnenmarkts. Einige Verbraucher glauben, dass in Holland frische Früchte bestrahlt würden. Auch das ist nicht wahr. Auf der nachfolgenden Doppelseite ist eine Übersicht über die zugelassene Bestrahlung von Lebensmitteln in Europa abgebildet. Angegeben ist die in jedem Land zugelassene Maximaldosis in kGy (Kilogray).[19]

In Deutschland gehen die Erfinder der Lebensmittelbestrahlungsverordnung offensichtlich davon aus, dass alle Lebensmittelhersteller ein Mathematikstudium absolviert und dabei auch nicht ganz schlecht abgeschnitten haben. Die Vorgaben für die Bestrahlung sollten Sie einmal lesen. Es handelt sich nicht um eine Satire. Die durchschnittlich absorbierte Gesamtdosis wird darin nämlich so festgelegt: »Bei der Bestimmung der Bekömmlichkeit von Lebensmitteln, die mit einer durchschnittlichen Gesamtdosis von 10 Kilogray oder weniger behandelt worden sind, kann davon ausgegangen werden, dass alle chemischen Bestrahlungseffekte in diesem spezifischen Dosisbereich proportional zur Dosis sind. Die durchschnittliche Gesamtdosis D wird durch die nachstehende Integralgleichung für das behandelte Lebensmittel festgelegt:
Hierbei ist

$$\bar{D} = \frac{1}{M} \int p\,(x,y,z)\; d\,(x,y,z)\; dV$$

M = die Gesamtmasse der behandelten Probe
p = die lokale Dichte an dem betreffenden Punkt (x, y, z)
d = die an dem betreffenden Punkt (x, y, z) absorbierte lokale Dosis und
dV = infinitesimales Volumenelement dx dy dz.«[20]

Alles klar?

Irrtum: Reines Bier wird nur durch das deutsche Reinheitsgebot für Bier garantiert

Was meinen Sie eigentlich, wenn ich Sie das mal fragen darf, mit »reinem Bier«? Meinen Sie »ohne Chemie«? Oder meinen Sie »ohne jegliche Zusatzstoffe«? Oder meinen Sie »ohne bierfremde Aromen«? Oder denken Sie dabei an das Sprichwort »Iss, was gar ist, trink, was klar ist, sprich, was wahr ist!«? Da sind Sie als Rohkost bevorzugender Politiker mit einem Glas Federweißen schon ganz schön angeschmiert.

Das häufig als »deutsches Reinheitsgebot« bezeichnete Lebensmittelgesetz für die Herstellung von Bier war zwar das erste, das schriftlich überliefert ist, aber es war kein deutsches, sondern ein bayerisches Gesetz und es bezog sich auch nicht auf Bier allgemein, sondern nur auf Gerstenbier. Kein Wort darin zu Hirse, Bohnen oder Erbsen. Am 23. April 1516 erließ Wilhelm IV., Herzog von Bayern ein Gebot: »… dass forthin allenthalben in unseren Städten, Märkten, und auf dem Lande zu keinem Bier mehr Stücke als allein Gerste, Hopfen und Wasser verwendet und gebraucht werden sollen …« Im Originalton, einem kaum noch verständlichen Renaissancedeutsch: »Wir wollen auch sonderlichhen dass füran allenthalben in unsern stetten märckthen un auf dem lannde zu kainem pier merer stüchh dan allain gersten, hopfen un wasser genommen un gepraucht solle werdn.«[21] Das richtete sich offensichtlich gegen die weit verbreitete Sitte, Weizen zu vergären, der zum Backen dringend benötigt wurde. Da von Weizen nicht die Rede war, war seine Verwendung automatisch ausgeschlossen.

Heute wird die Formulierung anders interpretiert: Biere, die aus Weizen hergestellt wurden und werden, fallen einfach nicht in den Geltungsbereich dieses »Reinheitsgebots«. Jetzt kommt aber schon nach den ersten beiden Definitionseinschränkungen (Bayern, Gerste) eine weitere: Wodurch soll die Gärung bewirkt werden?

Natürlich auch durch Hefe. Im Reinheitsgebot ist von Hefe aber nichts zu lesen. Sollte sie also auch nicht zugelassen sein? Bayerische Weißbierbrauereien scheuen sich außerdem nicht, damit zu werben, auch ihr Bier sei nach dem Bayerischen Reinheitsgebot von 1516 gebraut, obwohl es Weizen und Hefe enthält. [22]

Obergärige Biere, also Kölsch und Alt, können auch aus Malz gebraut werden, dessen Grundlage nicht Gerste ist. Was dann? Eine Kölsch-Brauerei wirbt für sich: »Dat Malz Mühlen Kölsch – fööjer hees_et noch nur Mühlen Kölsch – ess_e Bier dat weed en dä Malzmöll aam Süüdrand fum Heumaad_en Kölle jebroud_un eß eijn fun de bäßte Zoote Kölsch di_mer han.« Was soll das denn heißen? Steht da etwa irgendwas darüber, dass Kölsch und auch Alt Zucker zugesetzt werden darf? Ich meine einfachen Rübenzucker. Das steht da nicht. Das steht dafür aber in der Kölsch-Konvention von 1985. Kölsch darf das EU-Siegel »geschützte geografische Angabe« gemäß Verordnung (EWG) Nr. 628/2008 tragen. Toll! Und für Bier, das in den Export geht, gilt ohnehin kein Reinheitsgebot. Dann darf aber auf dem Etikett auch nicht stehen »gebraut nach dem bayerischen/deutschen Reinheitsgebot«.

Und das »Stabilisierungsmittel« Polyvinylpolypyrrolidon (PVPP, bzw. Crospovidon, E 1202), mit dem unerwünschte Polyphenole aus dem Bier entfernt werden können? Es darf bei allen Bieren ebenfalls verwendet werden. Was das angeht, kann ich Sie aber beruhigen: Die mit diesem Mittel gebundenen Polyphenole werden am Schluss herausgefiltert, befinden sich also beim Verlassen der Brauerei nicht mehr im Bier. Sowohl Kieselgur als auch PVPP verbleiben im Filter, sind also nur Filterhilfsmittel. Und was ist mit Gärungsstoppern? Gärung stoppt bei 12,5 Prozent Alkohol. Bier hat aber, zumindest in Deutschland, nur ein Drittel bis die Hälfte dieses Alkoholgehalts. Wie wird die Gärung gestoppt? Dazu schrieb mir Odin Paul, Braumeister in Goslar: »Die Gärung wird dadurch gestoppt, dass das Jungbier im Tank oder später im Lagerkeller heruntergekühlt wird. Dabei lässt die Gäraktivität nach. Bei Lagertemperaturen von ca. 0 bis 4 °C gärt das Bier gar nicht mehr. Die Hefe setzt sich dann auch ab.« Und was ist mit Farbstoffen und Raucharomen? Die sind sehr beliebt, etwa bei einer Bamberger Bierspezialität. Ich habe nichts dagegen, finde sie, gelegentlich genossen, angenehm und schmackhaft, aber dem »Reinheitsgebot« entsprechen sie natürlich nicht. Deutsche Biertrinker leben jetzt schon seit über dreißig Jahren mit einer Entscheidung des Europäischen Gerichtshofs, der Biere auch in Deutschland zum Verkauf erlaubt, die nicht dem Bayerischen Reinheitsgebot entsprechen. 1984 klagte die EU-Kommission gegen das deutsche Vermarktungsverbot und schwups, schon am 12. März 1987, entschied der Europäische Gerichtshof, dass das Vermarktungsverbot für ausländische Biere, die nicht nach den deutschen Regeln hergestellt wurden, gegen die Warenverkehrsfreiheit des EWG-Vertrages verstoße (EuGH, Rs. 178/84, Slg. 1987, 1227). Angeblicher Verbraucherschutz ade! Seitdem dürfen Biere auch mit Zusatzstoffen versehen werden. Der EU-GH fand die deutsche Regelung unverhältnismäßig und auch nicht durch zwingende Gründe des Gemeinwohls gerechtfertigt. Auch davon ist die Welt nicht untergegangen, es gibt in Deutschland noch immer Bier, alle Biere sind »rein« und die Vielfalt der angebotenen Biere ist erheblich gestiegen. Dazu nochmals Braumeister Odin Paul: »Generell muss ich sagen, dass es zwar auch unter dem ›Reinheitsgebot‹ möglich ist, viele verschiedene Biere mit unterschiedlichen Farben und Geschmäckern herzustellen, aber ich stehe dem ›Reinheitsgebot‹ sehr skeptisch gegenüber; es ist eine Marketingmaßnahme der deutschen Brauereien. Und man kann tolle Biere herstellen, auch wenn man sich nicht an das ›Reinheitsgebot‹ hält.«[23]

Irrtum: Bratensatz muss mit kochend heißem Wasser abgelöscht werden

Ein Fond wird aus den in der Pfanne oder dem Topf verbleibenden Resten von angebratenem Fleisch oder Gemüse hergestellt. Die beim Anbraten entstandenen Aromen (den Fachbegriff »Maillard-Reaktion« erläutere ich im Kapitel »Fleisch bleibt saftig durch scharfes Anbraten«) sollen nicht ins Spülwasser gelangen, sondern in den Fond. Dazu muss der Bratensatz, das, was sich abgesetzt hat, mit einer Flüssigkeit, im einfachsten Fall mit Wasser, gelöst werden. Das nennt man »Ablöschen«. Ältere und auch neuere Kochbücher, selbst solche, die vor dem Hintergrund molekularer Gastronomie geschrieben wurden, empfehlen, den Fond mit *kochendem* Wasser abzulöschen.[24] Ein Fond kann aber genauso gut mit einer kalten Flüssigkeit, mit Wasser, Wein oder Bier abgelöscht werden. Kein Mensch käme auf die Idee, Wein oder Bier (beim Gulasch eine ideale Flüssigkeit zur Herstellung einer leicht sauer-süßen Sauce) zu erwärmen, bevor er damit den Satz des angebratenen Fleischs ablöscht. Es gibt dazu auch gar keinen Grund. Kalte Flüssigkeiten lösen den Fleisch- oder Gemüsesatz, der beim Anbraten die geschmacksintensive braune Schicht gebildet hat, ebenso gut ab wie heiße. Alle Aromen, die bei der Maillard-Reaktion entstanden sind, lösen sich in beiden Fällen in der Flüssigkeit und nur darum geht es. Da es anfangs sehr wenig Flüssigkeit ist, mit der der Satz abgelöst wird, ist sie ohnehin in Sekunden auf Kochtemperatur erhitzt: Wasser bei annähernd 100 Grad, bei Wein und Bier geschieht das durch den bereits bei 78 Grad siedenden Alkohol noch etwas eher.

Die Vorstellung, dass sich der Satz mit heißem Wasser besser löst, muss wohl damit zusammenhängen, dass sich Zutaten *normalerweise* besser in heißen als in kalten Flüssigkeiten auflösen. Beim Ablösen des Bodensatzes entstehen aber gerade durch den Temperaturunterschied so starke Turbulenzen am Topfboden, dass die festgebackenen Teilchen, die Reaktionsprodukte, losgerissen werden und in die Lösung übergehen. Meistens ist es nicht einmal nötig, mit dem Kochlöffel oder Schneebesen nachzuhelfen, um den ganzen Satz zu lösen. Heißes Wasser, so befürchten Köche, die möglichst viele Aromen sichern wollen, würde zudem eher im Dampf entweichen. Generationen von Köchen und Köchinnen haben deshalb einen ganzen Arbeitsschritt zu viel gemacht. Das Festhalten an Traditionen kostet auch in diesem Fall Zeit, die besser verwendet werden könnte.

Irrtum: Bratkartoffeln machen dick, weil sie viel Fett aufnehmen

Ein Bratkartoffelverhältnis ist etwas Wunderbares. Erotische und kulinarische Genüsse schaukeln sich zu gemeinsamen Höhepunkten auf. Daneben wirken die modischen »Geschmacksexplosionen« (ich bin schon ganz taub davon) wie das Platzen von Seifenblasen. Ein Bratkartoffelverhältnis ist aber auch gefährlich. Als direkte Folge ihres lustbetonten Verhaltens werden Menschen, die sich auf so ein Verhältnis einlassen, vor allem eines: dick. Daran führt kein Weg vorbei. Das ist die Strafe für ihr sündhaftes Verhalten. Wollust und Völlerei sind Strategien des Teufels, sein Werkzeug aber sind Bratkartoffeln. Die Methode der Zubereitung ist dabei weitgehend unwichtig, auch wenn Bratkartoffelfreunde und Freunde von Bratkartoffelfreunden das ganz anders sehen. Ob man sie roh oder gekocht brät, geschält oder als Pellkartoffeln, stiftelt oder raspelt, in Scheiben oder in unregelmäßige Stücke schneidet, Butter, Schmalz, Pflanzenöl, Olivenöl oder geklärte Butter verwendet, das Ganze in einer beschichteten oder in einer Stahlpfanne zubereitet, Zwiebeln oder Schalotten verwendet, Speck oder Bauchfleisch, Salz, Pfeffer,

Kümmel, Thymian, Rosmarin, Knoblauch oder Bärlauch dazutut: Fast jede Kombination wird – je nach regionaler Tradition – als die einzig richtige empfunden. Das Dickwerden aber soll von den angeblich mit Fett vollgesaugten Kartoffeln verursacht werden.

Hervé This-Benckhard empfiehlt deshalb, Bratkartoffeln einige Minuten vorzukochen, sie bekämen so »eine schützende, stärkeverkleisterte Oberfläche. Dank dieser Schutzschicht absorbieren die Stärkekörner im Inneren nicht viel Öl.«[25] Dazu ist Folgendes zu sagen: Bratkartoffeln nehmen überhaupt kein Fett auf. Nicht ein einziges Tröpfchen. Das ist gar nicht möglich, weil die durch Wärmeleitung ins Innere der Kartoffelstückchen gelangende Hitze keine Teilchen mit sich reißt, auch keine Fettmoleküle. Die vom heißen Fett angestoßenen Moleküle der Kartoffel selbst stoßen ihre Kollegen der nächsten Schicht an, dann diese ihre Nachbarn und so weiter, bis schließlich das ganze Kartoffelstückchen durcherhitzt ist. Dabei bildet sich im Inneren Wasserdampf. Der Dampf sucht sich seinen Weg nach außen und löst in der Pfanne das charakteristische Zischen aus. Der Dampfdruck verhindert jegliche Wanderung von Fett ins Innere der Bratkartoffeln. Siehe auch den Eintrag: »Frittieren bei geringer Hitze lässt Fett ins Frittiergut eindringen«. An der Oberfläche aber verursacht die Maillard-Reaktion die noch viel charakteristischere braune, wohlschmeckende Kruste.

»Fettlöffelblech, Weißblech, mit verzinntem Drahtsteg und Tropfmulde, blank, weiß lackirt m. Aufschrift oder neublau.«
Das Fettlöffelblech mit Aufschrift ist zu bevorzugen, weil man in der Küchenhektik oft vergisst, wohin mit dem Fettlöffel, und ihn wer weiß wo hinlegt!

Irgendwann müssen auch die schönsten und fettfreiesten Kartoffeln einmal aus der Pfanne. Dann passiert's: Die Kruste hat durch ihre zerklüftete Oberfläche die Eigenschaft, sehr viel Fett zu binden. Ohnehin ist die Oberfläche durch das Schneiden, Stifteln und Raspeln ja schon erheblich vergrößert worden. Wissenschaftler sprechen dabei gern von einer »fraktalen Oberfläche«. Das kalorienreiche Fett befindet sich also ganz sicher nicht *in* den Kartoffeln, sondern an deren Oberfläche. Die Erklärung für das Dickwerden von Menschen, die sich auf ein Bratkartoffelverhältnis einlassen, ist viel einfacher als vermutet: Bratkartoffeln machen dick, weil sie unglaublich gut schmecken und man zwangsläufig zu viel davon isst.

Irrtum: Brot darf man nicht im Kühlschrank aufbewahren

Das sagen zwar die Bäcker, und die müssten es eigentlich wissen. Sie sagen aber auch, dass die Kühlschranktemperatur dem Brot »nicht wirklich zuträglich« sei. Und sie sagen, im Kühlschrank nehme das Brot Aromen anderer Lebensmittel an und, am wichtigsten, im Kühlschrank trockne das Brot aus. Wenn man dann antwortet, dass man es natürlich in einer Plastiktüte in den Kühlschrank lege und Austrocknung und Aromenaustausch damit verhindere, kommt das Argument mit dem Kondenswasser. Kondenswasser fördere die Schimmelbildung. Durchatmen.

Knuspriges Brot ist köstlich. Das Problem: Nur frisches Brot ist knusprig. Schon nach spätestens einem Tag ist die Kruste, egal in welcher Weise man das Brot lagert, aufgeweicht, latschig oder knüppelhart. Jetzt kommen Sie mir bitte nicht mit dem kulturpessimistischen Quark, das sei früher nicht so gewesen. Früher sei das Brot über Tage und Wochen frisch und seine Kruste knusprig geblieben und weil Bäcker heute nichts mehr könnten und nur noch Backmischungen verarbeiteten, sei alles viel, viel schlechter geworden. Ich kann's nicht mehr hören! Warum wechseln Sie, wenn das wirklich so wäre, nicht einfach Ihren Bäcker? So etwas regelt der Markt! Die meisten Menschen latschen aber brav immer in denselben Hyper-Super-Giga-Gaga-Markt, kaufen da immer das gleiche Brot und beschweren sich gleichzeitig über dessen schlechte Qualität. Merken Sie, dass da etwas nicht stimmt? Das erinnert mich stark an das Gemeckere über das Kantinenessen, das auch nichts als ein Ritual ist.

Im Kühlschrank, heißt es, werde die Brotkruste trotz trockener Luft schneller weich. Das stimmt, obwohl die Kühlschrankluft (3 bis 5 Grad) absolut trockener ist als Luft bei normaler Raumtemperatur (18 bis 21 Grad). Bei 5 Grad liegt die relative Feuchtigkeit im Kühlschrank trotzdem bei etwa 75 Prozent, während normale Raumluft zwischen 50 und 60 Prozent relative Feuchtigkeit enthält. Das hat seinen Grund darin, dass im Kühlschrank kein Luftaustausch stattfindet. Trotzdem ist das Problem des Austrocknens zu lösen. Am besten, wie gesagt, mit einer Plastiktüte. Oha, jammern die Brotexperten, dann bildet sich doch jede Menge Kondenswasser und sie haben recht: In den ersten Minuten, in denen das raumwarme Brot im Kühlschrank liegt, tritt tatsächlich relativ viel Kondenswasser aus und schlägt sich an der Plastiktüte nieder. Dieses Kondenswasser diffundiert dann aber wieder ins Brot hinein. Es kriecht praktisch reumütig zurück. Der Vorgang läuft innerhalb von zwei Stunden ab. Sollte das Brot eine knusprige Kruste gehabt haben, ist sie jetzt zermatscht. Sie wäre aber auch ungenießbar, nämlich hart geworden, hätte man das knusprige Brot bei Raumtemperatur und ohne Feuchtigkeitsschutz gelagert. Für den Erhalt einer knusprigen Kruste über mehr als zwei Tage gibt es eben überhaupt kein Rezept.

Für Brot, das ohnehin eine eher weiche Kruste hat, bietet der Kühlschrank aber eine ideale Atmosphäre. Das gilt auch für Toastbrot. Es ist im Kühlschrank kühl genug, um Schimmelsporen das Wachstum zu erschweren, und es ist dank einer Plastiktüte feucht genug, um ein Austrocknen zu verhindern. Die Plastiktüte tut auch ohne Kühlschrank gute Dienste gegen das Austrocknen. Man kann Brot natürlich auch bei Raumtemperatur in einen weitgehend luftdichten Steinguttopf legen. Das sieht wesentlich stilvoller und angemessener aus, wirkt aber im Prinzip genauso wie eine Plastiktüte, bloß etwas schlechter. Die kleine Luftmenge im Steinguttopf ist mit der Feuchtigkeit, die aus dem Brot austritt, schnell gesättigt. Der Nachteil auch beim Steinguttopf: Die Kruste wird weich. Der Vorteil auch beim Steinguttopf: Das Brot trocknet nicht weiter aus. Schimmelsporen, die sich immer und überall in der Luft befinden, gedeihen in dieser Atmosphäre allerdings besonders gut. Der Steinguttopf muss also regelmäßig ausgewaschen werden, am besten mit Essig. Die Plastiktüte aber, die übel beleumundete, kommt einfach in den Müll. Schimmelpilze vermehren sich durch Sporen. In Lebensmitteln keimen sie aus und bilden farblose Zellfäden, man nennt sie »Hyphen«. Diese Hyphen durchziehen die gesamten Lebensmittel. Außen ist bloß der Schimmelrasen zu sehen, meistens ein pelziger graublaugrüner Belag. Die Giftstoffe, die sich darin befinden, heißen Mykotoxine. Sie wirken vor allem langfristig, verursachen Leber- und Nierenschäden oder Krebs. Im Kühlschrank herrschen normalerweise 3 bis 5 Grad. Für Schimmel ist das keine ideale Atmosphäre, nicht einmal in einer Plastiktüte. Biologen finden Pilze *nicht* prinzipiell eklig. Manchmal möchten sie Pilze sogar züchten. Deshalb haben sie herausgefunden, unter welchen Bedingungen Pilze am besten gedeihen. Die am meisten schimmelfördernde Temperatur liegt zwischen 20 und 30 Grad. Der aW-Wert, den Biologen zur Pilzwachstumsberechnung auch noch brauchen, ist die Wasserverfügbarkeit der Oberfläche. Der aW-Wert von Brot liegt zwischen 0,89 und 0,97. Ein Traumklima für Schimmelpilze! Der aW-Wert von Brot ist fürs Schimmelwachstum fast ideal, die Kühlschranktemperatur von 3 bis 5 Grad Celsius aber nicht.

Und hier mein Tipp, mit dem Sie das Aroma des kühlschrankkalten Brots wieder voll entfalten: Toasten Sie es. Wenn Sie das für eine

»Brodkapsel, Messing, hochfein vernickelt mit fein bemalter Fayence-Einlage.«
Ob Sie Ihr Brot in so einer »Kapsel« oder in irgendeinem anderen Behälter aufbewahren: Schimmeln wird es früher oder später sowieso. Im Kühlschrank allerdings wesentlich später.

absurde Methode halten, überlegen Sie mal, wie Sie mit Käse umgehen. Sie wissen, dass Käse nur bei Raumtemperatur gut und aromatisch schmeckt. Sie wissen aber auch, dass Käse bei Raumtemperatur schnell verdirbt. Würden Sie deswegen auf die Idee kommen, Ihren Käse nicht mehr im Kühlschrank aufzubewahren? Ich meine nicht den Luxus-Roquefort und den Gorgonzola, den Feinschmecker unter Glaskuppeln verehren. Ich meine den geschmacksneutralen Scheibengouda, von dem allein in Deutschland jährlich annähernd 747 000 Tonnen verzehrt werden. Das ist immerhin mehr als ein Drittel der 2 Millionen Tonnen Käse, die in Deutschland insgesamt gegessen werden, also 21,6 Kilo pro Person und Jahr.[26] Machen Sie's mit Ihrem Brot doch genauso, wie mit diesem Käse: Kühlen Sie es und erwärmen Sie es kurz vor dem Verzehr! Bäcker und Hersteller von speziellen Keramiktöpfen zur Brotaufbewahrung werden mich für diesen Tipp verachten. Sie werden das nicht tun, weil der Trick nicht funktionieren würde, sondern weil sie künftig viel weniger Brot- und etwas weniger Keramiktöpfe verkaufen dürften. Es verschimmelt einfach kaum noch was.

Irrtum: Brot im Kochwasser verhindert so ziemlich alles, was Sie wollen

Bitte glauben Sie nicht, ich hätte mir diesen Irrtum nur ausgedacht, um ihn hier schön widerlegen zu können. Ich habe das von einer erfahrenen Hausfrau und hervorragenden Köchin gehört, die mir natürlich nicht sagen konnte, weshalb das Brot diese wunderbaren Eigenschaften haben sollte. Spargel, behauptete sie, werde nicht bitter, wenn man ein Stück Brot mitkoche. Ein Test ergab: Es stimmt einfach nicht. Das entbindet mich von einer Beweisführung dafür, warum es funktionieren könnte. Und jetzt kommt's noch schlimmer: Bei meinen anschließenden Recherchen stieß ich auf die noch viel unglaublichere Behauptung, das Mitkochen einer Scheibe Brot verhindere (jetzt bitte festhalten) das Holzigwerden des Spargels. Ich höre schon, wie Sie schnaufen, weil Sie genau wissen, dass holziger Spargel eine Frage der Qualität ist, die vor allem mit dem Alter des Spargels zusammenhängt, dass eine holzige Konsistenz mit großzügigem Schälen kaum gemindert werden und einen echten Spargelliebhaber sowieso nicht schrecken kann. Recht haben Sie!

Die Küchenwelt ist aber offensichtlich ein bisher unerkannter Hort reinen Glaubens. Bitterstoffe wandern nach dieser Vorstellung freiwillig aus dem Spargel heraus und ins Brot hinein. Beliebte Weihegaben zur Kochwasserverbesserung sind außerdem Zucker, Zitronensaft, Natron, Butter und Milch. Wahrscheinlich müssen Sie sogar zugeben, eines dieser Zaubermittel selbst zu verwenden, ohne sich je Gedanken über dessen Wirkungsweise gemacht zu haben. Mitgekochtes Brot soll sogar beim Kochen von Blumenkohl, Brokkoli und anderen Kohlsorten den typischen und manchmal unangenehm empfundenen Geruch neutralisieren und die Verdaubarkeit des Kohls verbessern. Ähnlich wie beim Spargel soll es auch bei Chicorée dessen Bitterkeit mildern. (Siehe auch »Chicorée muss man in kochendem Wasser blanchieren«) Ein weiteres physikalisches Rätsel gibt uns ein Hobbykoch im Internet auf: »Immer ein Stück Brot mitkochen, wenn man eine Erbsensuppe kocht. Dann sinken die Erbsen nicht zu Boden und können nicht anbrennen.« Und so weiter. Da ich engagierte Hobbyköche nicht bloßstellen möchte, recherchieren Sie bitte selbst mit dem Suchbegriff »Brot mitkochen« und lassen Sie sich überraschen. Mein Rat an dieser Stelle lautet: Glauben Sie allen Zauberern, die Ihnen so etwas erzählen, kein Wort!

Irrtum: Brot saugt störende Gerüche aus angebranntem Reis

Was halten Sie denn von dieser Empfehlung: »Wem Reis schon einmal angebrannt ist, der weiß, wie unangenehm das riechen kann. Dieser Geruch verschwindet nach kurzer Zeit, wenn man auf den Reis ein Kantenstück frisches Weißbrot legt und wieder den Deckel auf den Topf legt. Das bindet die verräterischen Düfte.«[27] Ähnlich, aber mit einer unnötigen Erklärung, wie man angebrannten Reis herstellt, lautet folgende Empfehlung: »Selbst gekochter Reis birgt seine Tücken und haftet schnell am Topfboden an. Auf Nummer sicher geht, wer Kochbeutel verwendet. Ist das Reis-Fiasko hingegen schon eingetreten, sollte der Topf schnell vom Herd gezogen, der Inhalt umgefüllt und eine Scheibe Toastbrot auf den Reis gelegt werden. Das Brot saugt die störenden Gerüche aus dem Reis, die durch das Anbrennen entstehen.«[28] Dieser Küchentipp ist natürlich reiner Blödsinn. Probieren Sie's doch einfach aus, das mit der Brotscheibe. Ich kann Ihnen nämlich nicht erzählen, was dabei herauskommt, denn ich weiß wirklich nicht, wie man Reis anbrennen lassen kann.

Irrtum: Geklärte Butter ist besser zum Braten

Geklärte Butter ist Butter, deren Bestandteil Kasein fehlt. Da geklärte Butter weder Wasser noch Proteine noch Milchzucker enthält (es handelt sich um 99,8 Prozent reines Fett), lässt sie sich auf bis zu 205 Grad erhitzen, bevor sie verbrennt. Manche halten das für einen Vorteil.

Ich nicht. Vor allem beim Anbraten von Fleisch geht es doch darum, allzu hohe Temperaturen zu vermeiden. Schon bei 120 Grad tritt die Maillard-Reaktion ein und die erreicht man auch mit ungeklärter Butter. Ungeklärte, also ganz normale Butter hat dann den Vorteil, eine Überhitzung durch ihren hohen Wasseranteil längere Zeit hinauszuzögern. Und nicht nur das. Butter kühlt sich trotz stetiger Wärmezufuhr zwischen der zwölften und einundzwanzigsten Minute sogar ab![29] Die Heizplatte wurde bei einem Test, den ich durchführen ließ, konstant auf 160 Grad gehalten. Außer der spektakulären Butter-Kurve ergab sich auch bei einer emulgierten Mischung von Rapsöl mit Wasser ein Plateau um 138 Grad zwischen der zwanzigsten und der vierzigsten Minute. Erst wenn das gesamte Wasser verdampft ist, kann die Temperatur weiter ansteigen. Auch Olivenöl scheint noch einen Anteil leicht flüchtiger Stoffe zu haben,

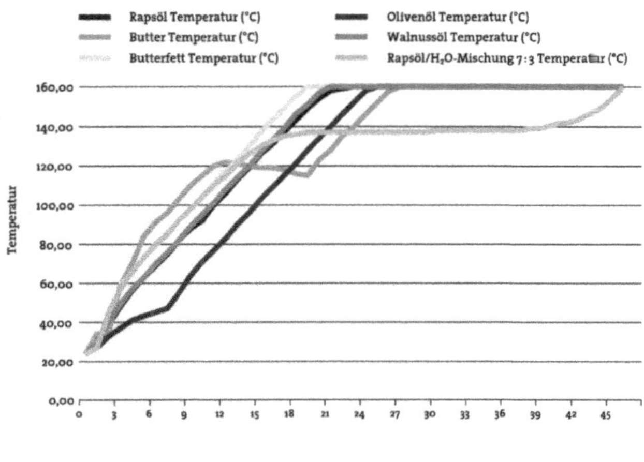

Versuch zum Erhitzen verschiedener Fette

die zwischen 40 und 50 Grad verdampfen. Wie wir es erwartet hatten, ist die Erhitzungskurve des Butterreinfetts stinklangweilig. Wer sich trotzdem die Mühe machen will, die völlig unnötige Prozedur des Butterklärens zu vollziehen, macht es am besten so, wie es Henriette Davidis empfahl: »Zu diesem Zwecke wird sie in einem nicht zu kleinen Kochtopfe auf schwaches Feuer gesetzt und gelinde gekocht, bis sie hell und klar ist. Den Schaum nimmt man nicht ab; er setzt sich zu Boden und verbindet sich dort mit den Unreinigkeiten. Man nimmt dann den Topf vom Feuer und füllt die klare Butter in gut gereinigte Steintöpfe; doch darf nicht das Geringste vom Bodensatz mit hineinkommen. Ist die Butter erkaltet, so legt man ein Papier darüber, streut fingerdick Salz darauf und bewahrt sie offen stehend an einem kalten, luftigen Orte auf.«[30] Der so entfernte Schaum bestand aus Proteinen und das in der Butter enthaltene Wasser verdampfte während des Vorgangs. Man verwende die so hergestellte geklärte Butter zum Verbrennen seiner Steaks.

Irrtum: Chicorée muss man in kochendem Wasser blanchieren

Der Vorgang soll eine halbe bis eine Minute dauern. Einem alten Aberglauben zufolge verliert Chicorée bei dieser Prozedur seine Bitterstoffe. Was dabei wirklich passiert, ist Folgendes: Der Chicorée wird matschig und die Bitterstoffe bleiben. Ihr Vorhandensein trotz richtig ausgeführten Rituals wird von Koch oder Köchin auf die ungewöhnlich vielen Bitterstoffe in gerade dieser Lieferung zurückgeführt. Sie selbst, behaupten sie, hätten mit ihrem vorschriftsmäßigen Blanchieren alles richtig gemacht. Andere Chicoréeexperten – sie schließen sich zu Zirkeln zusammen und beraten in der »Arbeitsgemeinschaft deutscher Chicoréeproduzenten« und im »europäischen

Chicoréerat« für eine stärkere Vermarktung und artgerechte Zubereitung des Bittergenusses – behaupten, gerade durch das Überbrühen würden die Bitterstoffe verstärkt. Sie raten, wie Richard Olney, deshalb davon ab.[31] Die empfohlenen Koch- bzw. Schmorzeiten liegen zwischen einer und 60 Minuten. Chicorée ist seeeeeehr tolerant!

Chicorée wird auch Schikoree geschrieben oder auch Salatzichorie genannt. Weitere Namen sind: Bleich- oder Treibzichorie, Brüsseler Endivie, Brüsseler Salat, Cichorium intybus var. foliosum, Witloof Chicory, Bruessels Chicory, Endive, Chicorée Witloof, Chicorée de Bruxelles. Mit weiteren regionalen Benennungen ist zu rechnen. In Belgien heißt die Pflanze, die ausschließlich als Gemüse, das heißt erhitzt verspeist wird, Endivien oder Witloof. Endivien dagegen heißen Chicorée. Klingt irgendwie logisch. Die nationale Vertauschung ist nicht völlig abwegig, weil beide Gewächse der Gattung der Wegwarten (Cichorium) angehören. In Belgien hat man auch ein ganz besonderes Verhältnis zum Chicorée, denn 1846 zog Franciscus Bresier, Chefgartenbauer am Botanischen Garten in Brüssel, die ersten Chicorée. Ihr weißes Laub (wit loof) entsteht durch Lichtentzug beim Austreiben aus der Zichorienwurzel. Man erreicht es entweder durch Abdecken mit Sand oder heute durch Treiben in erdelosen Kunststoffkisten in absolut dunklen Räumen. Im Witloof-Museum im belgischen Kampenhout kann man sich das ganz genau erklären lassen. Der Lichtentzug verhindert die Bildung des Farbstoffs Chlorophyll und verringert die Bildung des Bitterstoffs Intybin. Trotzdem entstehen auch in dem absolut lichtlos getriebenen zapfenförmigen Blätterbündel gewisse Mengen an Intybin. Durch kurzes Blanchieren oder Übergießen mit kochendem Wasser lassen die sich aber nicht neutralisieren. Eine andere Methode, die Bitterstoffe zu entziehen, soll darin bestehen, mit einem spitzen Messer am Wurzelansatz einen möglichst tiefen, kegelförmigen Kern herauszuschneiden. Aber auch das bringt keinen Erfolg: Der Chicorée bleibt bitter. Dem echten Witloof-Genießer ist das aber völlig egal – ihm kann das mit heller Sauce servierte Gemüse sowieso nicht bitter genug sein.

Irrtum: Cola löst ein Stück Fleisch über Nacht auf

Nein, nein, nein! Hat Cola nie getan, tut Cola nicht und wird Cola auch nie tun. Die Behauptung ist auch schon wenigstens so oft widerlegt wie behauptet worden. In ein ordentliches Irrtumsbuch gehört sie aber trotzdem hinein. Wie konnte es eigentlich zu dem Gerücht kommen? Angeblich wurde es in Amerika in den 1950er-Jahren von Konkurrenzunternehmen des Coca-Cola-Konzerns in die Welt gesetzt, um dessen Erfolg zu bremsen. Allein das klingt schon wieder schwer nach einer »urban legend«. Wie es bei starken Geschichten zu erwarten war, hielt sie sich auch, nachdem in den frühen 1960er-Jahren entsprechende wissenschaftliche Analysen längst das Gegenteil bewiesen.[32] Interessant wäre es, einmal der Quelle der Falschmeldung auf den Grund zu gehen. Wer könnte ein Interesse daran haben, eine derart abstruse Horrorgeschichte zu erfinden und in Umlauf zu bringen? Leider lassen sich Gerüchte aber nie auf ihre Quelle zurückverfolgen. Einige Autoren nennen »ein Koordinationsbüro aus Brauern, Winzern und Limonadenabfüllern«, das dieses Gerücht in den 1950ern in Umlauf gebracht habe. Falls dies stimmen sollte, hätten wir einen Fall von außerordentlich erfolgreichem Lobbying vorliegen. Das Klima, in dem Gerüchte wie dieses gedeihen, lässt sich durchaus beschreiben. Es ist von einer diffusen Furcht vor Konzernen und vor den Manipulationen der Mächtigen geprägt. Das parallele Märchen von der angeblich geheimen Formel dieser Limonade trug sicher auch seinen Teil dazu bei.

Plausibler erscheint mir die psychologische Herleitung: Cola enthält Phosphorsäure. Chemiker beschreiben diesen Stoff als H_3PO_4, Lebensmitteltechniker als E 338. Beide Begriffe, sowohl »Phosphor« als auch »Säure«, lösen bei vielen Menschen bestimmte Assoziationen aus. An Phosphor habe ich zum Beispiel eine spektakuläre Erinnerung aus dem Chemieunterricht. Unsere Lehrerin schnitt unter ständiger Beteuerung, wie gefährlich das sei und dass dies

»eigentlich« nur unter Wasser gemacht werden dürfe, von einem großen Klotz Phosphor ein kleines Stück ab. Dazu verwendete sie ein stumpfes (!) Messer. Der kleine und der große Klotz fingen natürlich Feuer, es gab ein großes Hallo und für die ganze Klasse einen Tag schulfrei wegen möglicher Vergiftung.

Auch Säuren sind »etwas Gefährliches«, zum Beispiel Salzsäure. Nichts naheliegender, als einen Kurzschluss herzustellen und Cola für gefährlich auszugeben. Phosphorsäure ist natürlich kein Phosphor und Säuren sind in der Küche unverzichtbar. Mittlerweile glauben auch nicht einmal die kleinsten Kinder mehr, dass Cola die Magenwände angreift. Ersparen Sie sich den zwangsläufigen Autoritätsverlust, indem Sie Ihren Kindern dieses Märchen gar nicht erst auftischen. Spätestens, wenn sie zur Schule gehen, werden sie Sie fragen, wie das denn gehen solle bei einem pH-Wert von + 2,9, während der ganze Magen voller Salzsäure sei, pH-Wert zwischen 1,0 und 1,5, habe die Lehrerin gesagt. Mit »Hab ich so gelernt« kommen Sie dann nicht mehr aus der Bredouille und mit »Schlaumeier« schon gar nicht.

Cola ist in dieser Hinsicht sogar dermaßen unschädlich, dass sie nicht einmal zum Marinieren verwendet werden kann. Siehe auch den Eintrag »Essig ist nicht die beste Marinade für Fleisch«. Phosphorsäure ist übrigens in vielen Lebensmitteln enthalten, in Cola fast am wenigsten. Hier die jeweils zugelassenen Höchstmengen:

- Sportlergetränke (max. 0,5 g/l)
- Erfrischungsgetränke, insbesondere Cola-Getränke (max. 0,7 g/l)
- Milchgetränke (je nach Fettgehalt max. 1–1,5 g/kg)
- Milchpulver (max. 2,5 g/kg)
- Schlagsahne und Sahneerzeugnisse (max. 5 g/kg)
- Kaffeeweißer (max. 30 g/kg).[33]

Irrtum: Dosen muss man umfüllen, wenn man nicht alles verbraucht

Gemeint ist natürlich nicht die Dose, die umgefüllt werden müsse, sondern der Inhalt der Dose. Jetzt seien Sie mal nicht so pingelig in grammatischen Dingen! Also: Machen Sie das? Schütten Sie Lebensmittel aus Weißblechdosen, wie es ein Hersteller von Kunststoffgefäßen streng empfiehlt, in so ein luftdicht verschließbares pastellfarbenes Ungetüm um? Anders gefragt: Halten Sie das wirklich für notwendig, obwohl Sie, als Sie zuletzt nicht alle Aprikosen verwendet hatten, den Rest einfach in der Dose gelassen, in den Kühlschrank gestellt und drei Tage später mit schlechtem Gewissen verputzt haben? Ich kann Sie beruhigen: Sie haben nichts falsch gemacht! Sie haben sich nicht vergiftet und werden sich, wenn Sie das regelmäßig tun, auch nicht vergiften. Die Aprikosen schwimmen in der zuckrigen Lösung und dieses Zuckerwasser berührt das Weißblech nirgends. Alle Dosen sind nämlich mittlerweile innen lackiert und, was noch beruhigender ist, dieser Lack ist so elastisch, dass ihm Beulen und Knicke der Dose nichts ausmachen. Sie können den Inhalt von zerbeulten Dosen also auch bedenkenlos essen. Die Elastizität des Lacks ist besonders wichtig bei sauren Lebensmitteln, wie Sauerkraut oder Gurken. Die Säure wäre nämlich tatsächlich in der Lage, mit dem Weißblech zu reagieren und einen metallischen Geschmack zu verursachen. Zinn, das die zweitoberste Schicht von Weißblechdosen bildet, kann durch Luftsauerstoff und die Säure der Früchte ausgelöst werden. Das ergab den metallischen Geschmack.

Von welchen Dosen Sie tatsächlich Abstand nehmen sollten, ist einigermaßen klar: von den aufgeblähten! Man nennt das, was in der Dose in einem solchen Fall vor sich gegangen ist, aus guten Gründen auch »Bombieren«. Was dabei entsteht, ist eine »Bombage«. Der Inhalt ist verdorben und hat durch unbeabsichtigte Gärung Kohlenstoffdioxid und Wasserstoff in der Dose gebildet.

Das Phänomen tritt seit der Erfindung der Konservendose auf: »In Praktikerkreisen wird das Wort Bombage erklärt, indem man es mit dem Platzen einer Bombe in Verbindung bringt. Richtiger erscheint indessen die Erklärung durch das französische Wort ›bomber‹, d. h. wölben. Bombage hieße also richtig übersetzt ›Aufwölbung‹.« Beim Öffnen einer solchen Dose würden Sie eine schöne Schweinerei verursachen.[34]

Wie fast immer, gibt es auch bei den Bombagen eine Ausnahme. Schweden schätzen vergorenen Hering in Dosen. Dieser »Surströmming«, auf gut Deutsch etwa »saurer Hering«, wird im Frühjahr gefangen und in Fässern mit Salzlake eingelegt. Dabei entstehen, genau wie beim Sauerkraut, Milchsäuren. Etwa im Juli werden die Heringe dann in Dosen verpackt. Die Gärung geht darin weiter. Die Dosen blähen auf und es sieht nicht nur gefährlich aus, es ist auch gefährlich. Die Dosen werden dann im August, wenn es auch in Nordschweden etwas wärmer ist, unter Wasser geöffnet, um die oben angesprochene Sauerei zu vermeiden. Das Öffnen einer Dose Surströmming ist eine beliebte Mutprobe. Die stinkende Lake wird abgegossen, die Heringe werden gewässert und mit Zwiebeln, Kartoffeln und Brot serviert.

Conservenbüchsenöffner mit eingeschraubtem und auswechselbarem 1a Stahlmesser, Eisenguss broncirt, polirt. Holzheft.«
Wenn Sie mit so einem hübschen Gerät oder einem anderen die Dose aufgemacht haben, brauchen Sie den Inhalt nicht umzufüllen. Wirklich nicht.

Irrtum: Edelstahl rostfrei ist rostfrei

Schön wär's! Haben Sie auch Töpfe, auf deren Böden weiße Flecken sind, die nie wieder weggehen? Sie scheuern und wischen und kratzen und machen damit alles nur noch schlimmer. Was Sie dort sehen, sind nämlich keine Ablagerungen. Es sind Löcher! Sie entstehen durch Salz, das den Stahl tatsächlich angreift. Gilt das auch für den als »rostfrei« bezeichneten Edelstahl? Ja! Edelstahl ist nämlich nur ein etwas edlerer Stahl und »rostfrei« bedeutet keineswegs »rostfrei«, sondern allenfalls »weniger stark korrodierend«.

Unter dem Begriff »Edelstahl rostfrei« werden über 120 Stahlsorten geführt. Im Oktober 1912 ließ sich die Friedrich Krupp AG Essen die »Herstellung von Gegenständen, die hohe Widerstandskraft gegen Korrosion erfordern« patentieren. Vor allem die chemische Industrie verlangte nach widerstandsfähigen Materialien. Erst zehn Jahre später ließ Krupp den Markennamen Nirosta (nichtrostender Stahl) eintragen. Seitdem sind diese Stähle immer weiterentwickelt worden, ohne – was in der Natur der Sache liegt – wirklich »rostfrei« zu sein.

Zwei Kriterien müssen diese Stähle erfüllen: Sie müssen aus einer Legierung von wenigstens 10,5 Prozent Chrom bestehen und sie müssen ohne Schutzüberzug weitgehend beständig gegen Korrosion sein. Das schaffen diese Edelstähle durch Bildung einer Passivschicht. Die Passivschicht schützt den Edelstahl gegen Korrosion, indem edlere Legierungsbestandteile (Chrom) eine möglichst geschlossene Oberflächenschicht bilden. Diese Passivschicht bildet sich nach einem Kratzer wieder aus. Mir erscheint das wie Zauberei, aber es ist reine Chemie. Gängige Markenbezeichnungen sind z. B. Cromargan (wegen des hohen Chromanteils), V2A (Versuchsschmelze 2 Austenit, benannt nach Sir William Chandler Roberts-Austen), V4A, Nirosta, Remanit oder Inox (Abkürzung für das Französische »inoxydable«). Trotz dieser Passivschicht sind Kochgeräte aus Edelstahl nicht unzerstörbar. Eine Herstellerfirma für Edelstahl-Kochgeräte teilt in ihrem neuesten Prospekt zum Thema »Lochfraß« oder »Lochkorrosion« mit: »Ein Schwachpunkt vieler rostfreier Stähle ist die Neigung zur Bildung örtlicher Angriffe durch Halogensalze (Salze von Chlor, Fluor, Brom und Jod, z. B. Chloride). Aus physikalischen Gründen wächst der Angriff üblicherweise in die Materialtiefe. Das Resultat ist ein kleines Loch, das zunächst nicht mit dem bloßen Auge zu erkennen ist. Mit der Zeit ist der Schaden auch sichtbar. Man spricht bei dieser Korrosionsform von Lochfraß. Die Voraussetzung von Lochfraß ist, dass der Stahl mit einer Flüssigkeit in Berührung kommt, die z. B. Chloridionen beinhaltet und gleichzeitig ein Oxidationsmittel enthält wie gelösten Luftsauerstoff. Da es sich bei Kochsalz, Pökelsalz und Salzlösungen um genau ein solches Chlorid, nämlich Natriumchlorid handelt, kann Edelstahl rostfrei, besonders in hohen Konzentrationen und in Verbindung mit Feuchtigkeit, angegriffen werden und Schaden am Produkt entstehen. Tipp: Beim Kochen von z. B. Nudeln das Salz erst dem schon kochenden Wasser zufügen und dabei etwas umrühren. Damit verhindern Sie, dass sich Salzkristalle am Boden absetzen. Außerdem sollten Sie stark salzhaltige Speisen nicht über einen längeren Zeitraum in Edelstahlbehältnissen aufbewahren.«[35]

Salzkristalle setzen sich in kochendem Wasser natürlich nicht am Boden ab. Trotzdem schont man seine Töpfe, wenn man sie möglichst kurz Salzwasser aussetzt.[36] Spülmaschinen attackieren die Oberfläche von Töpfen allerdings wesentlich stärker als Salzwasser beim Kochen. Wenn Sie ganz sicher sein wollen, dass Ihr Topf keinen Schaden nimmt, schaffen Sie sich einen aus einer Chrom-Molybdän-Legierung an. Unter dem Markennamen »Hastelloy« werden diese Edel-Edel-Gefäße für Salzschmelzen und Atomkraftwerke hergestellt.

Irrtum: Eierkochen ist ganz einfach

Jeder kennt wohl den Frühstücksei-Sketch von Loriot.

Er: Wie lange hat das Ei denn gekocht?

Sie: Zu viele Eier sind gar nicht gesund!

Er: Ich meine, wie lange dieses Ei gekocht hat …?

Sie: Du willst es doch immer viereinhalb Minuten haben …

Und etwas später:

Er: Ach! … Und woher weißt du, wann das Ei gut ist?

Sie: Ich nehme es nach viereinhalb Minuten heraus, mein Gott!

Er: Nach der Uhr oder wie?

Sie: Nach Gefühl … eine Hausfrau hat das im Gefühl …

Der Sketch ist bekannt, das Problem auch, eine Lösung erst jetzt in Sicht – allerdings nur für die richtige Methode, ein perfektes Frühstücksei zu kochen, nicht aber für das aneinander Vorbeireden der Geschlechter. Schließlich kommt »Sie« zu dem Schluss »Gott, was sind Männer primitiv!« und »Er« zu dem Vorsatz »Ich bringe sie um, morgen bringe ich sie um!«

Das Gefühl trügt eine Hausfrau selten, beim Eierkochen aber fast immer. Natürlich ist auch das Ei, das »Sie« ihrem Mann serviert, hart. Wer hart gekochte Eier mag, kann diesen Eintrag getrost überschlagen. Wer hart gekochte Eier mag, so behaupte ich, der mag in Wirklichkeit überhaupt keine Eier. Er entledigt sich des Problems, ein delikat aromatisches Ei mit einer differenzierten Konsistenz zu kochen dadurch, dass er das Ei so lange kocht, bis sein gesamter Inhalt hart geworden ist. Das ist nach spätestens zehn Minuten Kochen der Fall. Es ist die Methode der Faulen und der Feinde feiner Unterschiede.[37] Es ist die Methode, die Lebensmittelhygieniker für die sicherste halten. Es ist die Methode, die wir Kulinariker mit Nichtbeachtung strafen. Was sind noch einmal hart gekochte Eier?

Richtig gekochte Eier sind eine Delikatesse. Das Weiße ist fest, Biochemiker nennen es »vollständig koaguliert«, das Eigelb außen leicht gefestigt, innen flüssig, aber heiß. Dass das Eigelb keine 70 Grad erreicht hat, bei denen möglicherweise vorhandene Salmonellen abgetötet würden, nehmen wir Kulinariker in Kauf. Die Herstellung eines solchen Frühstückseis ist eine Kunst. Das wird deutlich, wenn man einmal auflistet, welche Faktoren ein Eiercomputer berücksichtigen müsste: Durchmesser eines Eis, Anzahl der Eier, Alter der Eier, Temperatur der Eier beim Start des Kochvorgangs, Menge des Wassers, Starttemperatur des Wassers, Geschwindigkeit der Wassererhitzung, Maximaltemperatur des Wassers (abhängig von der Höhe über NN), Kochzeit bei Maximaltemperatur, anschließende Kühlung in stehendem oder fließendem Wasser. Hausfrauen und Küchentüftler haben sich bisher damit herumgeschlagen, durch Einhalten der richtigen Kochzeit die gewünschte unterschiedliche Konsistenz im Ei zu erreichen. Wie Loriots Geschichte zeigt, mit wenig Erfolg.

Vor wenigen Jahren tauchte die Schlagzeile »Lösung für das perfekte Frühstücksei« in der Presse auf. Britische Forscher hatten das schwierige Rätsel der Eizubereitung angeblich gelöst. Eier wurden mit einer hitzeempfindlichen Tinte bedruckt. Die Abbildung sollte erst dann zum Vorschein kommen, wenn das Ei die richtige

»Eieruhren, Weißblech, decorirt, 8 cm hoch bzw. Ahorn, gedreht und poliert, 10 ½ cm hoch.« Ob aus Weißblech, Ahorn oder Nurglas, mechanisch, optisch oder elektronisch: Ohne Eieruhr klappt das Eierkochen nicht, auch nicht bei 64 Grad. Wir haben's ausprobiert.

Konsistenz hätte. Drei Varianten von so markierten Eiern sollten auf den Markt kommen: hart, mittel, weich. Die deutsche Presse berief sich auf »britische Presseberichte«.[38] Britische Presseberichte dazu lassen sich nicht finden. Die Erfindung soll von der britischen Vermarktungsorganisation »Lion Quality« gemacht worden sein. Die Vermarktungsorganisation »British Lion eggs« gibt es tatsächlich.[39] Sie arbeitet zusammen mit dem »British Egg Information Service« (BEIS) und der »British Egg Products Association« (BEPA) sowie dem »British Egg Marketing Board: Research and Education Trust«.[40] Eiervermarktung scheint in Großbritannien eine schwere Arbeit zu sein. »Lion Quality« erwähnt die beschriebene Stempelmethode auf seiner Internetseite heute nicht mehr, empfiehlt stattdessen die völlig sinnlose Zugabe von Salz, für den Fall, dass ein Ei platzen sollte.

Ich dachte mir: Es muss aber doch auch leichter gehen, ein perfektes Frühstücksei zuzubereiten – einfacher als mit einem Eiercomputer und stressfreier als mit der Zeitmethode und sicherer als mit einem Farbstempel. Bekannt ist, dass Eiklar bei etwa 63 Grad Celsius stockt. Eigelb braucht dagegen rund 68 Grad, damit es hart wird. Beim traditionellen Kochen von Eiern wird also mit maßlos überhöhten Temperaturen gearbeitet. Nur dadurch wird die Konsistenz der Frühstückseier so unkalkulierbar. Einziges Steuerungselement der Hausfrau ist bisher die Zeit. Das muss geändert werden.

Mit einem einigermaßen präzise anzeigenden Thermostat lässt sich siedendes Wasser bei einer Temperatur von knapp über 63 Grad halten. Die Kochzeit müsste dann weitgehend egal sein. 7 Minuten, 10 Minuten, vollkommen egal, wenn man es schafft, nicht über 67 Grad hinauszukommen.[41] Den Versuch habe ich natürlich machen lassen, allein schon, um den Küchengeräteherstellern endlich die Produktion eines preiswerten Eierkochers nahezulegen. Anstatt im Laborbedarfshandel einen nicht ganz billigen Einhängethermostat zu kaufen, bat ich einen befreundeten Chemiker, acht Eier in diesem exakt temperierten Gerät zu kochen, jeweils gestartet in kaltem

Wasser, bei 64 Grad, bei 70 Grad und bei 98 Grad. Der wichtigste Test sollte unter folgenden Voraussetzungen stattfinden: 64 Grad für 12 Minuten. Dabei hatte ich aber vergessen, dass der Temperaturverlauf bei diesen niedrigeren Temperaturen völlig anders ist als bei den üblichen 98 Grad. Der Austausch findet wesentlich langsamer statt, wenn man statt 98 Grad bloß 64 Grad in das Ei schickt, sodass mir der Chemiker empfahl, mittels Thermofühlern in den Eiern deren exakte Kerntemperatur zu messen. Ich war dankbar für diesen Hinweis und gespannt auf die Ergebnisse. Die Eier wurden also zuerst alle auf 4 Grad abgekühlt, um haushaltsübliche Bedingungen zu schaffen. Kein Mensch wärmt seine Eier vor dem Kochen auf Zimmertemperatur vor und jeder sollte das tunlichst auch lassen. 4 Grad ist also eine alltagsübliche Eier- weil Kühlschranktemperatur.

Der Test brachte ein Ergebnis, das meinen Chemikerfreund nicht zufriedenstellte. Es erwies sich zuerst das, was er befürchtet hatte: Die Wärme braucht ziemlich lang, um ins Innere des Eis zu gelangen. Noch unangenehmer für ihn als Naturwissenschaftler war es, dass die Kurven des Diagramms sich schnitten, was eigentlich nicht hätte passieren dürfen. Mein Freund führte das darauf zurück, dass sich die Thermofühler nicht während des gesamten Versuchs exakt in der Mitte der Eier befunden haben können.

Hier die Ergebnisse des ersten Versuchs mit einer Erhitzung auf 64, 70 und 98 Grad:

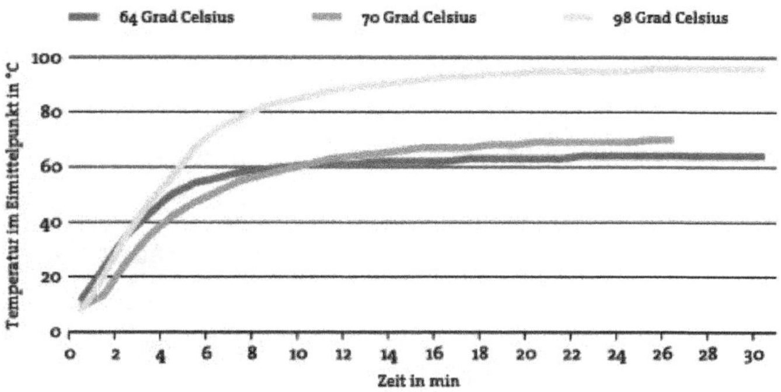

Bei 64 Grad blieb das Eigelb erwartungsgemäß flüssig, das Eiklar wurde allerdings auch nicht richtig hart. Bei 70 Grad war das Eiklar fest, das Eigelb wachsartig. Das bei 98 Grad gekochte Ei war natürlich in allen Teilen hart. Ein zweiter Versuch war nötig. Das Eigelb sollte schließlich nicht wachsartig sein, sondern weitgehend flüssig. Hier die Ergebnisse des zweiten Versuchs, bei dem ein Ei 60 Minuten lang auf 65 Grad erhitzt wurde: Das Eiklar war immer noch nicht hart. Nicht einmal bei 70 Grad wurde es richtig hart, obwohl es erwartungsgemäß durchaus koaguliert war. Die Frustration brachte den Chemiker auf Ideen, die mir immer unheimlicher wurden. Er wollte mit Flüssigstickstoff im Inneren des Eis arbeiten, statt Temperaturfühlern Viskositätssonden einführen, Mikrowellen punktgenau justieren und das jeweilige Ei mit einem Industrieroboter in diesen Mikrowellen drehen lassen. Ich dankte ihm für seine Überlegungen und versprach ihm, es mir zu überlegen. Mit meinen Überlegungen kam ich zu folgendem Schluss: Eierkochen ist ungeheuer kompliziert.[42]

Irrtum: Eier kochen nicht aus, wenn man Essig ins Wasser gibt

Neben der falschen Konsistenz ist das Platzen der Eier ein ungelöstes Problem. Tipps, wie das zu verhindern ist bzw. zum Umgang mit Eiern, die bereits geplatzt sind, und wie man ein Austreten des Eiklars verhindern kann, haben schon ganze Partyrunden in Kampfarenen verwandelt. Die Frauenfachzeitschrift *Freundin* riet unlängst und offensichtlich ohne entsprechende Tests durchgeführt zu haben: »Auch ein Essigbad vorm Kochen verhindert Risse, weil die Schale flexibler wird.«[43] Wie lange man die Eier einlegen solle, wurde nicht empfohlen. Ob je eine Hausfrau dieser Empfehlung gefolgt ist? Falsch ist nämlich, dass die Eierschale durch Einlegen in Essig *flexibler* wird. Richtig ist, dass sich das in der Eierschale enthaltene Calciumkarbonat im Essig *löst*.

Hierzu ein beliebter Versuch aus dem Biologieunterricht. Ohne Hintergrundinformationen wird dieser spektakuläre Versuch auch schon in Kindergärten durchgeführt: Ein Ei wird in ein Glas mit Essig gelegt. Sofort bilden sich kleine Bläschen aus Kohlendioxid, das aus der Kalkschale freigesetzt wird. Die Kohlensäure lässt das Ei zart taumeln. Nach etwa einer Stunde schwimmt, wenn man ein braunes Ei genommen hat, der braune Farbstoff in weißem Schaum an der Essigoberfläche. Das Ganze sieht sehr appetitlich nach einem guten Cappuccino aus, aber man sollte die Lösung keinesfalls zu sich nehmen. Die Eierschale löst sich auf. Sie wird dabei dünner und dünner. Nach spätestens zwölf Stunden ist die Schale vollständig aufgelöst. Nach einer Woche sieht der ehemalige »Cappuccinoschaum« schon nicht mehr so appetitlich aus, nach zwei Wochen ist er völlig eingetrocknet und klebt am Glasrand, nach drei Wochen hat meine Frau mir empfohlen, dem Versuch ein Ende zu setzen. Ich nahm das vollständig schalenlose Ei vorsichtig mit einem Löffel aus dem Essig, schnitt es in der Mitte durch und konnte feststellen: Tatsächlich, Eiklar und Eigelb waren fest geworden. Allerdings war das Eiklar nicht so fest, dass ich es hätte essen wollen. Seine Konsistenz entsprach etwa der des Eis, das nur auf 70 Grad erhitzt worden war. Dehnt sich aber, um auf die Empfehlung gegen das Schalenplatzen zurückzukommen, eine mit Essig getränkte Eierschale aus und zieht sich beim Herausnehmen der Eier aus dem Wasser wieder schlagartig zusammen, sodass es keinem auffallen kann? Das tut sie nicht. Die klassische Begründung, warum Essig dem Auskochen von Eiern entgegenwirken soll, geht anders: »Sollte ein Ei dennoch platzen, schnell einen kleinen Schuss Essig ins Wasser gießen. Das verhindert, dass das Eiweiß ausläuft«, empfiehlt eine Internetkochratgeberin, ohne einen möglichen Grund dafür zu nennen.[44] Eine andere, die vor Kurzem ihren Internetauftritt aus Scham gelöscht hat, führt das auf »geänderte Druckverhältnisse« zurück. Wie soll das funktionieren? Verändert Essig den Wasserdruck und wenn ja, wird er erhöht oder verringert? Verändert Essig den Gerinnungsfaktor des Eiklars? Nein. Essig senkt den pH-Wert des Wassers, es wird saurer. Dadurch gerinnt – korrekt koaguliert – das Eiklar schneller. Auch Hervé This-Benckhard hofft, so ein Austreten des Eiklars aus der Schale zu verhindern. Seine Begründung: »Ist Säure zugegen, dann stoßen sich die Proteine weniger ab. [...] Sollten sie aufplatzen, wird das Eiklar sofort gerinnen [...]«.[45] Stimmt das aber wirklich? Wir haben es ausprobiert und stellten fest: leider nein. Die Verringerung des pH-Werts führt nämlich keineswegs zu einer signifikant schnelleren Gerinnung des Eiklars bei den üblichen Kochzeiten von 4 bis 10 Minuten, geschweige denn zu einer sekundenschnellen Gerinnung, die bei einem geplatzten Ei nötig wäre. Wir haben Eier mit kontrolliert zerbrochenen Eierschalen in kochendes, in anfangs kaltes, in anfangs kaltes und mit Essig versetztes und in kochendes und mit Essig versetztes Wasser gelegt. Auf ein Liter Wasser gaben wir einen Deziliter Essig. Das Einlegen in Essig führte lediglich dazu, dass die Eierschale dünner wurde und damit keinerlei stabilisierende Funktion mehr hatte. Eiklar und sogar Eigelb traten aus und ließen ein amorphes Gebilde im Topf schwimmen, das niemand gern auf einen Frühstückstisch bringen würde. Abgesehen von seiner Form wurde das Eiklar brüchig und das Eigelb mehlig zäh.

Im Übrigen: Auch Salz im Wasser soll die Gerinnung (das Koagulieren) fördern. Salz erhöht bekanntlich den Siedepunkt von Wasser, allerdings so gering, dass sich das nicht auf die Kochzeiten oder die Gerinnung des Eiklars auswirkt. Die besten Ergebnisse erbrachte ein in kaltem Wasser ohne jegliche Zusätze angesetztes zerbrochenes Ei. Eine andere Kochratgeberin empfiehlt, außer Essig auch noch Öl hinzuzugeben, vergisst aber Pfeffer, Estragon und eine Prise Paprika, die gegen das Auskochen von Eiklar ähnlich wirkungslos sind.

Irrtum: Eier lassen sich leichter pellen, wenn sie kalt abgeschreckt werden

Das nächste Problem in puncto Eier: das Abschrecken. Abschrecken oder nicht abschrecken? Auch wegen dieser Frage gibt es Glaubenskriege. Beim Abschrecken, fand das Schweizer Bundesamt für Gesundheit heraus, können Bakterien durch die Schale ins Innere des Eis gelangen und sich dort vermehren, sodass »die verbreitete Praxis des Abschreckens hart gekochter Eier die Haltbarkeit stark reduziert«.[46] In einem Test wurden Eier nach zehnminütigem Kochen entweder ohne weitere Behandlung oder nach Abschrecken bei Raum- oder Kühltemperatur gelagert. Die bakterielle Untersuchung ergab: Nicht abgeschreckte gekochte Eier sind bei Raumtemperatur mindestens drei Monate haltbar, vielleicht sogar noch länger. Der Versuch endete nach 91 Tagen. Bei abgeschreckten Eiern ist die Haltbarkeit, also die Bakterienvermehrung, stark von der Lagertemperatur abhängig. Schon nach fünf Tagen wurde bei den in Raumtemperatur gelagerten abgeschreckten Eiern der Toleranzwert überschritten. Das Abschrecken nützt also, wie das vorherige Waschen (siehe unten) nichts, kann aber großen Schaden anrichten. Nur bei weich gekochten Eiern wäre ein Abschrecken damit zu begründen, dass man so ein Nachgaren verhindert. Ob sich ein Ei gut oder schlecht pellen lässt, hat aber nichts mit dem Abschrecken zu tun. Die Schweizer kamen zu dem Schluss: »Die Schälbarkeit abgeschreckter und nicht abgeschreckter Eier erwies sich als gleichwertig.«[47] Es hängt vielmehr vom pH-Wert des Eiklars ab, ob sich die Schale gut löst. Nach dem Legen entweicht dem Ei Kohlendioxid. Der pH-Wert des Eiklars steigt dabei von 7 auf etwa 9 an. Ist der pH-Wert niedrig, klebt die Schale an der dünnen Haut zwischen Eiklar und Schale fest. Bei einem Test, den die Redaktion der Fernsehsendung Kopfball durchführte, stellte sich ebenfalls eindeutig heraus: Abschrecken führt nicht dazu, dass sich Eier besser pellen lassen.[48] Also kann man es auch sein lassen.

Irrtum: Eier darf man nicht köpfen

Eine Frühstücksszene wie im Werbefilm: Eine Terrasse mit Blick in eine grüne Aue. Goldgelbe Sonnenstrahlen erwärmen das Herz sowie Butter, Wurst- und Käseplatten. Jedes Mitglied der glücklichen Idealfamilie bringt noch einen Teil der notwendigen Utensilien mit auf die Terrasse. Die exakt wachsweich gekochten Eier stehen schon auf dem Tisch. Dessen rustikal-unschuldig weißer Tischdecke muss nur noch etwas Leben eingehaucht werden. Kein Problem, denkt sich der Vater und kleckert Marmelade drauf. Die Tochter findet's so lustig, dass sie ihren Kakao über die Tischdecke prustet und die Mutter legt mit einem vom Messer rutschenden Stück Butter nach. Dann aber kommt der Akt, den alle als barbarisch verurteilen, der die Idylle zerschneidet und die Familie in eine tiefe Krise stürzt: Der Sohn köpft sein Ei. Er stellt sich dabei nicht einmal unbeholfen an: Er schafft den Schlag in der exakt richtigen Höhe in der exakt richtigen Stärke. Er klappt den Ei-Kopf mit dem Messer ab und möchte anfangen, sein Ei zu salzen. Da trifft ihn die geballte Kritik der anderen Familienmitglieder. So gehe es ja nicht! Und wenn er weiterhin zum zivilisierten Teil der Menschheit gerechnet werden wolle, müsse er zumindest seine Eieröffnungstechnik ändern, wahrscheinlich aber noch viel, viel mehr. Der Rotzlöffel sieht nach bei Knigge, dessen gesamtes Werk »Über den Umgang mit Menschen« (1788) dankenswerterweise im Internet veröffentlicht ist und triumphiert: »Kein Sterbenswörtchen übers Eierköpfen, also lasst mich bloß in Ruhe!«[49]

Das Verbot, Eier mit Messers Schneide zu köpfen, wird immer noch und immer wieder damit begründet, dass es in grauer Vorzeit einmal Messer aus Silber oder gar Alpaka gegeben habe. Beim Kontakt mit dem im gekochten Ei enthaltenen Schwefelwasserstoff entstehe Silbersulfid. Und das stimmt. Schwefelwasserstoff bildet im Kontakt mit Silber Silbersulfid und Silbersulfid schmeckt metallisch-unangenehm. Alpaka ist allerdings kein Silber und enthält,

»Eierständer, Ahorn, matt, mit Füssen, zum Aufeinanderstellen.« Auch in Ihrem Kühlschrank befindet sich so ein Eierständer, wenn auch nicht aus Ahorn. Frühstückseier dürfen Sie übrigens durchaus köpfen, aber nur, wenn niemand zusieht.

obwohl es auch als »Neusilber« bezeichnet wird, keine Spur von Silber, sondern Kupfer, Zink und vor allem Nickel. Auch diese Legierung entwickelt aber im Kontakt mit Schwefelwasserstoff einen metallischen Geschmack. Ein Alpakabesteck ist aber aus einem völlig anderen Grund ein Problem. Für viele Menschen bildet es eine Erblast. Ich habe einen unvollständigen Satz (4 Messer, 5 Gabeln, 3 kleine Löffel) von meiner Großtante mütterlicherseits geerbt. Das Besteck ist außerordentlich scheußlich ornamentiert. Ich weiß wirklich nicht, was ich damit anfangen soll. Wegwerfen kann ich es aber nicht. Meine Frau hat es noch ärger getroffen. Ihr Erbe: ein fast vollständiges, sechzigteiliges Silberbesteck inklusive Messerbänklein. Ornamentierung wie oben. Was machen wir bloß damit? Jetzt aber zurück zum Verbot, Eier zu köpfen: Da mittlerweile keine Messer mehr aus Alpaka und kaum noch welche aus Silber in Gebrauch sind, hätte sich das Verbot eigentlich längst erübrigt. Bei Kontakt mit Edelstahl entwickelt der Schwefelwasserstoff des Eis keine zusätzlich unangenehmen oder gesundheitsschädlichen Substanzen und Gerüche. Der Grund für den Fortbestand des Eierköpfverbots ist ein ganz anderer. Der Eierköpfvorgang erfordert nämlich tatsächlich etwas Geschick. Ich behaupte, dass er zum Schutz der Ungeschickten gesellschaftlich geächtet ist. Alle geschickten Köpfer würden die Unfähigkeit der Ungeschickten offenbaren. Mitmenschen bloßzustellen, ist aber keine edle Tat. Deshalb zertrümmern in Gesellschaft auch die Geschickten die Kappe, pellen den oberen Teil ab und löffeln das Frühstücksei dann aus. Wenn sie aber allein sind, folgen die Geschickten keinem gesellschaftlichen Zwang. Sie köpfen mit ihren Edelstahlmessern, dass es einem mittelalterlichen Scharfrichter zur Ehre gereichen würde. Und dann gibt es noch einen guillotineartigen Eierschalensollbruchstellenverursacher. Er gilt als witziges Geschenk. Den Eggshellbreakingandperforatingdevice gibt es auch in England. Räumen Sie Ihre Küche ruhig voll mit so einem Quatsch! Daneben findet sicher auch noch eine Eierzange Platz, mit der Sie ein Ei unschön, aber in der richtigen Höhe zerquetschen können, nicht zu vergessen ein Eierkochtimer, der nach festgelegten Zeiten im heißen Wasser die dümmsten Melodien dudelt.

Irrtum: Eier sind schmutzig und müssen deshalb gewaschen werden

Noch ein Eierthema: Eine Praxis, die bisher nur in Schweden betrieben wird, besteht darin, Eier vor dem Verkauf zu waschen. Eine Gruppe schwedischer Landfrauen, die ich darauf ansprach, bestätigte mit heftigem Kopfnicken, ja, das sei doch selbstverständlich, denn die Eier seien doch sonst schmutzig. Sie murmelten »ja självklart« und nickten dabei heftig mit ihren Köpfen. Damit brachten sie zum Ausdruck, dass sie es für selbstverständlich hielten, Eier zu waschen, weil Eier doch schmutzig seien, wenn sie aus der Kloake eines Huhns hervorploppen. Und aus genau dieser Kloake, versuchten sie mir klarzumachen, komme doch auch der ganze »kyckling skit«. Ich dagegen versuchte, sie darauf hinzuweisen, dass Eier eine natürliche Schutzschicht, die Kutikula haben, ein Häutchen von 5–10 µm (Mikrometer), das ein Eindringen von Schmutz verhindert und das durch das Waschen zerstört wird. Ungläubiges Kopfschütteln. Die schwedischen Landfrauen hatten noch nie eine Kutikula gesehen. Sie hielten mich für einen Spinner. Ich versuchte auch darauf hinzuweisen, dass der Verkauf von Eiern im übrigen Europa und wahrscheinlich in der ganzen Welt nicht aus Kühltheken, sondern aus ungekühlten Regalen erfolgt. Auch das fanden die schwedischen Landfrauen unhygienisch. Angeekeltes Naserümpfen. Tatsächlich ist das Kühlen von Eiern in Schweden aber nur deshalb notwendig, weil die Eierschale durch das vorherige Waschen ihre Schutzschicht verloren hat. Beim Transport vom Geschäft nach Hause gibt es zumindest in den dort nur wenigen warmen Sommerwochen die Möglichkeit, dass Feuchtigkeit auf den kalten Eiern kondensiert und die Eierschale damit zu einem idealen Nährboden für Bakterien macht.

Der schwedische Hygieneansatz ist so zwiespältig, dass sich die EFSA, die Europäische Behörde für Lebensmittelsicherheit, mit dem Thema befassen musste. In einem Gutachten des wissenschaftlichen Gremiums über die mikrobiologischen Risiken des Waschens von Tafeleiern kam die Behörde zu dem Schluss, dass es nur der geringen Verbreitung von Salmonellen in Schweden zu danken ist, dass durch das Eierwaschen keine größere Vergiftungsgefahr gegeben ist als bei ungewaschenen Eiern im Rest der Welt. Vor- und Nachteile des Eierwaschens heben sich dort gegeneinander auf. Notwendig wäre es nicht und teuer ist es außerdem.[50]

Irrtum: Eischnee lässt sich nicht aufschlagen, wenn ein Tropfen Eigelb dabei ist

Bei der Génoise, dem Genueser Biskuitteig, werden Eigelb und Eiklar zusammen mit Zucker zu einem Schaum aufgeschlagen.[51] Das dauert zwar zehn Minuten, aber danach hat sich das Volumen versechsfacht. Wie kann das gehen, wo doch in Deutschland und auch in England[52] und wahrscheinlich noch in einer ganzen Reihe anderer Länder gelehrt wird, dass auch nur ein Tropfen Eigelb das ganze Bemühen zunichtemachen wird? »Eier sehr sorgfältig trennen und ganz besonders darauf achten, dass kein Eigelb ins Eiweiß gelangt. Sonst lässt es sich nicht mehr steif schlagen«, empfiehlt die *Brigitte* Kochschule.[53] »Im Eiweiß dürfen keine Reste vom Eigelb oder anderen fettigen Substanzen vorkommen«, behauptete jahrelang auch »Schneeklößchen«, das bei der Trennung von Dativ und Akkusativ nicht ganz so pingelig war.

Hervé This-Benckhard weiß wenigstens, was beim Schlagen der Eimasse zu Eischnee wirklich passiert. »Das Eigelb enthält kleine grenzflächenaktive Moleküle, die sich mit den Proteinen des Eiklars verbinden und ihre Vernetzung erschweren, sodass die Trennschicht zwischen Wasser und Luft geschwächt wird.«[54] Eigelb enthält Cholesterin.[55] Der relativ hohe Fettanteil des Eigelbs könnte den Schaum zusammenfallen oder gar nicht erst entstehen lassen. Emulgatoren, so heißt es, störten durch Anlagerung an die Eiklarproteine deren Vernetzung. Einige Köche empfehlen deshalb sogar, bei Soufflés ganz auf die spätere Zugabe des zuvor getrennten Eigelbs zu verzichten.[56] Der Eischnee stürze dann angeblich zusammen und ein Soufflé gehe danach auch nicht richtig auf.

Meine Tests mit und ohne Eigelb hatten andere Ergebnisse. Die Soufflés mit Eigelb gingen genauso auf wie die ohne, blieben genauso stabil. Sie schmeckten aber einfach cremiger, was ja aufgrund des fetten Eigelbs kein Wunder ist. Die Erklärung: Eigelb, das dem Eischaum zugesetzt wird, zerstört diesen nicht wieder. »Der Platz für die Fette ist schon besetzt.«[57]

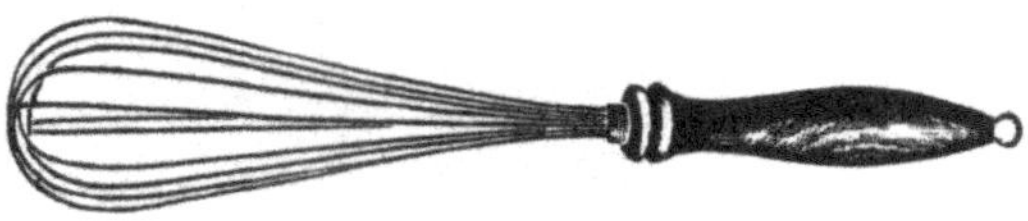

»Schneeschläger, Draht, fein verzinnt, mit polirtem Holzstiel.«
Keine Angst: Eischnee wird auch steif, wenn etwas Eigelb dabei ist.

Ein altes Hausmittel empfiehlt, dem zu schlagenden Eiklar einen Spritzer Zitronensaft hinzuzufügen, falls beim Trennen der Eier etwas Eigelb ins Eiklar gelangt ist. Das Eiklar werde außerdem schneller steif, wenn man ihm eine Prise Salz gönne. Da ich keine physikalische Erklärung dafür finden konnte, habe ich wenigstens einen Praxistest gemacht.

Ich habe Eischnee mit und ohne Prise Salz geschlagen. Ergebnis: Beide Versionen wurden gleich schnell gleich steif. Ich habe Eischnee in einer fettigen Schüssel geschlagen, wobei angeblich nie und nimmer ein schöner fester Schaum entstehen kann. Ergebnis: ein schöner fester Schaum. Ich habe Eischnee aus drei Eiklar und einem Eigelb geschlagen, was total, überhaupt, ganz und gar unmöglich sein soll. Ergebnis: ein Eischnee mit einem schönen Gelbton, der nur gering instabiler war als ein aus reinem Eiklar geschlagener Schnee. Erst als ich das zweite und das dritte Eigelb unterhob, wurde der Schaum noch etwas weniger stabil. Ich habe das Ganze dann in der Pfanne zusammen mit vorher angerösteten Speckstückchen gebacken und damit die Grundversion der Quiche Lorraine nochmals erfunden. Weil Crème fraîche oder saure Sahne fehlten, war diese Pseudo-Quiche zwar schön locker oder, wie es ein bekannter Fernsehkoch ausdrücken würde, »fluffig«, allerdings etwas trocken.

Irrtum: Essig ist die beste Marinade für Fleisch

Die molekulare Gastronomie hat in den letzten Jahren einige neue Techniken erfunden. Sie hat aber auch alte Zubereitungstechniken wiederbelebt, wie das Impfen von Fleisch mit Ananassaft. Die Technik soll von den Azteken entwickelt worden sein. Man legt Fleisch einige Tage in Ananassaft ein. Und es stimmt: Ananassaft macht

Fleisch mürbe. Durch Einlegen oder Impfen mit einer simplen Spritze werden die Kollagen-Verbindungen aufgelöst und das Fleisch nach kurzer Garzeit genießbar. Das ist eine Form des Marinierens.[58]

Was wohl nicht stimmt, ist die Behauptung, für die mürbemachende Wirkung sei einfach die Säure der Ananasfrucht verantwortlich. Wirksam ist vor allem das im Ananassaft enthaltene Enzym Bromelain. Es wird auch behauptet, dass Enzyme aus Feigen (Ficin) und Papaya (Papain) als Fleischzartmacher wirksam seien. Wenn sie aber, was ihre übliche Verwendung ist, bloß mit einem Zartmachersalz aufs Fleisch gestreut werden, machen sie nur dessen Oberfläche zart. Bei einem Steak, geschweige denn bei einem Braten hilft das wenig.

Die Funktion von Enzymen ist die eines Katalysators. Prinzipiell handelt es sich bei Enzymen um Proteine, also Eiweiße. Sie sind bei Stoffwechselvorgängen aller Lebewesen beteiligt. In einem Lehrfilm seinerzeit in der Schule konnte man genau sehen, wie ein Enzym, nachdem es sich vorgestellt und dabei einen Zylinder gezogen hatte, an seine Arbeit ging. Es fischte Bausteine der Nahrung aus der Blutbahn und ordnete sie ihren Bestimmungsorten zu. Ohne Enzyme, hieß es in diesem Lehrfilm, wüssten die Bausteine des Lebens nicht, wo sie hingehören. Ich fand diese Erläuterung verständlich und ausreichend. Ich fragte vorsichtshalber unsere Biologielehrerin nicht, woher das Enzym wisse, welche Bausteine es wo einzuordnen hat. Die hatte sowieso genug damit zu tun, den ständig reißenden Film wieder zusammenzukleben und neu einzufädeln.

Mit dieser Schulweisheit im Hinterkopf hörte ich von einem Experiment, bei dem mittels Enzymen eine Wirkung in Fleisch herbeigeführt worden sei. Der in Oxford lehrende Physiker Nicholas Kurti hatte 1969 erstmals bzw. erstmals unter wissenschaftlichen Bedingungen ein Experiment mit Ananassaft unternommen. Er spritzte den Saft mit einer handelsüblichen Injektionsspritze ins Fleisch und stellte fest, dass es im Vergleich zu Fleisch, das nicht »geimpft« war, wesentlich schneller gar wurde. Außerdem hatte das Fleisch einen interessanten Ananasgeschmack.

Für mich ergaben sich daraus zwei Fragen:

1. Ist es tatsächlich notwendig, den Saft ins Fleisch hineinzuspritzen?
2. Sind es tatsächlich die Enzyme im Ananassaft, die das Fleisch mürbe machen?

Enzyme sind nicht nur in lebenden Zellen aktiv. Auch in abgestorbenen Zellen bewirken und unterstützen sie biochemische Vorgänge. Die Wirkung dieser Stoffe – Bromelain bei der Ananas und Papain bei der Papaya – soll »protolytisch« sein, das heißt, sie sollen Proteine »abbauen«. Kollagen ist das bindende Protein im Fleisch. Es geht also darum, dieses Kollagen zu zerstören. Normalerweise geschieht das durch Hitze. Kurti hat seinen Test mit einem von Ananassaft durchtränkten und einem normalen, »ungeimpften« Braten gemacht und kam zu dem Ergebnis, dass der geimpfte zarter war. Es hat uns interessiert, ob andere Säure, etwa Apfelsäure, die einen pH-Wert von + 4,1 bis + 3,5 hat, eine ähnliche oder die gleiche Wirkung haben würde wie Ananassaft mit seinem schwächeren pHWert von + 4,6.[59]

Cola, die mit ihrem pH-Wert von immerhin + 2,9 ja angeblich ein Stück Fleisch innerhalb einer Nacht »zersetzt«, müsste ebenfalls zum Marinieren geeignet sein. Siehe dazu auch den Eintrag: »Cola löst ein Stück Fleisch über Nacht auf«. Ja, Cola löst auch Rost. Na und? Das ist doch gut, wenn man nach Jahren mal wieder den Wagenheber benutzen muss oder sich endlich aufgerafft hat, das alte Fahrrad wieder fahrtüchtig zu machen. Der Wirkstoff in Cola ist Phosphorsäure. Um schlimmen Befürchtungen entgegenzuwirken: Dieselbe Wirkung hat Cola auf die Magenschleimhaut *nicht*. Magenschleimhaut reagiert auf so eine läppische Lösung wie Cola einfach *gar nicht*. Magenschleimhaut ist für stärkere Sachen ausgelegt, nämlich für Salzsäure (pH-Wert + 1 bis + 1,5). Saurer Essig (pH-Wert + 2,9) und Zitronensäure (pH-Wert + 2,4) sind zum Marinieren deshalb auch viel besser geeignet.

Wir haben nun einen Test mit folgendem Versuchsaufbau gemacht: Ein Stück Rindfleisch wurde in vier Teile zerlegt, von denen wir eines mit Essig marinierten (pH-Wert + 2,9), eines mit Ananassaft (pH-Wert

+ 4,6), eines mit Apfelsaft (Granny Smith, pH-Wert + 4,1) und eines mit Cola (pH-Wert + 2,9) »impften«. Nach 24 Stunden war noch keine Änderung am Fleisch erkennbar, nach 48 Stunden wurde es weicher, nach 72 Stunden war es noch immer roh, aber sehr, sehr weich. Das Ergebnis nach dem Anbraten: Das mit Essig geimpfte Fleisch behielt seine Struktur weitgehend bei. Es war gut durchgegart, hatte trotzdem noch einen festen Biss und war vor allem noch als Fleisch zu erkennen. Anders beim Steak, das mit frischem Ananassaft geimpft wurde. Es war zwar zart, der Geschmack aber sehr gewöhnungsbedürftig. Nach kurzer Zeit des Garens war es eigentlich nicht wesentlich mehr als »genießbar«. Cola und Apfelsaft (von einem selbstzerstampften Apfel, pH-Wert + 4,1) führten auch nach vier Tagen Marinierens zu keinerlei Veränderung. Wie unsere Tests zeigten, kam es trotz der kollagenzersetzenden Eigenschaft von Ananas (oder auch Papaya oder Feigen) nie zu einem geschmacklich befriedigenden Ergebnis.

Irrtum: Flambieren gart Speisen

Nach dem Miniflambieren mittels Absinth, jetzt zum richtigen Flambieren, einem noch viel größeren Quatsch. Beim Flambieren geht es um Feuerzauber! Es geht um das vollkommen unnütze Abfackeln von Alkohol. Flambieren ist, wenn auf Kreuzfahrtschiffen nach zwei Seetagen etwas passieren muss, damit die Passagiere nicht unruhig werden. Kein Wunder, dass der Komiker Otto Waalkes auch in der Rolle des Chefkochs Louis Flambé auftrat. Eine reine Show!

Beim Flambieren nimmt die Speise Aromen der verwendeten Spirituose an. Ja sicher tut sie das! Dass der Alkohol dabei in Brand gesetzt wird, ändert an diesem Geschmack aber überhaupt nichts – ganz im Gegenteil! Die angeblich beim Flambieren entstehenden Aromen beruhen auf nichts anderem als auf dem zugefügten

Alkohol, der, weil er auch in die Speise eindringt, natürlich nicht vollständig verbrennt. Andere behaupten, die im Essen enthaltenen Zuckerstoffe werden durch die Flammen karamellisiert und verleihen der Speise ein zusätzliches Aroma. Das ist leider nicht oder jedenfalls kaum möglich. Die Flammen brennen ja über der Speise. Wollte man Zucker karamellisieren, müsste man bloß eine Lötlampe nehmen und diese an die mit Zucker bestrichene Speise halten. Das macht man bei Crème brûlée, und die wird zwar heiß, nicht aber brennend serviert. »Der Witz beim Flambieren ist doch, dass der Alkohol beim Abbrennen verschwindet«, meint Gert von Paczensky. »Nur der Aromastoff des betreffenden Schnapses bleibt. Aber diesen Effekt könnte man auch erzielen, wenn man das Gebräu direkt hinzutut, ohne es anzuzünden – dann braucht man auch weniger. Freilich könnte man dann kein solches Theater machen. [...] Mit guter Küche hat das alles nichts zu tun. Höchstens mit teurer oder mit Folklore.«[60] Und recht hat der Mann!

Flambieren kann man fast alles: Fleisch, Eierkuchen, Crèpes und natürlich alle Desserts. Besonders spektakulär ist das Flambieren von Eiscreme. Man platziert ein mit Alkohol getränktes Stück Würfelzucker auf dem aufgetürmten Eisberg, steckt es in Brand und serviert einen angeblich »fauchenden Vulkan«. Wenn Sie eine super Show abziehen wollen, flambieren Sie. Wenn Sie als Koch oder Köchin ernst genommen werden wollen, lassen Sie's lieber bleiben.

Irrtum: Fleisch bleibt saftig durch scharfes Anbraten

Das wäre so schön einfach: Je heißer das Fett, desto saftiger der Braten. Den Herstellern von Pflanzenfett ist es gelungen, durch jahrzehntelange Propaganda nicht nur Hausfrauen, sondern auch

Köche und selbst den Gründer einer Steakhauskette glauben zu machen, scharfes, also möglichst heißes Anbraten würde zwangsläufig zu einem saftigen Braten oder Steak führen.[61] Die Hitze kann nach dieser Theorie nicht groß genug sein. Mindestens 140 Grad, 180 Grad, 200 Grad, wer bietet mehr? Auch Molekulargastronom Hervé This-Benckhard ist der Meinung: »Ein Braten muss bei hohen Temperaturen garen, wenn er gut werden soll: Der Ofen muss vorgeheizt und das Fleisch mit Öl bestrichen werden.«[62] Erst bei diesen Temperaturen, so heißt es fast überall, würden die Poren geschlossen und ein Austreten des Fleischsafts verhindert.

Die angeblich zu schließenden Poren des Fleischs haben große Löcher im kollektiven Bewusstsein hinterlassen. Aus ihnen heraus tropft und fließt der gesunde Menschenverstand und lässt sich einreden, eine Fleischkruste sei eine Art Folie, mittels derer der Fleischsaft am Austreten gehindert wird. Selbst die Autorin eines Buches, dessen Titel »Fleisch sanft garen bei Niedrigtemperatur« das Gegenteil vermuten lässt, empfiehlt: »Beim heißen Anbraten schließen sich die Fleischporen. Durch den Hitzeschock zieht sich der Fleischsaft in das Innere des Fleischstücks zurück. Lässt man das Fleisch anschließend ruhen, kann es sich wieder entspannen; der Fleischsaft zirkuliert im ganzen Stück und verteilt sich gleichmäßig.«[63]

Gegen die Behauptung der zu schließenden Poren spricht allerdings eine entscheidende Tatsache: Fleisch hat überhaupt keine Poren. Haut hat Poren, Fleisch besteht aus ungeschützten, offen liegenden Muskelzellen. Deshalb gibt es im oder am Fleisch auch nichts zu schließen. Einige Autoren schreiben die Mär vom Porenschließen »einem russischen Wissenschaftler« zu, der sie 1926 in die Welt gesetzt habe.[64] Mit dieser eher vagen Information brauchen wir uns aber nicht zufriedenzugeben. Urheber des Irrtums der zu schließenden Poren ist nämlich nicht irgendein Wissenschaftler und auch nicht die Fettindustrie, sondern der hochverdiente deutsche Chemiker Justus von Liebig (1803–1873). Er hat für die

Lebensmittelverarbeitung viele wertvolle Entdeckungen gemacht. Vor allem »Liebig's Fleischextrakt« (nur echt mit dem falschen Apostroph) war eine revolutionäre Erfindung. Die Erfindung Liebigs toppten 1889 Julius Maggi und Karl Knorr, die eiweißhaltigem Bohnenmehl einen fleischähnlichen Geschmack abtrotzten.

Die konkrete Stelle, an der Liebig seine These von den Poren erläutert, die angeblich geschlossen werden, ist gar nicht so leicht zu finden und wird normalerweise großzügig vernachlässigt. Liebig hatte herausgefunden, dass Proteine beim Erhitzen zusammenklumpen.[65] Da sie das auch am und im Fleisch tun, folgerte er daraus etwas zu schnell, die koagulierten Proteine würden an der Oberfläche eines gebratenen Stücks Fleisch eine feste Schicht bilden (die Kruste eben) und den Bratensaft (die Zellflüssigkeit und die Gelatine) am Austreten hindern. Verbreitet wurde Liebigs Theorie u. a. von E. F. v. Gorup-Besanez in seinem Lehrbuch der physiologischen Chemie. Im Kapitel über die »Chemie des Muskelgewebes« schreibt er, ein Auslaugen des Fleischs beim Kochen sei dadurch zu verhindern, »dass man das Fleisch erst in den Topf bringt, wenn das Wasser bereits kocht, d. h. aufwallt, und es nun einige Minuten damit sieden lässt; das sofort gerinnende Albumin verschließt die Poren, es kann aus dem Fleische nichts mehr austreten, und es bleibt nur noch übrig, die innere Masse durch die Hitze in ihrem eigenen Safte gar werden zu lassen«.[66]

Die Fleischkruste wird aber im Gegenteil erst durch das Anbraten durchlässig für den Fleischsaft. Aus einem rohen Stück Fleisch läuft, außer aus den wenigen zerschnittenen Zellen an seiner Oberfläche, kein Saft aus. Die Kollagenverbindungen, die den Verzehr eines rohen Stücks Fleisch verhindern, halten die Zellstrukturen aufrecht. Bei einem gebratenen Stück Fleisch sind diese Zellverbindungen zerstört. Dadurch können wir es essen. Außerdem sind viele Fleischzellen geplatzt. Die Zellflüssigkeit sucht sich ihren Weg. Sie findet ihn durch Tausende Risse und Kanäle in den Zellzwischenräumen, in denen das Kollagen zu schmackhafter Gelatine umgewandelt wurde.

Die falsche Vorstellung vom austretenden Fleischsaft und alle Empfehlungen, wie dieser Vorgang zu verhindern sei, verbreitete über Jahrzehnte auch das französische Standardwerk Larousse Gastronomique.[67] Für den angenehmen Geschmack angebratenen Fleischs wurde im gesamten 19. Jahrhundert ein geheimnisvoller Stoff namens Osmazom verantwortlich gemacht. Der Kunsthistoriker Karl Friedrich von Rumohr glaubte, er entstünde am besten, wenn man Fleisch möglichst schnell großer Hitze aussetze: »Die englische oder vielmehr die homerische Art zu braten beruht auf dem Kunstvorteile, dem Fleische gleich anfangs durch eine schnell andringende Hitze einen Überzug zu geben, welcher die Verdunstung der edleren, im Fleisch enthaltenen Säfte und Salze während der nachfolgenden langsameren Erhitzung verhindert.« Die Oberfläche des Fleischs solle sich dabei »nur ganz leicht zusammenziehen, eine härtliche Haut bilden«.[68] Rumohr schrieb dies 1822, also einige Jahrzehnte vor Liebig, dem aber die Ehre gebührt, für den tatsächlich *nicht* entstehenden »Überzug« auch noch eine falsche Erklärung anzubieten.

Auch der berühmte französische Koch-Reformer Jean Anthelme Brillat-Savarin führte die Bräunung des Fleischs noch auf den »Osmazom« genannten Stoff zurück, den es gar nicht gibt. Als Osmazom bezeichnete man zu seiner Zeit, Anfang des 19. Jahrhunderts, eine ganze Reihe wasserlöslicher Stoffe im Fleisch. Das hübsch illustrierte Buch ist koch- und genusstechnisch vollkommen wertlos. Selbst wer einen feuilletonistischen Stil schätzt, dürfte mit den Abschweifungen und dem weitgehend wertlosen Geschwafel dieser Plaudertasche heutzutage seine Schwierigkeiten haben. Einzig zur Fettleibigkeit vertritt Brillat-Savarin eine Auffassung, die ich vollkommen teile: »So ich ein wohlbestallter Arzt mit einem Doctordiplom wäre, ich hätte zuerst eine gute Monographie der Fettleibigkeit geschrieben, und dann hätte ich mein Reich in diesem Winkel der Wissenschaft aufgeschlagen und so den doppelten Vortheil genossen, Leute, die sich vortrefflich befinden, als Kranke zu behandeln, und ausserdem von der schönen Hälfte des Menschengeschlechtes täglich belagert zu werden, denn ein richtiges Maass von Rundung zu besitzen, weder zuviel noch zu wenig, ist für die Frauen das Studium ihres ganzen Lebens.«[69] Tatsächlich verbinden sich die im Fleisch enthaltenen Zuckermoleküle mit Eiweißen zu einer aromatischen braunen Kruste. Dabei bilden sich gleichzeitig zahlreiche flüchtige Aromastoffe, die den typischen Bratengeschmack ausmachen. Der französische Biochemiker Louis-Camille Maillard hat das erkannt und die Reaktion ist deshalb nach ihm benannt worden.

Die Maillard-Reaktion ist das Allerwichtigste beim Kochen und Backen, nur ihretwegen unternehmen wir den ganzen Aufwand. Die fast zwei Jahrhunderte lang wiederholte Behauptung, durch »scharfes«, also viel zu heißes Anbraten von Fleisch ließe sich ein »Überzug« herstellen, ist eine Ursache für diesen noch heute verbreiteten Aberglauben. Daneben ist vor allem eine jahrzehntelang verbreitete Werbebehauptung eines einzigen Fettherstellers dafür verantwortlich, dass heute trotz offen zutage liegender Erkenntnis immer noch viele Menschen davon überzeugt sind, bei Steaks und Braten seien Poren zu schließen. Und selbst wenn sie es besser wissen, wagen viele doch nicht den Schritt, ihre lange Jahre geübte Praxis zu ändern.

Die Entdeckung, dass Fleisch bei niedriger Temperatur wesentlich besser und zarter zu garen ist, möchten dagegen viele für sich reklamieren. Als ihr erster Wiederentdecker gilt der Graf von Rumford (1753–1814). Er fand heraus, dass zunächst angebratenes Fleisch, bei schwacher Temperatur fertig gegart, zu einem zarten, innen auf jeden Fall rosaroten Fleisch wird. Auf dieser Erkenntnis beruht noch heute die englische Methode der Zubereitung von Roastbeef. Wesentlich später, im ausgehenden 20. Jahrhundert, soll die Züricher Köchin Agnes Amberg dieselbe Methode unabhängig davon nochmals erfunden haben.[70] Vielleicht hatte sie ja auch vom »Mexikanischen Barbecue« gehört: Auf den Fleischgrill wird ein Kanister gestellt, in den große Fleischstücke hineinkommen. Das Ganze wird wenigstens zwei Tage lang auf etwa 70 Grad erhitzt. Aromatisches, zartes Fleisch ist damit garantiert.

Hier eine Zusammenfassung der Vorteile des Garens bei niedrigen Temperaturen: – Die Qualität des fertigen Bratens steigt. – Der Verschmutzungsgrad im Gerät nimmt ab. – Die Reinigungskosten werden positiv beeinflusst. – Je länger der Garprozess dauert, desto geringer sind die Energiekosten. – Die Warenkosten werden erheblich verringert. – Die Arbeitsorganisation fällt leichter.

Eine ideale Methode, sich das scharfe Anbraten abzugewöhnen, ist eine von mir persönlich erfundene. Diese eitle Behauptung halte ich so lange aufrecht, bis mir jemand das Gegenteil nachweist. Ich verwende zum Anbraten einfach Butter. Butter enthält viel Wasser, etwa 16 Prozent. Beim Erhitzen verdampft zuerst der Wasseranteil der Butter. Siehe auch die entsprechende Grafik zum Irrtum »Geklärte Butter ist besser zum Braten«. Dabei entsteht Verdunstungskälte und die gesamte Masse kühlt wieder leicht ab. Physiker nennen das Verdunstungsenthalpie. Enthalpie ist das Maß für die Energie eines thermodynamischen Systems. Wer das versteht, versteht es, alle anderen brauchen es nicht zu wissen. Beim Erhitzen, das ist das Einzige, was man wissen muss, verlassen Wassermoleküle die Butter. Dabei wird der verbleibenden flüssigen Butter so viel Energie entzogen, dass sie sich nicht weiter erhitzen lässt. Erst wenn das gesamte Wasser verdampft ist, kann Butter heißer als 100 Grad werden, maximal aber 150 Grad.

Moral: Glaubt keinen Autoritäten der Kochkunst!

Irrtum: Fleisch darf man, wenn es aufgetaut ist, nicht wieder einfrieren

Schönes Wetter, Grillfest, ein paar Leute einladen, Getränke kaufen, das Fleisch aus der Kühlung holen. Natürlich wird zu viel getrunken, natürlich wird weniger Fleisch gegessen als angenommen. Was tun mit dem einmal aufgetauten Fleisch? Ungegrillt kühlen oder wieder einfrieren? Grillen und dann kühlen oder einfrieren? Die Europäische Richtlinie vom 21. Dezember 1988 zur Angleichung der Rechtsvorschriften der Mitgliedsstaaten über tiefgefrorene Lebensmittel legt in Artikel 8, Abschnitt B, Unterpunkt d) fest: »Das Etikett aller tiefgefrorenen Lebensmittel muss einen deutlichen Vermerk der Art ›Nach dem Auftauen nicht wieder einfrieren‹ tragen.«[71] In ganz Europa stehen diese Sätze auf jeder Tiefkühlpackung, »Niet opnieuw infriezen na ontdooien«, »Ne pas récongeler après décongelation« etc.[72] Achtung, jetzt wird es paragrafisch. Auch in Österreich legt die Verordnung des Bundesministers für Gesundheit über tiefgefrorene Lebensmittel von 1994 fest, dass diese Waren »den deutlich lesbaren und dauerhaft angebrachten Vermerk der Art »Nach dem Auftauen nicht wieder einfrieren« tragen müssen. Der Aufdruck ist also schon einmal gesetzlich gerechtfertigt.[73]

Ist er es aber auch kochtechnisch, in diesem Fall mikrobiologisch? Eher nicht. Das Ungünstigste, was man mit einem aufgetauten Stück Fleisch machen kann, das schon einmal auf einem Teller neben dem Grill gelegen hat, ist, es nur in den Kühlschrank zu legen. Man »ärgert« die Bakterien dann zwar: Sie können sich nicht so schön weitervermehren, wie sie es schon neben dem Grill gemacht haben. Das Vermehren wird dadurch aber nicht gestoppt. Die Anzahl der Bakterien verdoppelt sich bei Zimmertemperatur alle 20 Minuten. Bei vier Grad Kühlschranktemperatur wird ihre Vermehrung etwas erschwert.

Weniger werden es aber selbst dann nicht, wenn man das Fleisch bei etwa minus 18 Grad wieder einfriert. Die Bakterien erstarren dann, vermehren sich nicht, leben aber weiter und entwickeln sich beim Wiederauftauen ausgehend von der vorherigen Menge weiter. Durch das Einfrieren werden Bakterien also nicht – wie durch Erhitzen – zerstört. Was tun? Ein probater Umgang mit frischem, schon länger offen liegendem, wie auch mit aufgetautem Fleisch ist das Durchbraten und anschließende Einfrieren. Die vorhandenen

Bakterien sind dann sicher abgetötet und können auch nach dem Auftauen ihr zerstörerisches Werk nicht mehr fortsetzen. Dann aber kommen ihre Bakterien-Kollegen zum Zug, die auf dem durchgebratenen und anschließend eingefrorenen und wieder aufgetauten Fleisch einen idealen Nährboden finden. Auch dieses Fleisch muss also nach dem Auftauen wieder durcherhitzt werden. Man kann sich vorstellen, dass Geschmack und Konsistenz durch diese Vorgänge nicht gerade verbessert werden, ganz zu schweigen von den Vitaminen, die anfänglich im Fleisch vorhanden waren.

Irrtum: Fleisch darf vor dem Anbraten nicht gesalzen werden

»Schweizer Fleisch«, eine Marketingorganisation der Schweizer Fleischindustrie, ordnet Folgendes an: »Bei Kurzbratstücken und Grillfleisch darf, falls überhaupt, erst nach dem Bratvorgang gesalzen werden, denn Salz zieht den Saft aus dem Fleisch.«[74] Wenn ich das schon lese: »… wenn überhaupt«! Wenn Fleisch überhaupt nicht gesalzen wird, schmeckt es überhaupt sehr bescheiden, nachzulesen schon bei Ignatz Prummer, »Salz-Essenz, oder Erklärung, wie vielfältig das Salz den Menschen, Thieren und Erdfrüchten nützlich sey. Aus einigen Stellen der heiligen Schrift bewiesen, und als ein Neujahrs-Geschenk allen Salz-Nießern überreicht«, Salzburg (wo sonst?) 1791. Wenn's schon in der Heiligen Schrift steht, wer wollte da Zweifel anmelden? Über salzlose Ernährung weiß Prummer als Salzlobbyist natürlich nur Schlechtes zu berichten: »Vom R. P. Sepp aus Paraquay, ist im Drucke erschienen, daß solche große Landschaften, welche das römische Reich und Italien übertreffen sollen, kein Salz haben; sondern Brod und Fleisch ungesalzen essen, daher sie auch nicht zu ersättigen sind, und daraus folget, daß alles in die Corruption und

Fäulung übergehet; daß die Würmer im Leibe wachsen, und viele tausend Indianer in der Disenterie dahin sterben. Noch mehr ist zu bedauern, daß diese salzlosen Leute faule sowohl als dumme Menschen und Barbaren sind.«[75] Da kann man mal sehen!

Wie zu erwarten, lehrte auch die Kochbuchautorin Katharina Prato wenigstens zwei Generationen von Köchinnen: »Man soll das Fleisch auch nicht zu früh einsalzen, weil das Salz den Saft auszieht.«[76] Ihre eigenwillige Unterscheidung von Meersalz und »Kochsalz« bezieht sich auf deren tatsächlich unterschiedlichen Jodgehalt, und deren tatsächlich nicht unterschiedlichen Effekt beim Salzen: »Meersalz benützt man nicht allein in Gegenden, in welchen es gewonnen wird, sondern nimmt es auch oft in anderen zum Kochen, da es seines Jodgehaltes wegen ein gutes Mittel gegen Blähhals (Kropf) ist. Man muss aber weniger davon nehmen, als vom Kochsalz, und es gestoßen verwenden.«[77] Die Edle Katharina Prato äußerte sich natürlich auch zum Braten, erwartungsgemäß in der selbst heute noch verbreiteten irrtümlichen Annahme, es müsse möglichst heiß erfolgen: »Damit das Fleisch beim Braten innen saftig bleibt, muss man es anfangs mit heißem Fett begießen oder in solches legen und bei ziemlich starker Hitze anlaufen lassen, wodurch sich die Oberfläche zusammenzieht und der Saft nicht ausfließen kann.«[78] Natürlich ein Wahn, wie jeder weiß, der weiß, dass Fleisch keine Poren hat und es sich auch nicht an seiner Oberfläche »zusammenzieht«. Sogar in jüngeren Kochbüchern und Internetforen stehen Empfehlungen wie diese: »Salz entzieht dem Fleisch das Wasser. Vor dem Braten gesalzen, würde es mehr ›schwitzen‹ und daher einerseits beim Braten spritzen, andererseits würde der Wasserverlust (bevor die Poren beim Braten verschlossen werden) das Fleisch zäh und trocken werden lassen.«[79] Von Poren ist auch hier die Rede, die beim Fleisch nun wirklich nicht vorhanden sind und die deshalb auch nicht geschlossen werden können.

Selbst ein Profikoch wie der 2019 verstorbene Wolfgang Stein, Küchenchef in Münster und Vorstandsmitglied im Verband der

Köche Deutschlands, verbreitete die Poren-Mär und empfahl parallel dazu das späte Salzen. Der Kochverbandsvorsitzende mag gut gekocht haben, dachte ich mir, aber wer so wenig über die Struktur von Fleisch weiß, der wird wohl auch im Hinblick auf die Wirkung von Salz nicht ganz auf dem Laufenden sein. Prompt fand ich auch noch die vom selben Koch geäußerte Meinung, man solle fürs Fleisch »am besten frisch gemahlenes Salz« verwenden.[80] Dass »frisch gemahlenes« Salz genauso schmeckt wie weniger frisch gemahlenes, besonders, wenn es in der Küche und nicht bei Tisch verwendet wird, kläre ich an anderer Stelle. Salz enthält eben *keine* flüchtigen Aromen. Salz enthält überhaupt keine Aromen. Wenn Ihr Salz nach etwas riechen sollte, dann ist es sicher nicht das Salz, das Sie riechen. Spülen Sie das Salzfass ruhig einmal. Die Behauptung, dass vorheriges Salzen beim Braten Saft aus dem Fleisch austreten lasse, ist damit eingebettet in die absurdesten Irrtümer über Fleisch und Salz. Viele Profiköche kreieren ihre kulinarischen Raffinessen offensichtlich ohne die geringste Kenntnis naturwissenschaftlicher Grundlagen.

Ich bin eine absolute Niete in Naturwissenschaften. Ich bin darauf wirklich nicht stolz, aber es ist nun einmal so. So etwas lässt mich trotzdem leicht verzweifeln, aber nur leicht. Den Wahrheitsgehalt der Behauptung, vorheriges Salzen entziehe dem Fleisch Saft, musste ich deshalb überprüfen. Das Ergebnis ahnen Sie wahrscheinlich schon. Es stimmt wieder alles nicht. Es ist ein Missverständnis, eine Übertragung aus einem anderen Zusammenhang. Radio Eriwan würde den angeblichen Saftverlust bei vorherigem Fleischsalzen so darstellen: »Im Prinzip ja, aber im konkreten Fall nie.« Tatsächlich führt extrem starkes Salzen von Fleisch und auch Fisch dazu, dass durch erleichterte Osmose Zellflüssigkeit austritt und damit eine bessere Haltbarkeit erreicht wird. Der Vorgang dauert mehrere Tage und die Zellflüssigkeit verdunstet während dieses Vorgangs. Man nennt das Pökeln. Beim Braten aber wirkt Salz nicht so.

Es geht hier also prinzipiell um das Thema Osmose. Osmose ist der gerichtete Fluss von Molekülen durch eine halbdurchlässige Membran. Eine schöne Geschichte wird von der ersten spektakulären Demonstration dieses Phänomens berichtet: »Im Jahre 1748 beschrieb Jean-Antoine Nollet, Professor für Experimentalphysik am Collège de Navarre in Paris, ein Experiment, bei dem ein Zylinder mit »Weingeist« befüllt, mit einer entfetteten Schweinsblase verschlossen und aufrecht in Wasser getaucht wurde. Innerhalb weniger Stunden strömte so viel Wasser in den Zylinder, dass sich die Blase unter großem Druck nach außen wölbte; nach Anstechen mit einer Nadel schoss Flüssigkeit als kleine Fontäne in die Höhe.«[81] Toll. Die Blase wölbte sich »innerhalb weniger Stunden«, es gab eine »kleine Fontäne« und die auch nur »nach Anstechen mit einer Nadel«. Kein Geringerer als Albert Einstein beschrieb mehr als anderthalb Jahrhunderte später die molekularkinetischen Vorgänge, die dabei ablaufen. In kompliziertestmöglicher Physikersprache schrieb er »Über die von der molekularkinetischen Theorie der Wärme geforderte Bewegung von in ruhenden Flüssigkeiten suspendierten Teilchen«.[82] Was ausgerechnet Einstein, der sich mit Zeit und Raum gut auskannte, nicht berücksichtigte, war der Faktor Zeit: Osmose findet nämlich so langsam statt, dass sie beim Anbraten gar nicht zum Tragen kommt. Sie können also Ihr Steak oder Ihr Schnitzel genauso gut auch vor dem sanften (!) Anbraten salzen. Das können Sie mit dem billigsten Salz machen, denn das teure Grobsalz löst sich auf dem Schnitzel sowieso völlig auf. Das Schnitzel wird durch das frühe Salzen jedenfalls nicht weniger saftig als ein spät oder nach dem Anbraten gesalzenes. Zellflüssigkeit wird ihm in dieser kurzen Zeit nicht entzogen. Auch dem Steak nicht.

Ich habe mit meinem Freund Jörn, Metzgermeister und Lebensverfeinerer, den Anbrattest gemacht. Er konnte seine Begeisterung für das zuvor gesalzene Steak kaum im Zaum halten: »Joah, is ganz okeh so.« Einen Unterschied zum Steak, das nach dem Anbraten gesalzen wurde, konnten wir in mehreren Blindtests nicht feststellen.

Das Tollste aber ist, dass ich einen, wenn nicht *den* bisher berühmtesten Physiker der Weltgeschichte dafür verantwortlich machen kann, dass alle Welt ihr Fleisch völlig unnötig erst nach dem Anbraten salzt. Das Gleiche gilt natürlich auch im umgekehrten Fall. Die Empfehlung, Leber und Nieren müssten vor dem Braten gesalzen werden, damit sie nicht hart werden, lässt sich sicher nicht mit einer Express-Pökelung rechtfertigen.[83] Außerdem behaupten andere Ratgeber exakt das Gegenteil. Freuen Sie sich jetzt schon auf die Widerlegung des hanebüchenen Küchenunsinns »Leber wird beim Braten nicht hart, wenn man sie über Nacht in Milch einlegt«.

Irrtum: Fleisch ist beim Metzger des Vertrauens am besten, Brot beim Bäcker

Kunden, die im Metzgerladen ein spezielles Stück Kalbsbrust verlangen, »nein, nicht das, das daneben«, eine spezielle Scheibe Bracciole, eine ganz, ganz trockene Salami, »aber nicht zu dick geschnitten, bitte«, die fragen, wann die Würste gemacht worden und wie lange bestimmte Fleischstücke abgehangen sind, solche Kunden gehören zu einer aussterbenden Spezies. Entsprechendes Käuferinnenverhalten wird beschrieben von der Restauranttesterin Ruth Reichel.[84] Ich musste nachsehen, was Bracciole ist, und lernte, dass es sich um einen gefüllten Rollbraten nach süditalienischer Manier handelt. »Wenn Sie auf ›Nummer sicher‹ gehen wollen«, empfahl das *ARD-Morgenmagazin* noch 2005, »stellen Sie beim Einkauf kritische Nachfragen zur Herkunft des Fleischs oder kaufen Sie beim Metzger Ihres Vertrauens, der noch selbst schlachtet.« Wo leben diese Magazinmacher eigentlich? In Internetumfragen zum Thema »Wo kaufen Sie Ihr Fleisch?« sind Antworten von Menschen zu lesen, die sich gerne selbst für aufgeklärt halten: Beim Fleischer meines Vertrauens, im Hofladen, im

Bio-Laden, direkt beim Schlachter, bei einem Freund meines Vaters, der dazu immer ins Münsterland fährt – und außerdem, so schließt fast jede Antwort, essen wir sowieso nicht so viel Fleisch. Ohne zu unterstellen, dass diese Antworten nicht stimmen, spiegeln sie doch nur einen winzigen Teil der Wirklichkeit. Diese Wirklichkeit reflektiert bloß das Licht, in dem sich Verbraucher gerne sehen.

Eine deutlichere Sprache sprechen hier die relevanten Zahlen: »Die deutschen Fleischhersteller haben im vergangenen Jahr ihre Umsätze deutlich gesteigert. Insgesamt setzten die zehn größten Unternehmen 11,9 Milliarden Euro um – der Marktführer allein drei Milliarden.«[85] Das war 2007, im Jahr, in dem in Deutschland erstmals 50 Millionen Schweine geschlachtet wurden. Das gesamte Fleischerhandwerk erzielte 2003 einen Gesamtumsatz von 15,4 Milliarden Euro. Mit etwa 60 Kilo pro Jahr und Person ist der Fleischkonsum in Deutschland seit dem Jahr 2000 konstant. Erst 2017 sank der Fleischkonsum. Er sank leicht, nämlich auf 59,7 Kilo. Die deutsche Fleischwirtschaft war besorgt: »Bundesbürger verbrauchen 2017 so wenig Fleisch wie lange nicht mehr - Durchschnittlicher Jahresverzehr fällt unter die 60-Kilogramm-Marke«[86] Kochbuchautoren stellen sich offensichtlich die wenigen aktiven, eher dominanten Kunden vor, wenn sie ihren Lesern empfehlen: »Lassen Sie sich bei Ihrem Fleischer dies und das vorbereiten.« Sie wissen offensichtlich nicht, wie sich Lebensmittelkäufer, speziell Fleischkäufer, heutzutage verhalten. Es ist ein Irrtum anzunehmen, Kunden wüssten, was sie wollen. Kunden sind schüchtern. Sie kennen sich nicht aus, sie wissen nicht, welches Stück Fleisch aus der Lende, der Schulter oder vom Rücken stammt. Sie wissen noch nicht genau, was sie eigentlich kochen wollen. Sie haben keine Zeit zum Diskutieren und selten den Mumm nachzufragen. Deshalb stehen sie meist ratlos vor den folienverschweißten Fleischstücken im Supermarkt, nehmen eines in die Hand, stellen fest, dass es zu sehnig, zu knochig, zu fettig, zu teuer, zu groß oder zu klein ist, und nehmen am Schluss doch das Putenschnitzel. Damit gibt es keine Schwierigkeiten, allerdings auch den geringstmöglichen Geschmack auf den Teller. Eine Frage oder Bitte an die Fleischfachverkäuferin führt unweigerlich dazu, dass die Unkenntnis des Fragenden offenbar wird. Wer will sich schon diese Blöße geben?

Die Fleischfachverkäuferin weiß dagegen genau, welches Stück Fleisch aus der Oberschale, aus der Lende, vom Schinken, von der Hüfte, von jedem beliebigen Teil eines Tiers stammt. Ihre anatomischen Kenntnisse sind beeindruckend, ihr handwerkliches Geschick ehrfurchtgebietend und ihr Augenmaß grenzt an Zauberei. Mit so einer Frau legt man sich nicht an. Sie hat ein Messer. Sie kennt alles und sie weiß alles, auch die bestmögliche Zubereitungsmethode. Jede Frage führt dazu, dass die Fleischfachverkäuferin innerlich die Augen verdreht und äußerlich die gemeinsten Antworten gibt. »Aus dem Filet können Sie selbstverständlich auch Gulasch machen (Sie hirnloser Teufel!).« »Wir haben auch vorbereitete Rouladen (Sie ungeschicktes Mäuschen!).« »Selbstverständlich ist das Fleisch gut abgehangen, gnädige Frau (und Sie hängen hier gleich daneben, Sie dumme Nuss!).«

In der Bäckerei dagegen wissen Kunden ganz genau, was sie wollen: etwas Gesundes. Es soll so schmecken wie der Geruch des Bäckerladens, der sich ihnen aus der Kindheit eingeprägt hat, soll dabei den neuesten Ernährungsmoden folgen, also ballaststoffreich und leicht verdaulich sein, wenigstens eine Woche lang nicht schimmeln, dabei keine Konservierungsstoffe enthalten,

»Fleischmulden, Stahlblech, fein verzinnt, prima Qualität, mit gewölbtem Boden.« Fleischzubereitung muss nach festgelegten Ritualen erfolgen, sonst tritt keine Erlösung ein.

eine kräftige Kruste haben, die aber leicht zu kauen ist, zu jedem Belag passen, der ganzen Familie schmecken und vor allem nicht zu teuer sein. »Bitte sehr«, sagt die Bäckerei-Fachverkäuferin, weist auf das Regal hinter sich, in dem zwanzig verschiedene Brotsorten lagern, alle frisch gebacken, alle die soeben erwähnten Kriterien erfüllend. »Ach, das da auch?«, fragt dann der Kunde und zeigt auf einen braungrauen, pflastersteinförmigen Klotz ganz hinten links. »Das ist ein rheinisches Traditionsbrot mit einem Ballaststoffanteil von zwanzig Prozent und Dinkel-Kürbis-Hafer-Beimischung. Sehr lecker.« »Nein, dann nehm ich doch lieber hier das mit dem Mehl drauf«, nörgelt der Kunde. »Bitte zwei davon.« »Eine gute Wahl«, heuchelt die Bäckerei-Fachverkäuferin, »unser Roggenmischbrot. Leicht und doch kräftig, saftig und nicht zu feucht. Ich würde Sie gerne in Scheiben schneiden.« Der Kunde überhört den aggressiven Unterton, antwortet »ja bitte« und ist mal wieder bedient.

Der aktive und informierte Verbraucher geistert wahrscheinlich noch so lange durch die Köpfe von Journalisten und Politikern und Kochbuchautoren, bis sich herumgesprochen hat, dass sich die Nahrungszubereitung in Mitteleuropa in den letzten fünfzig Jahren erheblich verändert hat. Dass damit mehr Verlust einhergegangen ist als Gewinn, lässt sich nicht einmal sagen.

Irrtum: Fleisch muss quer zur Faser geschnitten werden

So steht's in vielen Kochlehrbüchern und Ratgebern. Die 2009 aufgelöste, weil verfassungswidrige Centrale Marketing-Gesellschaft der deutschen Agrarwirtschaft mbH CMA[87] empfahl etwa: »Fleisch stets quer zur Faser schneiden – egal, ob Schnitzel, Bratenscheiben oder Filetspitzen. Ergeben sich quer zur Faser keine ausreichend großen Stücke, sollte man darauf achten, dass der Schnitt zumindest schräg zur Faser verläuft. Durch die kurzen Fasern bleibt das Fleisch gut kaubar und zart. Falsch geschnittene Fleischstücke verlieren dagegen wertvollen Fleischsaft. Werden Schnitzel parallel zur Faser geschnitten, schrumpfen sie in der Pfanne.«

Der letzte Satz taucht fast in jeder Empfehlung bzw. in jeder Warnung auf. Wenn Fleisch aber nur exakt im rechten Winkel zur Ausrichtung seiner Zellbündel geschnitten werden müsste, dürfte oder sollte, dann könnte man Fleisch überhaupt nicht schneiden. Als Erklärung für diese häufig geforderte Regel dient der angeblich große Verlust von Bratensaft, also Zellflüssigkeit, wenn das Fleisch vor dem Braten parallel zur Faser geschnitten und damit eine große Menge von Zellen angeschnitten werde. Wenn die Menge der so zerteilten Zellen tatsächlich von Bedeutung wäre, dürfte man niemals Geschnetzeltes zubereiten, bei dem ja zahlreiche Schnitte auch gegen die Faser absolut unvermeidlich sind. Geschnetzeltes oder auch Gulasch wären demnach automatisch saftarm, Pfanne oder Topf mit einer Lache an Zellflüssigkeit gefüllt und ein Anbraten damit unmöglich.

Noch verheerender würde sich die Verletzung der Fleischzellen bei Hackfleisch bemerkbar machen. Die Hackfleischmasse müsste eigentlich schon während ihrer Herstellung im Fleischwolf eine nahezu flüssige Konsistenz annehmen. Dass sie das nicht tut und dass auch Geschnetzeltes und Gulasch durchaus anzubraten sind, liegt an der noch immer relativ geringen Zahl der Zellen, die selbst beim brutalstmöglichen Zerstückeln von Fleisch verletzt werden. Falls Sie in Bio aufgepasst haben, wissen Sie, dass Fleischzellen im Gegensatz zu länglichen Pflanzenzellen eher rund sind. Fleisch setzt sich nun aus Bündeln dieser runden Zellen zusammen und bildet Eiweißfasern. Zwischen diesen Bündeln befindet sich Bindegewebe, bestehend aus Kollagen, Reticulin und Elastin. Dieses Bindegewebe gilt es, durch Erhitzen bei mindestens 60 Grad zu zerstören, es in schmackhafte Gelatine zu verwandeln und das Fleisch damit für den menschlichen Körper verdaulicher zu machen.[88]

Dabei ist es mittlerweile allgemein bekannt, dass das »blutige« Steak keinerlei Blut enthält. Wer den roten Saft auf seinem Teller jemals genau beobachtet hat, wird festgestellt haben, dass er auch nach längerer Zeit nicht gerinnt. Blut befindet sich natürlich nicht im Fleisch, sondern im weitverzweigten Kreislaufsystem und wird beim Schlachten möglichst vollständig entfernt. Schließlich ist das Ausbluten der eigentliche Tötungsvorgang. So viel zur schockierenden Grundlage unserer Nahrungsmittel. In der Zellflüssigkeit befindet sich im Gegensatz zum Hämoglobin, welches das Blut färbt, das etwas schwächer färbende Myoglobin. Freunden des »blutigen« Steaks wollen wir aber weiter den Spaß gönnen, ihre zartbesaiteten Tischgenossen mit ihrer Bestellung eines »schön blutigen« Steaks ganz leicht erschauern zu lassen.

Was hat es aber mit dem Schneiden parallel zu den Faserbündeln auf sich? Wir haben einen Test gemacht. Von acht Schnitzeln, jedes etwa 80 Gramm schwer, wurden vier mit der und vier gegen die Faser geschnitten. Keines der Schnitzel wurde geklopft, geschlagen oder

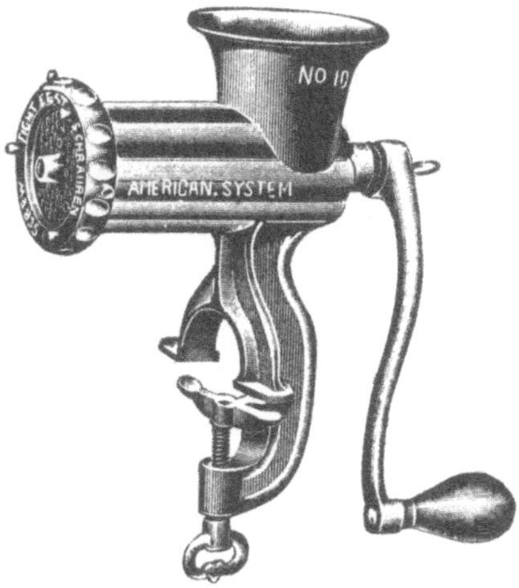

»Fleischhackmaschine, prima, amerikanisches System, fein blank verzinnt. Extratheile: Wursttrichter, Messing vernickelt, Lochscheiben mit kleiner und größerer Lochung.« Nicht einmal bei der Verwendung der kleinsten Lochung werden so viele Fleischzellen zerstört, dass man statt eines Stücks Fleisch eine flüssige Masse erhält.

sonst irgendwie misshandelt. Alle wurden auf jeder Seite kurz angebraten und serviert. In der Pfanne ergab sich kein Unterschied und die Testpersonen konnten auch keinen Unterschied beim Geschmack feststellen. Der Flüssigkeitsverlust betrug bei den quer zur Faser geschnittenen Schnitzeln 16 Prozent, bei den parallel zur Faser geschnittenen 18 Prozent. Ob diese geringe Differenz (bei 80 Gramm betrug sie gerade einmal 1,6 Gramm) tatsächlich auf die Schnitttechnik oder auf einen Messfehler zurückzuführen ist, konnten wir nicht genau klären.

Irrtum: Fleisch muss vor dem Anbraten mit kaltem Wasser abgespült werden

So etwas liest man überall. Vor der Zubereitung aller Sorten von Fleisch weisen die Autoren von Koch-, Lehr- und Ratgeberbücher an: »Nach dem Einkauf unzerkleinerte Fleischstücke unter fließendem kalten Wasser abspülen und entsprechend dem Rezept weiterverarbeiten.«[89] Es wäre vielleicht nötig darauf hinzuweisen, dass das Fleisch, wenn man es abgewaschen hat, vor dem rezepttreuen Weiterverarbeiten zuerst abgetrocknet werden sollte. Nehmen Sie doch Küchenkrepp (von dem meist kleine Fetzen am Fleisch hängen bleiben), oder nehmen Sie ein Geschirrtuch (das dann sofort reif für die Wäsche ist), oder nehmen Sie doch, was Sie wollen. Ich habe Ihnen nicht empfohlen, das Fleisch zu waschen.

Menschen, die ich befragte, warum sie Fleisch vor der Zubereitung waschen, sprachen von Hygiene. Und sie sprachen von Metzgern und Fleischverkäuferinnen, die alle daran herum getatscht hätten. Da würden sie doch lieber vorher etwas kaltes Wasser drüberlaufen lassen. »He! Was ist an den hygienisch einwandfreien Händen dieser Fachkräfte auszusetzen, Sie Pingel?« Die in dieser Form vollkommen korrekt Befragten gaben sich der Hoffnung hin, mit dieser Prozedur nennenswerte Mengen an Bakterien zu vernichten. Manche gaben sogar der Erwartung Ausdruck, sie würden durch das Waschen von Geflügelfleisch die immer und zwangsläufig vorhandenen Salmonellen abwaschen. Ein gefährlicher Irrtum! Solche Menschen trifft man wahrscheinlich nicht mehr oft. Wer glaubt, er könne durch das Abwaschen von Geflügelfleisch die Menge der vorhandenen Salmonellen deutlich verringern, lebt nicht lange. In Deutschland sind die Meldungen von Infektionen seit 1990 zwar von etwa 200 000 auf rund 55 000 Fälle im Jahr 2005 zurückgegangen und 2018 waren es gemäß Meldepflicht nach dem Infektionsschutzgesetz insgesamt nur noch 13 529, die gemeldet wurden, aber das sind nur die gemeldeten Fälle. Dafür, dass bei all diesen Erkrankungen nur wenige Todesfälle zu verzeichnen waren, hat das Robert Koch-Institut eine einfache Erklärung: »Die Meldedaten unterschätzen Todesfälle jedoch, weil einmal gemeldete Infektionen nicht bis zum Ende der Erkrankung nachverfolgt werden.«[90] Weltweit sterben jährlich immer noch mehr als eine halbe Million Menschen daran. Die Salmonellen, eine für Menschen besonders gefährliche Sorte von Bakterien, befinden sich aber im Schweinefleisch, im Geflügelfleisch und übrigens auch in den Eiern des Geflügels. Wozu aber sollte man das Fleisch dann waschen? Und wozu sollte man außerdem Ziegen- und Hasen- und Kaninchen- und Kudu- und Känguru- und Straußen- und sonstiges Fleisch, das keine oder kaum Salmonellen enthält, waschen, bevor man es anbrät? Man weiß es nicht!

Irrtum: Fleur de Sel ist ein gesünderes und besser schmeckendes Salz

Kochsalz ist Natriumchlorid und Natriumchlorid ist Kochsalz. Der Eintrag ist hiermit beendet.

Hier noch ein Nachtrag: Steinsalz ist Meersalz, das vor Millionen von Jahren entstand, als ganze Meere austrockneten. Im Meersalz befinden sich neben Natriumchlorid noch Spuren von anderen Stoffen wie Kalium, Magnesium und Mangan. Deren Einfluss auf den Geschmack des Salzes ist eher nachteilig, es wird durch sie eher bitter.

Gourmets behaupten gleichwohl, Fleur de Sel, das von Hand mit Holzschaufeln von der Oberfläche von Verdunstungsbecken abgeschöpft wird, schmecke aufgrund seiner höheren Calcium- und Magnesiumsulfatanteile anders, intensiver, besser als billiges Kochsalz. Weshalb die bitteren Anteile, die bei dieser Salzherstellung im Endprodukt verbleiben, in irgendeiner Weise der Gesundheit zuträglich sein könnten, wird nirgends erläutert und deshalb auch hier nicht.

Salzt man nämlich sein ohnehin normalerweise schon gut gesalzenes Essen zusätzlich mit etwa zwei bis drei Gramm pro Tag (das ist immerhin ein halber Kaffeelöffel), kommt immer noch keine nennenswerte Menge zur Deckung des Mineralbedarfs zustande. 125 Gramm Fleur de Sel werden derzeit für zwischen fünf und acht Euro angeboten, 500 Gramm jodiertes Speisesalz zwischen 17 und 90 Cent. Maximale Preisdifferenz bei 100 Gramm: 0,034 Euro gegenüber 6,366 Euro oder 1872 Prozent!

Hier noch ein zweiter Nachtrag: Der Salzblume »Fleur de Sel« werden außer Schönheit noch die erstaunlichsten physiologischen Wirkungen zugeschrieben. Alles Weitere finden Sie unter »Meersalz ist gesund und schmeckt besser«.

Irrtum: Fondue ist eine gute Form, Fleisch zuzubereiten

In Brüssel kann man auf dem Flohmarkt »Vossenplein« alias »Place du Jeu de Balle« (Brüsseler Straßen und Plätze haben immer zwei

Namen) jeden Tag in einer bestimmten Ecke Friteusen und Fonduesets kaufen. Der Clou: Das Fett ist noch drin! Ihre Vorbesitzer haben sich nicht einmal die Mühe gemacht, das Fett des letzten gemütlichen Fondueabends in den 1970er-Jahren zu entsorgen. Wohin auch? Fettsammelcontainter gibt es in Brüssel erst seit diesem Winter. Wahrscheinlich haben diese Vorbesitzer irgendwann mal diese Erfahrung gemacht: Das Fleischfondue ist ein Schmarrn, ein Humbug, totaler Blödsinn – es ist die perfekte Methode, selbst bestes Fleisch ungenießbar zu machen. Und recht haben sie!

Dabei war alles einst so schön gedacht: Man dachte, die individuelle Garmethode führe zu individuell zubereiteten Bratenstückchen. Man dachte, durch den sofortigen Transport vom Kessel auf den Teller kühle das Fleisch nicht unnötig aus. Man dachte, durch die ständige Aktion um den heißen Kessel herum fiele nicht auf, dass Gäste und Gastgeber sich eigentlich nichts mehr zu sagen haben. All das stellte sich letztlich als falsch heraus, als Irrtum und Selbstbetrug.

Für die Erfindung des Fleischfondues will heute niemand mehr verantwortlich sein. Für die des Fondues an sich schon. Und, wer hat's erfunden? Die Schweizer! Eigentlich stammt das Fondue aus

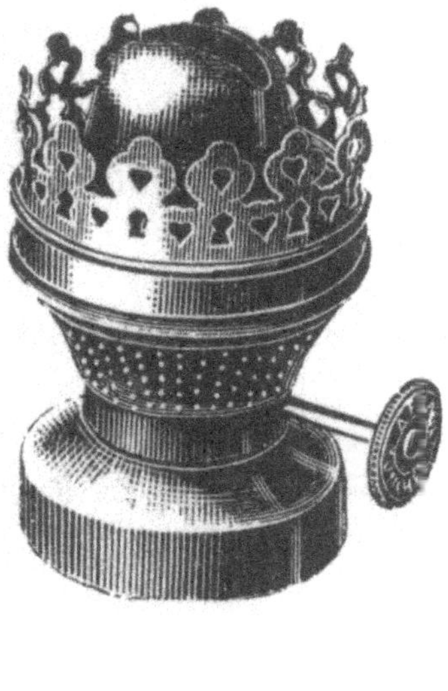

»Bayonnetschluss-Flachbrenner, Messing polirt, prima Qualität mit Schraubring.«
Eigentlich ist es vollkommen egal, was für eine Sorte Brenner Sie unter den Fleischfonduetopf stellen, zartes und gutes Fleisch werden Sie damit doch nicht herstellen.

der Westschweiz, aus Savoyen. Bekanntlich werfen die Schweizer ihre regionalen Käsekreationen in einen Topf, schmecken mit reichlich Wein und Schnaps ab und fischen die aromatische Masse mit Weißbrotstückchen wieder heraus. Wer sein Brotstückchen verliert, das weiß man aus Asterix, wird mit einem Stein an den Füßen im Genfer See versenkt. Da trifft er wahrscheinlich die Menschen, die dort nach ihrem ersten und letzten Fleischfondue oder Fleischbrühenfondue oder Schokoladenfondue vor Scham versunken sind.

Da Schmelzen auf Französisch »fondre« heißt, ist »fondue« das Geschmolzene. Koch- und Frittiervorgänge in Brühe oder heißem Fett dürften deswegen eigentlich gar nicht Fondue heißen, sondern eher »Bouilli« und »Frit«. Beim echten, nämlich beim Käsefondue, kommt auch kein Metalltopf aufs Stövchen, pardon, auf den Réchaud, sondern ein irdener Caquelon. Alles sähr fronsösisch. Beim Fleischfondue wird über einem Spiritusrechaud statt Käse Fett erhitzt und statt Weißbrot werden Fleischstücke eingetunkt.

Ein Fondueessen weckt Erinnerungen an archaische Essformen: Alle essen aus einem Topf, das Feuer flackert noch bei Tisch, manchmal unerwartet hoch. Meiner Schwester ist es einmal passiert, dass die Spiritusflamme um den Topf herumschlug. Dadurch wurde das Fett entzündet. Das brennende Fett setzte dann die Pendellampe in Brand. Und weil keiner so besonnen war, einfach den Deckel auf den Kessel zu legen, brannte kurz danach auch noch die Tischdecke. Meine Schwester hat seitdem Angst vor dem kleinsten Feuer, auch dem von Kerzen. So etwas sollte deshalb nicht passieren.

Was beim Fondue eigentlich passiert oder passieren sollte, ist ein Frittiervorgang. Bei absurd hoher Hitze, zwischen 160 und 190 Grad Celsius, werden Fleischstückchen von Gulaschgröße frittiert. Anders als beim Gulasch wird dem Fleisch zum Garen aber gar keine Zeit gelassen. Es wird deshalb hart, gibt fast sämtliche Gelatine ans umgebende Fett ab und die Fondueesser halten die auf ihre Teller bugsierten harten, aromaarmen Stückchen für knusprig. Das Beste am Fleischfondue ist deshalb das zurückbleibende Fett, in dem sich außer der schmackhaften, aus den Fleischstückchen ausgetretenen Gelatine auch noch jede Menge Maillard-Produkte sammeln. Das sind die schwarzen Stückchen, die sich am Fleisch gebildet hatten, dann aber durchs brodelnde Fett wieder davon abgelöst wurden und leider nicht auf dem Teller der Fondueesser landeten. Fleischfondue kam in Deutschland etwa in den frühen 1970er-Jahren in Mode. »Jeder kämpft mit seinen Spießchen gegen den anderen und versucht so viel Fleisch wie möglich zu braten oder aus dem heißen Topf zu fischen – ein starker Gegensatz zu den sozialen Regelungen des Menüs.«[91] Ich habe noch einmal genau nachgelesen, was Helene Karmasin da geschrieben hat: »… mit seine*n* Spießchen«! Und ich dachte, ich sei der Einzige gewesen, der den Trick mit mehreren Spießen beherrschte: immer ein Eisen im Feuer beziehungsweise im Fett haben und das andere auf dem Teller. Zusätzlich nahm ich als Jugendlicher meinen Geschwistern auch noch das Fleisch von den Spießen und behauptete mit Unschuldsmiene, ihre Stückchen seien offensichtlich vom Spieß gerutscht und im brodelnden Fett so stark geschrumpft, dass sie jetzt verschwunden seien. Ich war ein Aas.

Aber das mit den geschrumpften Fleischstückchen stimmt: Ein Stück Rindfleisch von 3 x 3 x 3 Zentimeter Kantenlänge schrumpft, ich hab's ausprobiert und nachgemessen, im Fonduefett in drei Minuten auf 2,5 Zentimeter Kantenlänge, in fünf Minuten auf 2 Zentimeter und in zehn Minuten auf 1,8 Zentimeter. Eigentlich nicht einmal so stark, wie ich es erwartet hatte. Alles, was das Fleischstückchen ehemals schmackhaft machte, die gute, aus Kollagen gebildete Gelatine, ist ihm dann ausgetrieben, eine Kruste konnte sich im brodelnden Fett kaum bilden. Dann tunkt man das misshandelte Stück Tier in allerlei Fertigsoßen (Entschuldigung, die Knoblauchsoße wurde eigens angerührt) und hofft, damit Geschmack an das verschrumpelte Etwas zu bringen. Das arme Tier ist völlig umsonst gestorben. Es ist zum Heulen!

Irrtum: Frittieren bei geringer Hitze lässt Fett ins Frittiergut eindringen

Wenn Pommes frites matschig sind, wird vielfach behauptet, sie seien mit Fett vollgesogen. Eine Horrorvorstellung für Diätratgeber. Zusammen mit Sahnetorte und Mayonnaise belegen solche angeblich fetttriefenden Pommes frites die ersten Plätze der angeblichen Dickmacher.

Interessant an dieser Stelle wäre aber doch zu wissen, ob das überhaupt möglich ist. Manche Ernährungsberater behaupten sogar, die unmäßigen und gierigen Kartoffelstäbchen würden sich »vollsaugen wie ein Schwamm«.[92] This-Benckhard glaubt, es entstünden »grässliche Fettschwämme«, wenn man sich nicht an folgende Regel halte: »Um richtig zu frittieren, muss man das Fett so stark wie möglich erhitzen: Wenn sich nicht sehr schnell eine Kruste bildet, kann Fett in das Frittiergut eindringen und es durchtränken.«[93] Aber: Können sich Pommes frites überhaupt mit Fett vollsaugen?

Beim Frittieren entsteht durch die Maillard-Reaktion an der Oberfläche der Kartoffelstäbchen die erwünschte goldgelbe Kruste. Sie macht den Hauptteil von deren Geschmack aus und ist maximal drei Millimeter dick. Im Inneren wird die Kartoffelmasse durch Wärmeleitung erhitzt. Wärmeleitung oder Konduktion ist ein Wärmefluss durch einen Temperaturunterschied. Wärme fließt, so steht es im zweiten Hauptsatz der Thermodynamik, von selbst immer nur in Richtung der geringeren Temperatur. Die einzelnen Moleküle stoßen sich gegenseitig an und bewegen sich ständig. Die Bewegung nehmen wir als Wärme wahr. Was bei dieser Wärmeleitung aber nicht fließt, ist Öl oder Fett. Für das Medium, in dem Pommes frites zubereitet werden, gibt es keinen Weg ins Innere des Kartoffelstäbchens, selbst dann nicht, wenn man sich darum bemühen würde.

Pommes-frites-Fanatiker wünschen sich doch, die gesamte Kartoffelmasse zu einem knusprigen Ganzen zu frittieren. Das ist beim traditionellen Querschnitt von 10×10 Millimeter nicht möglich.[94] Spezielle Feinschnitte, die für Fast-Food-Restaurants hergestellt werden, haben deshalb einen Querschnitt von nur sieben Millimetern. Bei einer Eindringtiefe von drei Millimetern bleibt ein unfrittierter Kern von gerade einem Millimeter. Diese Pommes frites sind tatsächlich relativ fettiger als normale. Dass kein Fett weiter als drei Millimeter eindringt, lässt sich schon daran erkennen, dass im Inneren kein Bräunungseffekt entsteht. Der hohe Wasseranteil der Kartoffel lässt die Pommes frites im Inneren nicht heißer als 100 Grad werden. Die Stäbchen werden innen tatsächlich nicht mehr als gekocht. Selbst an ihrer Oberfläche werden die Stäbchen durch den austretenden Wasserdampf nicht heißer als 103 Grad Ob das Frittierfett 160 Grad heiß ist oder 220 Grad, ist deshalb unwichtig. Der Frittiervorgang lässt sich durch höhere Temperaturen zwar beschleunigen, aber das will man gar nicht. Das Frittiergut wird dabei nämlich sehr ungleichmäßig gegart. Dass die Fritten trotzdem manchmal für besonders fettig gehalten werden, liegt am austretenden Wasserdampf, der die Kruste schnell weich werden lässt. Die weiche, mit Fett überzogene Kruste und das weiche Innere der

»Kartoffelsieder, Draht, fein verzinnt mit Bügel.«
Das ideale Gerät zum Frittieren. Frittieren Sie mit solchem oder mit hochmodernem Gerät: Sie werden es nicht schaffen, sehr viel Fett in das Frittiergut eindringen zu lassen, egal bei welcher Temperatur.

Stäbchen wirken dann so, als habe sich dort ein Fettdepot gebildet. Ein klassischer Irrtum der unreflektierten Ernährungskritik!

Die folgende Behauptung ist alt und immer wieder vorgetragen worden. Die Kruste, die sich beim Frittieren aus der oberen Schicht des Kartoffelstäbchens bildet, soll gemäß dieser Theorie ein Eindringen von Fett in dessen Inneres verhindern. Nach dem Frittieren, so empfehlen es viele Anleitungen, solle man das Frittiergut auf einer Lage saugfähigen Küchenpapiers ausbreiten, um überschüssiges Fett zu entfernen. Offensichtlich hat sich noch niemand, von dem ich es wüsste, die Mühe gemacht, den Wahrheitsgehalt all dieser Behauptungen und Empfehlungen zu überprüfen. Die Behauptung klingt zunächst plausibel und matschige Pommes frites hat sicher jeder schon einmal serviert bekommen. Man spießt das Kartoffelstäbchen auf die Gabel auf und es hängt an beiden Seiten schlaff herunter. Angeblich soll es dabei sogar möglich sein, dass Fett heruntertropft, obwohl ich das noch nie gesehen habe und es mir aus physikalischen Gründen auch nicht vorstellen kann. Um eine überschüssige Fettaufnahme zu verhindern, wird empfohlen, mit möglichst großer Hitze zu frittieren.

Beide Behauptungen haben wir überprüft – die der überflüssigen Fettaufnahme und die zur Methode ihrer Verhinderung. Dazu haben wir zwei Methoden angewendet:

1. logische Überlegung
2. einen empirischen Test.

Zur Logik: Es müsste, wenn die Behauptung zutreffen würde, von außen Fett in das Frittiergut eindringen, eigentlich fließen, und zwar zwischen dessen Zellstruktur. Schließlich wird ja auch häufig empfohlen, größere zu frittierende Lebensmittel zu teilen, damit das Innere gar werden kann. Die Empfehlung ist sinnvoll, weil eben kein Fett in das Frittiergut eindringen kann. Die Erhitzung findet lediglich über eine schwache Wärmeleitung statt. Jeder Zentimeter, der zusätzlich erhitzt werden muss, bedeutet eine deutliche Verlängerung der Garzeit.

Der Test: Zu überprüfen war der Fettgehalt bei verschiedenen Temperaturen frittierter Speisen, im Testfall Pommes frites. 200 Gramm Kartoffelstäbchen wurden jeweils fünf Minuten bei 131 Grad, bei 157 Grad und bei 174 Grad frittiert. Die seltsam wirkenden Temperaturen ergaben sich daraus, dass wir jeweils 140, 160 und 180 Grad einstellten, was durch ungenaue Heizleistung und Abkühlung des Topfes zu diesen Werten im Inneren führte. Die bei 131 Grad frittierten waren zwar gar, aber sehr hell, die bei 160 Grad frittierten ideal und die bei 174 Grad frittierten leicht bitter. Das überraschendste Ergebnis war aber der Ölverbrauch. Er war bei allen drei Temperaturen mit 0,3 Deziliter vollkommen gleich.

Wodurch aber wirken die Pommes frites so eklig weich und »fettig«? Was tatsächlich passiert, ist Folgendes: Nach Abschluss des Frittierens kühlt das einzelne Stäbchen an seiner Oberfläche sehr schnell ab. Seine Oberfläche ist etwa siebenmal größer als die einer nicht in Stäbchen geschnittenen Kartoffel. Aus der feuchten Kartoffelmasse im Inneren (sie hat naturgemäß nie mehr als 100 Grad) tritt Wasserdampf nach außen. Die Wassertröpfchen weichen die harte, knusprige Kruste auf, wie bei einem in Wasser aufgeweichten Brötchen. Das Pommes-frites-Stäbchen verliert seine Stabilität, wird biegbar und wirkt fettiger als ein knuspriges. An seiner Oberfläche befindet sich zwangsläufig eine Schicht Fett. So entsteht der Eindruck, das weiche Stäbchen sei mit Fett getränkt. Tatsächlich ist es aber innen genauso fettfrei wie die knusprigsten und leckersten Pommes frites.

Irrtum: Frittierfett muss immer frisch sein

Es ist wahr: In Belgien bekommt man zu allem, was man isst, eine Schale »Frites« serviert, ohne sie ausdrücklich bestellen zu müssen. Das gilt auch für anspruchsvollere Restaurants. Die »Moules aux

Frites«, Miesmuscheln mit Pommes frites, sind eine Spezialität. In Belgien sind Pommes frites nicht als Kinderessen und Banausenfraß verpönt, sondern in aller Munde. Auf der Straße sieht man zwar immer weniger Verkaufsstände, aber es gibt sie noch, die »Frituur«, eingerichtet in einem ehemals fahrtüchtigen Anhänger, dessen platte Räder hinter Blechen versteckt oder längst abmontiert sind. In den 1980er-Jahren gab es in Belgien noch 8000 solcher »baraques à frites«, zurzeit sind es nur noch etwa 1000 und ihre Zahl sinkt weiter.[95] Im neonbeleuchteten Ambiente müht sich der rotgesichtige Patron darum, die EU-Hygienerichtlinien einzuhalten und seiner Kundschaft gleichzeitig schmackhafte Pommes frites zu bereiten. Dazu werden die frisch geschälten Kartoffeln zuerst durch ein handbetriebenes Schneidegerät gedrückt. Unten kommen sie in den natürlich unterschiedlichsten Längen heraus und fallen in einen Plastikeimer. In mehreren, jeweils unterbrochenen Garvorgängen werden die Kartoffelstäbchen in eine runde Friteuse geschaufelt. In dieser Friteuse hängt keineswegs ein passend konstruiertes Sieb. Der Experte fischt die bei jedem Frittiervorgang um eine Stufe dunkler werdenden Stäbchen stattdessen mit einem großen Schaumlöffel aus Aluminium aus dem siedenden Fett heraus, schlägt jeden vollen Löffel zweimal am Rand ab und wirft die Halbfertigware auf eine große Schütte hinter der Friteuse.

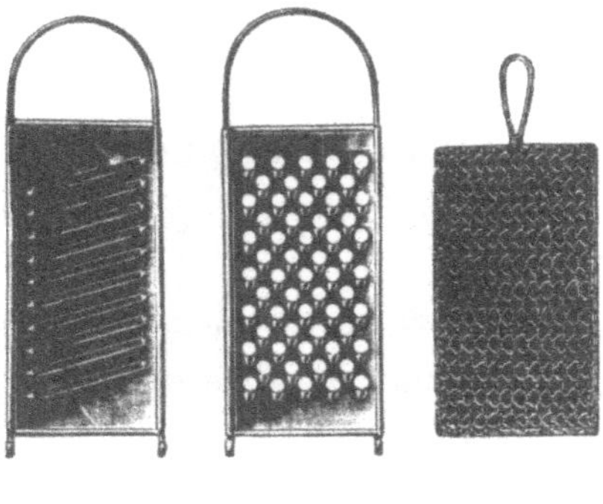

Drei Kartoffelreiben
»Kartoffelhobel und Kartoffelreiber, Weißblech mit verzinntem Drahtbügel.«
Auch Belgier verwenden diese gefährlichen Geräte nicht mehr zur Herstellung der traditionellen »Frites«. Durch jahrzehntelange Erfahrung wissen sie aber, dass man jeweils nicht das ganze Fett austauschen darf. Das Aroma steckt im Altfett!

Nach dem letzten Frittiervorgang kommen die Pommes frites, die erst jetzt so heißen, in eine runde Aluminiumschüssel, die an ihrem Fuß eine Fettabtropfvorrichtung hat. Auf wenig Stil bedachte Hersteller mischen jetzt das Salz unter und füllen die Pommes frites in Plastikschälchen. Mayonnaise oder eine spezielle ›Fritesaus‹ kommt in ein separates kleines Fach dieses Schälchens. Formvollendeter wird ein kleines spitzes Papiertütchen mit einer kleinen Menge Pommes frites gefüllt, gesalzen, das Tütchen mit einem weiteren Blatt umwickelt, gefüllt, gesalzen, nochmals mit einem Blatt umwickelt, gesalzen und zu guter Letzt wird mit einem Holzlöffel ein Schlacks Mayonnaise oder Fritesaus oben draufgeklatscht. Eine schlecht saugende Papierserviette gibt's nur auf Nachfrage, ein Gäbelchen auch auf Nachfrage nicht.

Was ist das Geheimnis der belgischen Pommes frites? Nicht aus Sparsamkeitsgründen und ohne gegen geltende Gesetze zu verstoßen, tauschen belgische Fritteure das Fett in ihren Friteusen zwar regelmäßig, nicht aber vollständig aus. Das verbleibende Altfett wird zur Bildung aromatischer polarer »Seifen« benötigt, die den unverwechselbaren Geschmack der Frites und der Frikandel ausmachen. Das ist ähnlich wie beim Sauerteig, der auch nie völlig neu angesetzt werden darf, wenn er wirklich gut sein soll. Ich habe mir sagen lassen, es handele sich bei den »Seifen« im Frittenfett um polare Substanzen, wie Aldehyde und Ketone. Diese Stoffe schaffen es, dass die wasserhaltige Kartoffel und das sie umgebende Öl überhaupt in Kontakt miteinander treten können.

Der Hagener Lebensmittelchemiker Christian Gertz meint dazu: »Immer wieder höre und lese ich, man dürfe das Ölbad in einer Friteuse maximal 20 Stunden lang nutzen, dann sei es verdorben. Es müsse dann komplett weggeworfen werden. Man solle es ja nicht mit einer Portion unverbrauchtem Öl auffrischen, dann werde es schneller schlecht. Reiner Aberglaube – total falsch! Leider ist das sogar die Ansicht mancher Lebensmittel-Untersuchungsämter.«[96]

Irrtum: Gemüse verliert wertvolle Inhaltsstoffe durch Kochen

Vitamine sind wichtig, keine Frage. Sollte man aber deshalb aufs Kochen ganz verzichten? Das hört man nämlich immer wieder, ohne dass es dadurch sinnvoller würde. Die Wissenschaftszeitschrift *New Scientist* veröffentlichte eine Studie »spanischer Forscher«, wonach Dämpfen die schonendste Art des Garens sei. Dabei blieben die Antioxidantien fast vollständig erhalten. Was mir an dem Fernsehbericht,[97] den ich zu diesem Thema sah, nicht gefiel, war die Berufung auf eine Wissenschaftszeitschrift, die ihrerseits von »spanischen Forschern« berichtet hatte. Die Studie wurde, wie ich herausfand, durchgeführt von Cristina Garcia-Viguera am wissenschaftlichen Forschungszentrum in Murcia und veröffentlicht im *Journal of the Science of Food and Agriculture,* Vol. 83, S. 1511.[98] Dort wurde seltsamerweise behauptet, dass Mikrowellen vermutlich deshalb mehr Antioxidantien zerstören, weil sie nach Auffassung von Frau Garc'a-Viguera höhere Temperaturen erzeugen. Wie allerdings ohne höheren Druck in Feuchtigkeit enthaltenden Lebensmitteln eine höhere Temperatur als 100 Grad erzeugt werden soll, wird nicht erläutert. Das Hörensagen hätte vielleicht auch als Quelle ausgereicht. Beim Kochen in Wasser oder beim Kochen im Dampfkochtopf gingen, hieß es in dem Fernsehbericht weiter, jeweils mehr als die Hälfte der wertvollen Inhaltsstoffe verloren.

»Finnische Wissenschaftler« – anstatt Forschern hatten sich jetzt also Wissenschaftler des Themas angenommen – hätten angeblich herausgefunden, dass auch das Blanchieren von Gemüse den Gehalt an Antioxidantien um rund ein Drittel verringere. Mag sein. Wer dagegen möglichst gering verarbeitete Lebensmittel esse, das ist die Schlussfolgerung solcher Berichte, nehme alle »lebenswichtigen Stoffe« auf.

Das Zerstören von Inhaltsstoffen durch angeblich falsche Zubereitung gilt vielen Menschen geradezu als Paradebeispiel für unbewusste, schlechte, gesundheitsschädliche Ernährung. Sie lehnen industriell vorbereitete Lebensmittel generell ab, geben sich wirklich viel Mühe mit der Auswahl und Zubereitung von Rohkost – und erreichen damit vielfach genau das Gegenteil dessen, was sie beabsichtigen. Als schlimmste Vitaminzerstörer werden Mikrowellen genannt. Vor allem die Antioxidantien würden darin zerstört: »Insgesamt gesehen kann man etwa sagen, dass in der Mehrzahl der Haushalte etwa die Hälfte des für Nahrungsmittel ausgegebenen Geldes verschwendet wird. Die Nährstoffe vieler Lebensmittel werden entweder zerstört oder weggeworfen, bevor sie auf den Tisch kommen.«[99] Gute Güte!

Warum bloß werfen die Leute ihr mühsam erarbeitetes Geld durch angeblich falsche Zubereitung in den Mülleimer oder in den Ausguss? Wichtig sei es vor allem, den Vitamin C-Gehalt von Lebensmitteln zu bewahren. Als seien wir alle von Skorbut bedroht! Aber auch den Gehalt an Vitamin B und vielen Mineralien gelte es so weit wie möglich zu erhalten. Dazu sollten sie auf keinen Fall eingeweicht oder lange mit Wasser in Kontakt gebracht werden. Auch Schälen, Schneiden, Raspeln und Zerkleinern sei zu vermeiden, weil die Oberfläche dadurch natürlich erheblich vergrößert wird, was Oxidation ermöglicht und wasserlösliche Stoffe leicht löst. Ganz schlimm sei auch Salzen oder die Zugabe von Natron. Tatsächlich geht durchs Kochen ein Teil der Vitamine verloren. Zumindest bei einigen Gemüsesorten wie Kartoffeln, Karotten, Brokkoli und Spinat ist aber das Gegenteil der Fall: Erst *durchs* Kochen werden die Zellwände des Gemüses aufgeweicht, sodass der menschliche Körper die Inhaltsstoffe bis zu fünfmal besser aufnehmen und verwerten kann. Eine erstaunliche und nahezu unbekannte Tatsache!

Alle Vitaminerhaltungsempfehlungen gehen dagegen von der simplen Vorstellung aus, dass es notwendig wäre, alle uns durch Früchte, Gemüse und Fleisch zur Verfügung gestellten Vitamine und Mineralien zu nutzen. Schließlich handelt es sich um VITale AMINosäuren, die der Körper nicht selbst herstellen kann und die deshalb über Nahrung zugeführt werden müssen. Wie viele Vitamine dazu notwendig sind, darüber besteht derzeit in der Ernährungskunde noch keine Mehrheitsmeinung. Die Empfehlungen zur täglichen Aufnahme schwanken erheblich. Seit 1990 ist die Recommended Daily Allowance (RDA), auch als Recommended Dietary Allowance bezeichnet, in Europa gesetzlich geregelt. Sie gibt die Menge der Vitamine und Mineralstoffe an, die ein durchschnittlicher Mensch täglich zu sich nehmen sollte, um seinen Bedarf zu decken.[100] Dabei ist zu beachten, dass die in Europa empfohlene Tagesdosis zum Teil erheblich sowohl nach oben wie auch nach unten von der in den USA empfohlenen Dosis abweicht.

Die meisten Vitamine sind tatsächlich in der letzten Wachstumsschicht von Obst und Gemüse gespeichert. »Obst und Gemüse, das mit der Schale gekocht oder gebacken wird, enthält wesentlich mehr Wirk- und Geschmackstoffe als geschältes«, heißt es da etwa.[101] Auf die vorwiegend an der Schale haftenden »Wirkstoffe« von Spritz- und Konservierungsmitteln verzichte ich allerdings – auch wenn sie tatsächlich in den auftretenden Mengen ungefährlich sind – gern. Selbstverständlich werden beim Erhitzen von Lebensmitteln Vitamine zerstört. Das ist so und das lässt sich auch durch schonendes Garen kaum abschwächen. Immerhin bleiben beim Garen alle Mineralien vollständig erhalten, jedenfalls wenn man durch Salzzugabe den osmotischen Druck erhöht.

Es ist aber – im Gegensatz zu dem, was durch die Ratgeberliteratur geistert – ganz und gar nicht wichtig, in allen Speisen alle Vitamine zu erhalten. Eine auch nur annähernd ausgewogene Ernährung verschafft gesunden Menschen in Europa ein Vielfaches dessen an Vitaminen, was sie benötigen. Der Rest wird ausgeschieden. Magersüchtige und andere Kranke sind davon ausgenommen. Die einen brauchen mehr Vitamine als üblich, um gesund zu werden oder, in extremen Fällen, um zu überleben, die anderen wollen gar nicht überleben. Durch Wärmebehandlung (Kochen, Braten, Backen) werden andererseits gefährliche Mikroorganismen zerstört. Bei einer Risiko-Nutzen-Analyse des Erhitzens von Speisen schlägt dieser Faktor weit stärker zu Buche als die Verringerung des Vitamingehalts.

Warum geben sich Köche und Ernährungsberater dann so viel Mühe, bei der Zubereitung von Speisen für normale Menschen möglichst viele der im rohen Lebensmittel enthaltenen Vitamine zu erhalten? Die besten Lebensmittelgrundstoffe aller Zeiten, Weißmehl und raffinierter Zucker, sind dadurch in Verruf geraten, dass sie vorwiegend angeblich »leere Kohlenhydrate« enthalten. Sie gelten als ballaststoffarm und energiereich, während die »wertvollen Kohlenhydrate« als ballaststoffreich und energiearm beschrieben werden. Der Unterschied soll in der jeweiligen Verarbeitungsstufe liegen: wenig verarbeitet = gut, hochraffiniert = schlecht bzw. leer und minderwertig. Die romantische Idee des Einfachen, Edlen und Guten wirkt in dieser Vorstellung deutlich nach. Weißmehl ist allerdings nur unwesentlich vitaminärmer als Vollkornmehl und nicht ausreichend raffinierter Zucker ist einfach nur schmutziger Zucker. Von erhaltenen oder unzerstörten Vitaminen kann bei braunem oder sogenanntem »Rohzucker« keineswegs die Rede sein. (Siehe dazu auch den Eintrag zum Irrtum: »Brauner Zucker ist gesunder Zucker«) Sind in den heutigen Lebensmitteln etwa weniger Vitamine und Mineralien enthalten als früher? Keineswegs! Die Deutsche Gesellschaft für Ernährung fand im Gegenteil heraus, dass Obst und Gemüse im Vergleich mit Gemüse im Jahr 1954 *nicht* weniger Vitamine und Mineralstoffe enthält.[102] Wenn Sie sich also demnächst wieder einmal grämen wollen, weil Sie die kostbaren Vitamine des Apfels durch schnödes Kochen zu leckerem Apfelmus zerstört haben, denken Sie sich einfach: Es kommt nicht so knapp!

Irrtum: Grobsalz ist gesünder

Salz werden ganz furchtbare physiologische Wirkungen angedichtet. Von hohem Blutdruck bis zu Herzinfarkt und Schlaganfall wird Kochsalz, das gute alte Natriumchlorid, von vielen aktiven Interessengruppen bekämpft. Ärzte, Ernährungswissenschaftler, Gesundheitsbehörden bis hin zur Europäischen Kommission und zur WHO, der Weltgesundheitsorganisation, scheinen sich einig: Zu viel Salz ist ungesund. Große Lebensmittelkonzerne versuchen deshalb mittlerweile, ihre Produkte salzarm herzustellen. Die Kampagne gegen ein Zuviel an Salz steht allerdings auf wissenschaftlich sehr wackeligen Füßen. Das ist schon seit Langem bekannt. 1999 stellte das amerikanische Wissenschaftsmagazin *Science* fest: »Zwar prangert die Regierung seit Jahrzehnten an, Salz sei ein Gesundheitsrisiko. Aber die riesige Menge wissenschaftlicher Studien hat diesen Verdacht nicht erhärten können.«[103] Die Gleichung viel Salz = hoher Blutdruck stimmt jedenfalls nicht.[104] Nur wenige Menschen reagieren auf salziges Essen mit erhöhtem Blutdruck. Die Botschaft drang aber nicht zu allen Menschen durch. Wohlmeinende salzen deshalb prinzipiell sparsam. Ich werde deshalb immer sehr mitleidig angesehen, wenn ich mein Essen nachsalze, was ich gerne dann tue, wenn es von einem wohlmeinenden Menschen zubereitet wurde. »Man kann doch auch mit Gewürzen und Kräutern Geschmack ans Essen bekommen«, heißt es dann und ich verbiete mir den Kommentar, warum das hier und jetzt denn nicht geklappt habe.

Die Idee, nur mit Kräutern zu würzen, hat Vor- und Nachteile. Mit Kräutern kann man dem Essen eine bestimmte Geschmacksnote verleihen. Salz aber ist durch andere Zutaten nicht zu ersetzen. Salzig ist eine der fünf Geschmacksempfindungen, die Menschen überhaupt haben. Deshalb war Salz jahrhundertelang so wertvoll. Ganze Handelsstraßen inklusive reicher Städte entstanden nur vor dem Hintergrund des Salztransports. Grobsalz kann erzeugt werden

»Salztonne, Weißblech, mit milchweißem Glaseinsatz, doppelwandigem Griff und innen vernirtem Deckel. Außen fein lackirt mit Aufschrift ›Salz‹. Hochfein neugrün mit moderner Malerei.« Ein vernirter ist ein lackierter Deckel. Kommt von Vernis, wie auch die Vernissage. Das wussten Sie natürlich. Auch das in diesem Gefäß aufbewahrte Salz hat bei »verliebtem« Salzen gesunden Menschen nie geschadet.

- durch grobes Zertrümmern von Steinsalzkristallen oder
- durch Verkleben von Feinsalz oder
- durch langsames Sieden einer konzentrierten Salzlösung.

Auf Zunge und Gaumen löst es eine wahre Salzexplosion aus. Allein dadurch entsteht ein intensives Geschmackserlebnis. Wegen eines möglichen bzw. unmöglich wahrnehmbaren Geschmacksunterschieds verschiedener Salzsorten liefern sich amerikanische Kochbuchautoren erbitterte Wortgefechte. Robert Wolke ist der Meinung, Salz sei Salz. Sein Kontrahent Jeffrey Steingarten hingegen schwärmte von unterschiedlichen Geschmacksnuancen verschiedener Salze. Seine eigenen Blindtests straften ihn Lügen, seine Behauptung erhält er gleichwohl aufrecht.[105] Lesen Sie zu diesem Thema auch »Meersalz ist gesund und schmeckt besser«.

Irrtum: Guacamole wird mit einem Avocadokern nicht braun

In den 1970er-Jahren standen in vielen deutschen Küchen gut gespülte Senfgläser. Darin hingen, befestigt an beidseitig eingepieksten Streichhölzern, Avocadokerne zur Hälfte im Wasser.

Experimentierfreudige Menschen hofften, durch solche Versuchsanordnungen die Avocadokerne zur Ausbildung von Wurzeln zu bewegen. Ich gehörte auch zu diesen experimentierfreudigen Menschen. Meine Erfahrung: Es hat nie geklappt. Nie. Alle Versuche endeten mit dem Entsorgen der gesamten schimmelbedeckten Versuchsanordnung. Dabei hätte man, wie einige Spintisierer behaupten, mit den Kernen tatsächlich etwas Sinnvolles machen können – etwa beim Zubereiten einer Guacamole.

Sie wissen, dass Guacamole ein Avocadodip aus der mexikanischen Küche ist. Als Beilage zu Taquitos, Tortillachips oder zu Fleisch ist der grüne Matsch aus zerdrückten Avocados mit Zitronen- oder Limettensaft meines Erachtens – na ja, er ist mittellecker. Man kann mit etwas Salz, Pfeffer und Natriumglutamat nachhelfen, dann schmeckt's nach was. Die Zugabe des Zitrussafts soll die Oxidation und damit eine unappetitliche Braunfärbung verhindern oder verzögern. Und das tut sie auch! Jetzt kommt's aber: Mexikaner lassen angeblich genau zu diesem Zweck den Avocadokern in der Guacamole. Die Vorstellung, die dahintersteckt, ist natürlich eine magische. Wie jeder Zauber, außer dem von Tricks unterstützten, funktioniert dieser natürlich auch nicht. Viele Mexikaner glauben auch an allerlei schwarzmagische Zaubereien. Die sind uns also keine Hilfe. Auch Veganer glauben an die Kraft des Kerns. Tschä! Veganer glauben auch, natürlich bar jeder wissenschaftlichen Nachweisbarkeit, an die lebensverlängernde Wirkung einer Ernährung ohne Fleisch und tierische Produkte. Die helfen uns also auch nicht weiter. Magische Wirkungen fallen automatisch und per definitionem in den Bereich der Irrtümer.

Ohne es ausdrücklich einer magischen Wirkung zuzuschreiben, empfiehlt dasselbe aber auch Christoph Wermuth-Buckingham, Chefkoch im Restaurant »Jägerhaus« in Kandern im Schwarzwald.[106] Wie weit ist die Aufklärung eigentlich in den Schwarzwald vorgedrungen? Heidegger dürfte jedenfalls wenig dazu beigetragen haben. Eine wissenschaftlich nachprüfbare Wirkung des wieder zugefügten Kerns gibt es bisher nicht. Nicht einmal einen Versuch dazu.

Irrtum: Gurken werden bitter, wenn man sie in die falsche Richtung schält

»Äppelche«, eine private Internetseite mit Haushalts- und Küchentipps, gibt zum Gurkenschälen folgende Empfehlung: »Gurken immer von der Blüte zum Stängel schälen, da sich die Bitterstoffe aus dem Stängel sonst ausbreiten.«[107] Statt von Blüte und Stängel spricht die Ratgeberseite »Küchentipps« von Stiel und Stumpf: »Grüne Gurken (besonders die kleinen aus Mittelmeerländern) können am Stielende Bitterstoffe enthalten. Darum sollten sie immer vom Stumpf kommend zum Stiel geschält werden. So wird vermieden, dass die ganze Gurke bitter schmeckt.«[108] Da die Frucht schon reif ist, ist der ehemalige Sitz der Blüte manchmal nicht leicht zu erkennen. Nicht jede Gurke verjüngt sich zum Stiel hin deutlich. Die Empfehlung, Gurken von der Mitte aus bis zu ihren beiden Enden hin zu schälen, hat wohl hier ihren Ursprung.

Wie sich aber durch das einfache Ziehen der Klinge Bitterstoffe in Windeseile ausbreiten und die ganze Gurke ungenießbar machen sollen, war mir nicht ganz klar. Außerdem wollte ich wissen, was es für »Bitterstoffe« sind, die manche Menschen in Gurken schmecken. Ein Tipp zum Umgang mit bitteren Gurken ist Salzen und Wässern. Salz, so die Vorstellung, entwässere die Gurkenstücke und entziehe ihnen die »Bitterstoffe«. Da Osmose wie bei Fleisch, so auch bei Früchten nicht in Windeseile vonstattengeht, kann man diesen Trick gleich vergessen. Im Gegenteil würde ein Entwässern ja wohl eher dazu führen, dass die Bitterstoffe stärker konzentriert wären.

Die Suche nach der Ursache bitterer Gurken führt uns in den Garten. Die einen führen unregelmäßiges Wässern als Ursache an, andere die Aufzucht in Treibhäusern, wieder andere halten im Gegenteil Gartengurken für potentiell bitterer und Treibhausgurken generell für wässrig. Die Anbaumethode und der Erntezeitpunkt werden ebenfalls als Ursachen angeführt, etwa das Ernten bei

Mittagshitze, was zu einer höheren Konzentration der »Bitterstoffe« führen soll. Dann gibt es noch den Tipp, Gurken nur mit abgestandenem Wasser, zum Beispiel aus der Regentonne zu gießen, weil das Wasser aus der Leitung zu kalt sei und dadurch die Gurken bitter würden. Lieb.

Ein Fachverlag für Gartenbau lässt einen ehrenamtlichen Gartenfachberater zu Wort kommen. Die Behauptungen, die Blüten der Gurkenpflanzen dürften nicht befruchtet oder die Gurken dürften keiner starken Sonnenstrahlung ausgesetzt werden, lässt er nicht gelten. Seine Erklärung für bittere Gurken: Sie entstehen durch einen überhöhten Kohlenstoff/Stickstoff-Anteil im Boden: »Schreddergut, das kompostiert wird und das hohe Holzanteile hat, bewirkt, dass der C/N-Wert erheblich über dem Normalwert von 20 bis 40 : 1 liegt.

Aufgrund dieser Erkenntnis habe ich folgendes Experiment unternommen: Den Boden, der nach meiner Meinung durch die beigefügten Kompostzugaben einen zu hohen Kohlenstoffgehalt hatte, habe ich durch neutralen Boden ersetzt und mit den gleichen Gurkenpflanzen an gleicher Stelle versetzt. Das Ergebnis: Die Gurken waren nicht bitter und somit wieder problemlos genießbar.« So weit der ehrenamtliche Gartenfachberater Paul Wollenweber.[109] Klingt plausibel.

Warum Gurken gelegentlich bitter heranreifen, dann aber wieder nicht, scheint noch weitgehend ungeklärt. Mit bitteren Gurken ist also auch in Zukunft zu rechnen. Hinweise zur Behandlung bitterer Gurken in der Küche gibt es deshalb viele. Stiel- und Blütenansatz nicht mitzuverwerten, ist dabei die sicherste Methode. Dass beim Schälen, egal in welche Richtung, eine Ausbreitung der bitteren Inhaltsstoffe stattfände, konnten wir in exzessiven Gurkenschältests nicht bestätigen. Das Wichtigste beim Zubereiten von Schlangengurken ist allerdings das Schälen überhaupt. Werden sie, was leider sehr verbreitet ist, zu dekorativen Zwecken nicht geschält, isst man mehr Bitterstoffe mit, als an Stiel und Blütenansatz zusammen vorhanden sind. Die Lösung also: Gurken immer schälen und den Abfall nicht mitessen.

Irrtum: Hawaiitoast ist krebserregend

Halten wir uns nicht mit der Frage auf, wievielmal »i« in »Hawaii« vorkommt. Kümmern wir uns lieber direkt um die möglicherweise lebenswichtige Frage, ob bei der Zubereitung von Hawaiitoast – mit einer Scheibe gekochtem Schinken – gesundheitsschädliche Stoffe entstehen oder nicht. Einmal soll es die Kombination aus gekochtem Schinken und Ananas sein, die gesundheitsschädlich ist, ein andermal die aus Käse und gekochtem Schinken. Sogar als krebserregend wird diese Kombination gelegentlich bezeichnet. In beiden Fällen wird eine schädliche Wirkung auf das Erhitzen zurückgeführt. Was stimmt daran?

These 1: Nitrit an sich ist das Gefährliche. Die Ernährungswissenschaftlerin Ulrike Gonder beantwortet im *Greenpeace Magazin* diese knifflige Küchenfrage so: »Käse enthält Amine, gepökelter Schinken Nitrit. Beides kann bei hohen Temperaturen zu krebserregenden Nitrosaminen reagieren. Praktisch aber tragen Pizza oder Hawaiitoast, ergaben Untersuchungen, kaum zur Nitrosaminaufnahme bei. Gelegentlicher Genuss ist also unbedenklich.«[110]

Wie kommt es überhaupt zum Nitrit im Schinken? Und wie hoch sind »hohe Temperaturen«? Ursache ist das Pökeln, vom Fleischer auch »Umröten« genannt. Gekochter Schinken enthält deshalb, wie viele andere Fleischwaren auch, Kaliumnitrit. Kaliumnitrit, KNO_2, wird auch Salpeter genannt. Praktischerweise heißt der Konservierungsstoff E 252 beim Metzger gleich Nitritpökelsalz. Nitritpökelsalz besteht vorwiegend aus Kochsalz und zu 0,4 bis 0,5 Prozent aus Kalium- bzw. Natriumnitrit. Wenn man zu viel davon nähme, wäre die ganze Wurst automatisch versalzen. Nitrit hemmt die Bakterienvermehrung, vor allem die des gefährlichen Clostridium botulinum. Das ist gut. Würden die Bakterien nicht daran gehindert, sich auszubreiten, hätte die Menschheit weiterhin mit dem tatsächlich lebensgefährlichen Botulin und der davon hervorgerufenen

Lähmungskrankheit Botulismus zu kämpfen. Einige Menschen, die den Verzehr verdorbenen Fleischs sicher nicht riskieren würden, lassen sich andererseits bewusst das starke Nervengift Botulinumtoxin, bekannt unter den Verkehrsbezeichnungen Botox, Dysport und Xeomin, unter die Haut spritzen. Vor allem Frauen hoffen, dass die dadurch auftretenden Lähmungserscheinungen ihre Lach- und Zornesfalten verringern oder verschwinden lassen.

Im Blut desjenigen, der mit Kalium- oder Natriumnitrit haltbar gemachtes Fleisch verzehrt, verbindet sich das Nitrit mit Hämoglobin, dem roten Blutbestandteil, der für den Sauerstofftransport notwendig ist, zu einem neuen Stoff. Dieser Stoff heißt Methämoglobin. Die Sauerstoffversorgung, so glaubte man noch vor einigen Jahren, könnte dadurch behindert werden. Das wäre nicht gut. Durch die Kenntnis dieser Zusammenhänge bekam Nitrit einen schlechten Ruf. Erwachsene reagieren wegen des möglicherweise verringerten Sauerstofftransports auf Methämoglobin allerdings mit einem speziellen Enzym. Dieses Enzym heißt Methämoglobin-Reduktase. Wie es sein Name schon andeutet, »reduziert« dieses Enzym das schädliche Methämoglobin, das heißt, es verwandelt es zurück in Hämoglobin. Alles ist wieder im Lot. Jetzt kommt aber erst die Schwierigkeit zum Tragen, die dem Hawaiitoast zu seinem schlechten Image verholfen hat: Säuglinge haben im ersten Halbjahr ihres Lebens noch nicht die Möglichkeit, das entsprechende Reduktase-Enzym zu bilden. Sie müssen deshalb nitritfrei ernährt werden, damit ihre Sauerstoffversorgung nicht gefährdet wird. Die medizinische Bezeichnung Methämoglobinämie erschließt sich auch dem Laien, wenn er die deutsche Bezeichnung kennt: Säuglingsblausucht. Haut und Lippen verfärben sich bei Vergiftungserscheinungen durch den entstehenden Sauerstoffmangel blau. Geben Sie Säuglingen also besser keinen Hawaiitoast zu essen, auch wenn die noch sosehr danach schreien. Für Erwachsene aber gilt: vorläufige Entwarnung.

These 2: Erhitzen ist das Gefährliche. Vor einigen Jahren wurde das Gerücht verbreitet, erst das Erhitzen von gepökeltem, also mit Nitrit haltbar gemachtem Fleisch (also auch das Erhitzen von gekochtem Schinken) würde Krebs erregen. Tatsächlich können Nitrosamine – wie fast jedes Lebensmittel, wenn es in rauen Mengen verzehrt wird – Krebs erregen. Nitrosamine kommen aber meist in völlig unschädlichen Dosen in Lebensmitteln zum Einsatz, etwa in Bier, Fisch, Fleischerzeugnissen und Käse. Auch hier also: vorläufige Entwarnung.

These 3: Die Kombination ist das Gefährliche. Auch die Kombination von aminhaltigen Lebensmitteln wie Käse oder Fisch (Sardellen oder Thunfisch) mit nitrithaltigen Zutaten (Schinken, Salami oder Spinat) wurde als gefährlich angesehen. Es hieß, dass sich beim gemeinsamen Erhitzen die gefährlichen Nitrosamine bilden: »Besonders gefährlich ist das gemeinsame Erhitzen von gepökelter Wurst und Käse«, so wurde vor nicht allzu langer Zeit im MDR gewarnt.[111] »Das Nitrit aus dem Fleisch und die Amine aus dem Käse können so besonders gut zum Nitrosamin reagieren«, berichtet auch Diplom-Ökotrophologe Michael Kindt auf seiner privaten Ernährungsplattform.[112] Dadurch kam auch die Salamipizza in Verdacht, krebserregend zu sein. Im Tierversuch sind Nitrosamine tatsächlich krebserregend. Mit solchen Tests kann für fast jedes Lebensmittel eine krebserregende Wirkung nachgewiesen werden. Chemisch trifft es auch zu, dass aus der Kombination von Aminen und Nitrit Nitrosamine entstehen, ihre Menge wurde aber erheblich überschätzt. Udo Pollmer berichtet von einem Praxisversuch an der Fachhochschule Berlin, Fachbereich Lebensmitteltechnologie: »Pizza und Toasts wurden gleich dutzendweise gebacken und gegrillt. [...] Nach Vakuum-Wasserdampf-Destillation, chromatografischer Trennung und abschließendem Durchlauf durch den Thermal Energy Analyzer stand fest: Die umstrittenen Gerichte enthielten nicht mehr Nitrosaminspuren als jene Speisen, die bis dato als unbelastete Alternative galten, weil ohne Nitrit und Amine zubereitet.«[113]

Ein Deutscher verzehrt täglich etwa 130 Milligramm Nitrit. Davon stammen ungefähr 70 Prozent aus dem Verzehr von Gemüse,

20 Prozent vom Trinkwasser und zehn Prozent aus gepökeltem Fleisch. Auch für Salamipizza und Hawaiitoast gilt also: vorläufige Entwarnung.

Irrtum: Holzbrettchen sind unhygienisch

Ja und nein. Das bezieht sich nicht nur auf Meinungsbekundungen in Internetforen, sondern auch auf wissenschaftliche Gutachten. Ich will hier nur die Wissenschaft sprechen lassen. Zwiebeln schneiden, Speck würfeln, Petersilie hacken, Fleisch parieren: Brettchen und Kunststoffunterlagen dienen bei vielen Küchenarbeiten als Grundfläche.

Lange Jahre haben Gesundheitsbehörden darauf bestanden, dass in Profiküchen und Betrieben, die Lebensmittel verarbeiten, statt Holzbrettchen Kunststoffunterlagen verwendet werden. Sie hatten die Vorstellung, dass Bakterien sich im natürlichen Werkstoff Holz wohler fühlen und eher verbreiten als in und auf Kunststoffen. Das Gegenteil ist der Fall. Sowohl an der Biologischen Bundesanstalt für Land- und Forstwirtschaft in Braunschweig als auch am Deutschen Institut für Lebensmitteltechnik in Quakenbrück wurde schon 2002 festgestellt, dass Bakterien vor allem auf Kiefernbrettchen, aber auch auf Lärchen- und Eichenholz nur kurze Zeit überlebensfähig sind. Die im Holz enthaltene Gerbsäure, das Tannin, tötet die Bakterien. Jeder Schnitt in ein Holzbrettchen setzt erneut Tannin frei. Dieser antibakterielle Wirkstoff des Holzes ist aber nach längerem Gebrauch an der Oberfläche ausgewaschen.

Annett Milling von der Biologischen Bundesanstalt (BBA, jetzt Julius Kühn-Institut, Bundesforschungsinstitut für Kulturpflanzen) hat verschiedene Holzarten getestet: Ahorn, Buche, Eiche und

Pappel und die Nadelhölzer Lärche, Kiefer und Fichte. Außerdem im Test: Schneidebrettchen aus PVC. Der Versuchsaufbau sah vor, eine Milliarde Keime auf ein Gramm dieser verschiedenen Hölzer zu bringen und nach 24 Stunden zu messen, wie viele darauf überlebten. Auf Kiefernholz war kein lebensfähiges Bakterium mehr nachweisbar. Auf den Spänen von Buche, Ahorn und Pappel tummelten sich aber sogar nach 14 Tagen noch zahlreiche lebensfähige Keime. Ebenso, und das war das Überraschende, auf Kunststoffspänen. Nach 14 Tagen waren es immer noch über eine Million lebensfähiger Keime. Das ließ nur einen Schluss zu: Harze im Kiefernholz töten die Bakterien ab. Und jetzt die schlechte Nachricht: Brettchen und Kochlöffel aus Kiefernholz gibt es noch nicht im Handel.

Holzlöffel oder Holzbrettchen in den Haushaltswarenabteilungen der Kaufhäuser sind normalerweise aus Buchenholz, seltener aus Ahorn. Buche und Ahorn haben aber immerhin ein hygienetechnisches Verhalten, das dem von Kunststoff gleich ist. Im Lebensmittel- und Bedarfsgegenständegesetz LMBG, das bis September 2005 gültig war, findet sich zum Thema Holz kein Eintrag.[114] Bedarfsgegenstände wurden darin definiert als »Gegenstände, die dazu bestimmt sind, bei dem Herstellen, Behandeln, Inverkehrbringen oder dem Verzehr von Lebensmitteln verwendet zu werden und dabei mit den Lebensmitteln in Berührung zu kommen oder auf diese einzuwirken«. Am 7. September 2005 wurde dieses Gesetz durch das Lebensmittel-, Bedarfsgegenstände- und Futtermittelgesetzbuch (LFGB) abgelöst. Es ist die Umsetzung der seit dem 1. Januar 2005 gültigen EU-Basisverordnung 178/2002 in deutsches Recht. Die Basisverordnung bestimmt Bedarfsgegenstände so umständlich wie möglich als »Materialien und Gegenstände (im Sinne des Artikels 1 Abs. 2 der Verordnung (EG) Nr. 1935/2004 des Europäischen Parlaments und des Rates vom 27. Oktober 2004 über Materialien und Gegenstände), die dazu bestimmt sind, mit Lebensmitteln in Berührung zu kommen.« Au weia! Juristen denken so. Ich nehme an, dass Sie das überhaupt nicht interessiert, aber ich muss Sie ja schließlich aufklären.

Zu Holzbrettchen oder deren angeblich nicht erlaubtem Einsatz findet sich in der ganzen Verordnung übrigens kein Wort.

Ein wichtiger Versuch dazu wurde schon vor 2000 an der ETH Zürich durchgeführt. Holzbrettchen und PE-Tafeln wurden mit E. coli-Bakterien kontaminiert, einem wirklich gefährlichen Gegner des Menschen. Die Bakterienwerte wurden nach 15-stündiger Lagerung bei Raumtemperatur mit Werten nach dem Waschen (maschinell und von Hand) verglichen. Es stellte sich heraus, dass erst in trockenerer Umgebung an Holzproben deutlich weniger Bakterien gezählt werden konnten als an Polyäthylen-Tafeln. Wahrscheinlich liegt das daran, dass die poröse Holzoberfläche schneller trocknete als die PE-Oberfläche. Eine Untersuchung mit dem Elektronenmikroskop ergab außerdem, dass die Kunststoffbretter nach einmonatigem Gebrauch eine raue und ausgehöhlte Oberfläche hatten. Man fand heraus, dass die Bakterien länger in den Vertiefungen verweilen können als bei Holzbrettchen. Die Wissenschaftler an der eidgenössischen Hochschule kamen zu dem Schluss: »Allgemein kann gesagt werden, dass Holz, anders als allgemein angenommen, nicht weniger hygienisch ist als PE. Die Behauptung, dass der Gebrauch von Holz für die Lebensmittelbearbeitung zu erhöhten hygienischen Risiken führt, konnte daher nicht bestätigt werden.«[115]

Irrtum: Käserinde sollte man möglichst fein abschneiden

Ich krieg Zustände, wenn ich sehe, wie mein Freund Ingo an einer Scheibe Käse die Rinde abschneidet. Drei Millimeter, fünf Millimeter, an den runden Stellen kommt er auf bis zu einen Zentimeter. Ich sage dann natürlich nichts. Ich denke mir aber: »Der muss es ja wohl dicke haben.« Mein Freund Ingo hat nie schlechte Zeiten erlebt und ich, das muss ich dankbar zugeben, auch nicht. Trotzdem kommt mir ein allzu großzügiger Umgang mit Lebensmitteln, besonders mit Käserinde, immer wie eine Verschwendung vor, die es zu vermeiden gilt. Da aber liege ich, wie ich erst jetzt gelernt habe, völlig falsch!

Ein zu knappes Abschneiden von Käserinde ist nicht sparsam, sondern gefährlich – erst recht, wenn man, wie ich es bisher gemacht habe, gerade einmal die dünne Wachs-, Paraffin- oder Kunststoffschicht abzieht, um möglichst wenig Käse zu opfern.

Ich quäle Sie jetzt erst einmal mit ein paar Hintergrundinformationen, die Sie eigentlich gar nicht haben wollten: Deutsche verzehren jährlich 23,9 Kilo Käse. Damit liegen sie zwar hinter Franzosen (26,4 Kilo) allerdings deutlich vor den mit Käse assoziierten Holländern: 21,7 Kilo.[116] Dabei hat man allein in Deutschland die Wahl zwischen mehr als 150 verschiedenen Käsesorten. Das finden Sie nicht interessant? Dann eben nicht.

Warum hat Käse überhaupt eine Rinde? Ich meine die Rinde von Hartkäse, nicht den Schimmelbewuchs von Camembert, Brie und Blauschimmelkäse und auch nicht die Rotschmiere auf Münsterkäse, Romadur und Limburger, die alle, wirklich alle prinzipiell mitgegessen werden können und sollten. Lassen Sie sich da von dem Savoir-vivre-Fernsehjournalisten Ulrich Wickert nicht den Bären aufbinden, Franzosen würden die Rinde des Camemberts abschneiden. Wahrscheinlich hat er das bei einem besonders pingeligen Franzosen einmal beobachtet und von diesem, der wahrscheinlich – wie er selbst – Mitglied der Käsegilde Confrérie de Saint-Uguzon ist, auf alle Franzosen geschlossen. Ich aber sage Ihnen: Die Franzosen, die ich kenne und die ich danach gefragt habe, haben mich ganz seltsam angesehen und meine Frage schnell herumgedreht. Oui oui, sagten sie, bien sûr, natürlich äßen sie den weißen Pelz mit, der sei doch das Leckerste!

Rinde an Hartkäse entsteht beim Reifen des Käses. Die äußere Schicht trocknet ganz einfach und bildet einen natürlichen Schutz vor Schimmelpilzen und anderen unerwünschten Eindringlingen. Um die Bildung der Rinde zu befördern, werden die Laibe bis zu drei Tage lang in eine Salzlake gelegt. Man macht sich dabei die Funktion der Osmose zunutze. Ich hatte das im Zusammenhang mit dem Anbraten von Fleisch, bei dem die Osmose keinen Einfluss hat, erläutert. Osmose braucht, wie Sie an der Käseherstellung erkennen, Zeit. Innerhalb von drei Tagen aber entzieht die Salzlake dem Käselaib tatsächlich Feuchtigkeit, jedenfalls genug, um den gewünschten Effekt zu erreichen. Die äußere Schicht trocknet stärker als der Kern. Trotzdem sind die Laibe immer noch feucht genug, damit sich unerwünschte Pilze, also Schimmel auf ihnen bilden kann. Deshalb werden sie während der Reifezeit »gepflegt«. Sie werden regelmäßig gewendet, gebürstet und mit Salzlake gewaschen.

Prinzipiell ist diese Rinde essbar, allerdings nur für robuste Naturen, denen diese Schimmelpilze nichts ausmachen. Diese Pilze befinden sich auf der Rinde auch des natürlichsten Käses, besonders viele auf der Oberfläche von Biokäse, was nur natürlich ist. Jetzt erst kommt die Information, auf die Sie die ganze Zeit schon gewartet haben. Gegen diese Feinde der Menschheit kann man etwas machen. Hart-, Schnitt- und halbfeste Schnittkäsesorten, darunter auch die Klassiker Gouda und Edamer, dürfen mit Natamycin (E 235) behandelt werden. Das muss natürlich auf der Packung angegeben sein. Die Angabe kann auch »mit Konservierungsstoff behandelt« lauten. Bei Käse, der in einer Theke liegt, können Sie davon ausgehen, dass er mit Natamycin behandelt wurde. Bei Biokäse können Sie dagegen sicher sein, ein gerüttelt Maß an Schimmel mitzuessen. Der Konservierungsstoff Natamycin befindet sich nicht *im* Käse, sondern an dessen Oberfläche und bis zu fünf Millimeter tief in seiner Rinde. Natamycin ist ein Anitmycotikum, das heißt, es wirkt gegen Pilze. Es ist also kein Antibiotikum, das gegen Bakterien wirkt, auch wenn das von Journalisten, die mit dem Verängstigen von Verbrauchern ihr Geld verdienen, immer wieder gern behauptet wird.[117] Die Rinde eines Käses, der mit Natamycin behandelt wurde, sollte *nicht* mitverzehrt werden. Man sollte sie großzügig, bis zu einer Dicke von einem halben Zentimeter entfernen. Damit vermeidet man die Ausbildung von Resistenzen gegen diesen Stoff, der als Arzneimittel, also wenn man ihn wirklich einmal braucht, sonst möglicherweise unwirksam ist. Und jetzt kommt's: Das gilt auch für rindenlosen Käse. Mein Freund Ingo macht es also schon seit Jahren richtig! Ich werde bei Gelegenheit bei ihm Abbitte für meine stillschweigende Schelte leisten.

Irrtum: Kaffeekochen ist eine leichte Nummer

Ein Geständnis zuerst: Ich bin kein Kaffeetrinker. Als Teetrinker bleibt mir aber außer Haus nichts anderes übrig, als Kaffee zu bestellen. Zu oft wurde ich auf meine Bitte, einen Tee serviert zu bekommen, gefragt: »Pfefferminz, Hagebutte oder Früchte?« Als ich noch Spaß an Konflikten hatte, habe ich mich auf Diskussionen darüber eingelassen, dass es sich bei den vorgeschlagenen Getränken nicht um Tees handelt, sondern um Kräuter- und Fruchtaufgüsse.

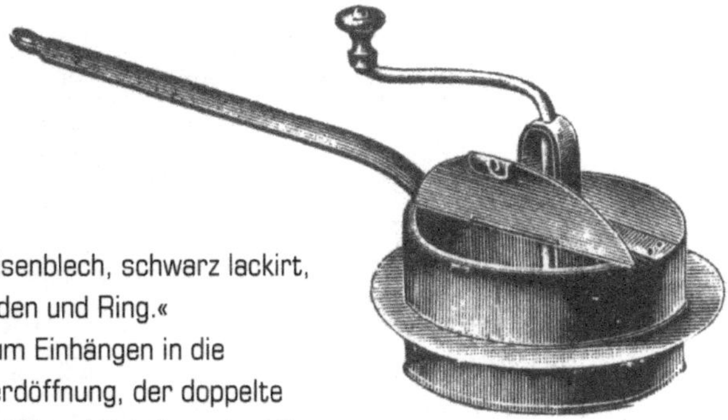

»Kaffeebrenner, Eisenblech, schwarz lackirt, mit doppeltem Boden und Ring.«
Der Ring diente zum Einhängen in die entsprechende Herdöffnung, der doppelte Boden zur gleichmäßigen Verteilung der Hitze. Nicht einmal Österreicher rösten heutzutage ihren Kaffee selbst.

Jetzt bestelle ich einfach Kaffee und der Fall ist erledigt – außer in Österreich, wo man eine schwierige Auswahl zu treffen hat zwischen kleinem Braunen, großem Braunen, kleinem Schwarzen, großem Schwarzen, Melange, Einspänner, Fiaker, Franziskaner, Kapuziner, Mazzagran, Maria Theresia, einer Schale Gold und Mokka. Mit weiteren eigenwilligen Benennungen geringster Zubereitungsnuancen ist in jedem Kaffeehaus zu rechnen. Wenn Sie Ihren rein willkürlich getroffenen Wunsch dem standesbewusst grantigen Ober mitgeteilt haben, werden Sie doch immer nur eins serviert bekommen: Kaffee. Österreicher haben jetzt aufgehört zu lesen, weil ich ja so ein Ignorant bin. Die Hälfte des Buchs haben sie aber gelesen und das ist doch auch schon mal was!

In Deutschland gibt es für Kaffee eher verballhornende Bezeichnungen: Bürokaffee, Spülwasserkaffee, Blümchenkaffee und, am anderen Ende des Spektrums, die von Fernfahrern geschätzte Batteriesäure. Italienische Bariste – das ist die Mehrzahl von Barista und meint die »Kaffeekünstler« an der Espressomaschine – stellen dagegen nach dem Zerreißen des Zahlungsnachweises das Minitässchen Kaffee so beiläufig auf den Tresen, dass man aufpassen muss, ob man schon bedient wurde. Außerdem muss man sich vergewissern, ob man seinen Kaffee schon getrunken hat oder noch nicht. Die paar Tropfen Espresso, die den Boden des Tässchens bedecken, könnten ja auch der unweigerlich zurückbleibende Rest sein!

Das entscheidende Kriterium für Kaffee ist die Menge der Stoffe, die aus dem »Kaffeemehl« (dem gemahlenen Kaffee) in die wässrige Lösung übergeht. Beim Kaffeetrinken in Gasthäusern und in Privathaushalten gibt es seit einigen Jahren auch in Nordeuropa, speziell in Deutschland, noch eine Alternative: Filterkaffee oder Espresso, jeweils ergänzt um verschiedene Zucker- und Milchvarianten, die Kaffeekennern die Gelegenheit zu einer unbeschreiblichen Wichtigtuerei geben. Für ganz schlimm halten sie es etwa, Cappuccino mit leckerer süßer Sahne zuzubereiten. Eine Kulturlosigkeit sei das, der Triumph der Ahnungslosen, der Untergang des Abendlandes. Wer seinen Cappuccino nicht mit aufgeschäumter Milch trinkt, fällt bei den Wächtern der Kaffeekultur auf ewig in Ungnade.

Dabei sollte der Kampf um den besten Kaffee um ein ganz anderes Thema gefochten werden als um Sahne- oder Milchschaumhäubchen. Für Kaffee gilt nämlich dasselbe wie für Tee: Die Temperatur beim Aufgießen ist entscheidend. Dazu sind die Mahlstärke und die Menge im Verhältnis zum Wasser sowie die Kontaktzeit wichtig. Stärke, Aroma und Säure entfalten sich bei allen Zubereitungsmethoden anders. Die besten Ergebnisse liefern die modernsten Maschinen. Bei den Systemen mit relativ teuren Kapseln oder bei den noch teureren Maschinen mit vollautomatischem vorherigen Mahlen werden Aromenvielfalt und Konzentration erreicht, von denen Filterkaffeetrinker nie zu träumen wagten. Der Grund ist vor allem die entschieden höhere Brühtemperatur zwischen 92 und 96 Grad. Mit einem Handaufguss in den sofort abkühlenden Kaffeefilter und erst recht mit einer tröpfelnden Filterkaffeemaschine sind solche Temperaturen einfach nicht zu schaffen.

Irrtum: Kartoffelpüree gelingt am besten mit mehligkochenden Kartoffeln

Das dachte ich bisher. Außerdem dachte ich, Kartoffelanbau gehe so vor sich: Ein Bauer kauft nach seiner Erfahrung Saatkartoffeln einer gut vermarktbaren Sorte, versenkt sie in der Erde und erntet ein paar Monate später das 20- bis 25-Fache. Was der Bauer stattdessen macht, ist Folgendes: Zuerst einmal muss er darauf achten, dass er eine der etwa 120 Sorten verwendet, die das Bundessortenamt in Hannover festgelegt hat. Sie glauben, ich scherze? Sehen Sie nach unter www.bundessortenamt.de. Wenn ihm (dem Bauern) die 120 Sorten nicht ausreichen, kann er auch im etwa 450 Sorten umfassenden Katalog der in der EU zugelassenen Kartoffelsorten stöbern, sich daraus die entsprechenden Saatkartoffeln aussuchen und den Versuch machen, diese zu bekommen. Diese Kartoffeln baut er an, hofft auf nicht zu feuchtes Wetter, damit ihm die Kartoffeln keine Kraut- und Knollenfäule entwickeln. Dann hofft er auf nicht zu trockenes Wetter, damit ihm die Kartoffeln nicht vertrocknen. Dann erntet er sie mit einer Kartoffelerntewundermaschine und die funktioniert wie im Bilderbuch: Der Traktor zieht den Kartoffelroder über das Kartoffelfeld. Der Roder wird vom Traktor angetrieben. Ein Damm mit Kartoffeln wird in den Roder hineingeschoben. Ein Schar hebt den Damm von unten, eine Trommel drückt von oben. Seitlich neben der Trommel schneiden Sechscheiben (Pflugmesser) das Kartoffelkraut ab. Die Kartoffeln werden über das Siebband befördert, die Erde fällt nach unten. Rüttler, Klopfer und Krautzupfer sieben Erdklumpen, Steine und Pflanzenteile aus. Über ein zweites Siebband und Sternwalzen werden die Kartoffeln weiter gesäubert und auf das Sortierband transportiert. Auf dem Sortierband werden faule Kartoffeln und Steine von Hand aussortiert. Ein Förderband transportiert die Kartoffeln in den Vorratsbehälter. Wenn er voll ist, werden die Kartoffeln auf den Ladewagen umgeladen.[118] Und das war erst der Anfang!

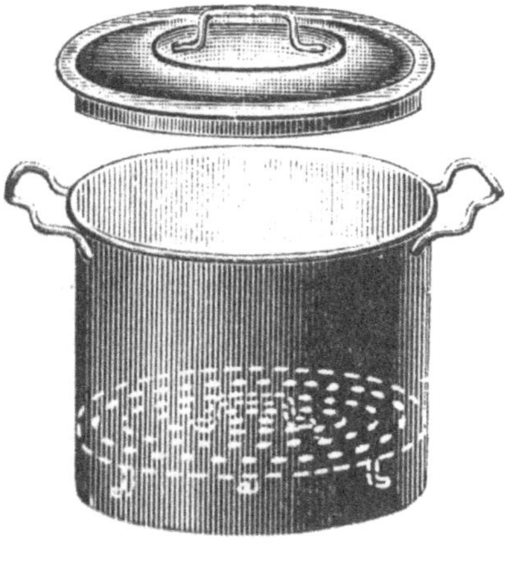

»Kartoffelkocher, gefalzt, altblau oder neublau«. Kochen Sie in diesem sinnvoll eingerichteten Topf festkochende oder mehligkochende Kartoffeln, für Püree aber besser festkochende.

Danach müssen die Kartoffeln nämlich noch die Weiterverarbeitung durch Sortier- und Waschmaschinen ertragen. Kartoffeln mit Erde dran lassen sich in Supermärkten überhaupt nicht mehr verkaufen. Geben Sie's zu: Sie kaufen auch die Netze mit den blitzblanken Kartoffeln! Auch wenn Sie mich für einen naturfernen Pingel halten: So ganz schlecht ist das mit dem Kartoffelwaschen nicht. Jedenfalls sollten Sie Kartoffeln, wenn an ihnen noch viel Erde haftet, getrennt von anderen Lebensmitteln aufbewahren. Das jedenfalls empfiehlt das Bundesinstitut für Risikobewertung und ich mache das auch prompt. Warum?

Es geht um Toxoplasmose. Hört sich fies an und ist es auch. Es ist die Erkrankung, die durch Toxoplasmen hervorgerufen wird. Der Erreger, Toxoplasma gondii, befindet sich in rohem Fleisch, aber auch auf Obst und Gemüse und in der den Kartoffeln anhaftenden Erde. Kleinkinder und Schwangere sollten nicht in Kontakt damit geraten, weil sie besonders gefährdet sind. Sie glauben, Sie hätten sich noch nie infiziert? Ich aber sage Ihnen: Das wissen Sie gar nicht! Möglicherweise tragen Sie ja schon Toxoplasmen in sich, sie richten bloß bei Ihnen keinen Schaden an. In Deutschland hat etwa die Hälfte der Bevölkerung Antikörper gegen diesen Parasiten. Diese Menschen haben sich also schon irgendwo einmal infiziert. Hatten Sie schon einmal grippeähnliche Symptome? Abgeschlagenheit, Muskelschmerzen, Lymphknotenschwellung vor allem im Halsbereich? Das kann durchaus eine Infektion mit Toxoplasmen gewesen sein.[119]

Und jetzt kommt die gute Nachricht: Durch Erhitzen werden die Parasiten zuverlässig abgetötet. Das ist doch gut, oder? Bei allen Prozeduren zum Reinigen und Sortieren der Kartoffeln dürfen deren Schalen nicht platzen oder reißen oder aufgeschlitzt werden. Und wenn sie einmal im Laden sind, dürfen die Kartoffeln nicht schrumpeln und austreiben, keine blauen Flecken bekommen und keine Pilze ansetzen. All das schaffen die wenigsten Sorten, am besten aber die, die eher fade schmecken. Schade.

Jetzt zu dem aus einer der 450 Sorten zubereiteten Püree. Der elitäre Rezeptempfehler Wolfgang Siebeck konnte über sogenanntes Kartoffelpüree, das aus der Tüte kommt, nur den Kopf schütteln: »Es gibt auch Pulver, das man nur mit heißem Wasser verrühren muss, um eine gelbe Masse im Topf zu haben, und das Ganze wird von der Pulverfabrik unter dem Namen ›Kartoffelpüree‹ an ahnungslose Konsumenten verkauft. Doch in solchen Produkten ist mehr Chemie als im Rhein bei Moers.«[120] Ich bin mir nicht sicher, ob der Autor wusste, wie sauber mittlerweile der Rhein bei Moers ist. Ich bin mir aber sicher, dass er mit seiner Einschätzung zur Qualität des Tütenpürees vollkommen danebenlag.

Die Stiftung Warentest kommt jedenfalls zu einem wesentlich objektiveren, fundierteren und besseren Urteil. Der elitäre Gourmetautor ist ebenso mit seiner Empfehlung zum richtigen Pürieren auf dem Holzweg: »Entscheidend ist das Stampfen von Hand, denn eine sich hochtourig drehende Maschine würde die Kartoffeln nicht in einen luftigen Brei verwandeln, sondern in eine klebrige, gummiähnliche Masse (Auf keinen Fall mit einem Elektroquirl arbeiten!).«[121] Dass er dabei Quirl und hochtourigen Mixstab verwechselt, ist offensichtlich. Einem Profikoch hätte ich schon zugetraut, beide Geräte auseinanderzuhalten. Leider äußert sich dieser Profikoch nicht zu fest- oder mehligkochenden Kartoffeln. Ein Kochbuchverlag empfiehlt mehligkochende Kartoffeln für »Püree, Knödel, Kroketten, Küchlein, Puffer, Aufläufe, Suppen, Eintöpfe. Zu ihnen zählen: Aula, Datura, Irmgard und die besonders geschätzten Adretta und Likaria.«[122] Warum hält dann der Hamburger Spitzenkoch Jost Pullich nichts davon? Warum verwendet er für Püree festkochende Sorten, wie Cilena, Exquisa, Forelle, Hansa, Linda, Nicola, Selma, Sieglinde und Bamberger Hörnchen, manchmal auch »vorwiegend festkochende«, wie Agria, Arkula, Christa, Desirée, Granola, Liu, Quarta, Sekura, Ukama, Alwara und Rosara? Warum macht er das bloß? Mit festkochenden Kartoffeln, das weiß er, wird Püree einfach lockerer und das ist auch ganz logisch. Der

Stärkeanteil in mehligkochenden Kartoffeln ist oft so hoch, dass das Püree pampig wird. Deshalb empfehlen auch zahlreiche Ratgeberfreaks in Internetforen festkochende Kartoffeln fürs Püree. Die lassen sich zwar nicht so leicht zerstampfen, dafür ist es die Arbeit aber wert. Probieren Sie es bitte einmal aus. Nur einmal. Danke.

Irrtum: Kartoffelpüree wird klebrig, wenn man es mit einem Quirl zerkleinert

Das habe ich bisher auch geglaubt. Ich habe es in Kochbüchern gelesen, den Küchenquirl verflucht, mir einen Kartoffelstampfer nach Großmutterart zugelegt und gestampft und gestampft und gestampft – anstatt wie zuvor den elektrischen Quirl in die weichgekochten Kartoffeln zu halten, heiße Milch, Salz, Pfeffer und Muskat dazuzugeben und zu warten, bis das Ganze zu einem leckeren Püree wurde. Bisher hatte mir und den Meinen das immer gut geschmeckt. Die Verwendung eines Quirls führt aber angeblich zu schlechten Ergebnissen. Also hatte ich bis zu meiner Bekehrung zum Muskelkraftwerkzeug immer schlechtes Kartoffelpüree serviert!

Nach den Predigten der Kartoffelpriester in fast jeder Kochshow und in Rezepten, den neumodischen elektrischen Quirl durch Omas Kartoffelstampfer zu ersetzen, fühlte ich mich damit wohler. Die Zellen der Kartoffeln, heißt es, würden durch zu schnelles Zerkleinern beschädigt. Dadurch trete Kartoffelstärke aus und das Püree werde zäh und klebrig. In vielen Ratgebern ist auch von einer kleistrigen Konsistenz die Rede. Die entstehe zwangsläufig beim Einsatz eines Quirls. Man soll Kartoffelpüree also nicht pürieren?

Anderen Theorien zufolge wird das Püree kleistrig, wenn die Kartoffeln nicht gar sind oder wenn sie beim Stampfen nicht mehr heiß sind oder wenn die zugegebene Milch beim Einrühren zu kalt ist. Ich fragte mich, ob auch der Stand des Mondes Einfluss auf die Konsistenz von Kartoffelpüree haben könnte. Das stand aber in keiner Empfehlung.

Praxistests waren nötig. Allen, die zur Herstellung ihres Pürees einen klassischen Küchenquirl verwenden, kann ich nun mit Fug und Recht sagen: Weiter so! Es scheint bei Kochbuchautoren bezüglich moderner elektrischer Küchengeräte eine große Verwirrung zu herrschen. Der Unterschied zwischen einem Quirl und einem hochtourigen und mit Messern ausgestatteten Stabmixer scheint vielen nicht klar zu sein. Beide Maschinen sind für völlig unterschiedliche Anwendungen konstruiert. Wenn man das nicht berücksichtigt, erhält man natürlich bei Verwendung des hochtourigen Alleszerkleinerers einen kleistrigen Brei. Seltsam nur, dass gerade der meiner Frau am besten geschmeckt hat.

Schon aus größeren Familien (ab sechs Personen) wird berichtet, dass man selbstverständlich einen elektrischen Quirl zum Zerkleinern der Kartoffeln verwendet, und in einer Großküche stieß ich mit meiner Anregung, es doch einmal mit einem Kartoffelstampfer zu versuchen, auf keinerlei Verständnis und auf verdrehte Augen. Ich glaube auch, dass ich den Koch im Weggehen noch so etwas wie »Spinner« und »Der hat Probleme« murmeln hörte. Köche, die in Großküchen arbeiten, sind nicht für ihre Gourmetallüren bekannt. Häufig sind sie schon aus logistischen Gründen gezwungen, Instant-Kartoffelpüree zu verwenden. Warentester bescheinigten diesen Produkten bis vor einigen Jahren immer wieder mangelhafte Qualität, was aber nicht immer an deren Geschmack und Konsistenz, sondern häufiger an schlechten Beschriftungen oder hohen Rückständen von Schwermetallen lag. Mittlerweile sollen sie von selbstgestampftem Püree teilweise nicht zu unterscheiden sein. Das habe ich nicht überprüft.

Irrtum: Knoblaucharomen entfalten sich am besten durch Einreiben der Topfwand

Zahlreiche Rezepte empfehlen, Schüsseln oder Töpfe mit einer aufgeschnittenen Knoblauchzehe einzureiben. Der Grund: Reibt man nur die Topf- oder Schüsselwand mit einer frischen Knoblauchzehe ein, kommt nur wenig Knoblaucharoma ins Gericht. Denselben Effekt erzielt man aber auch, wenn man der Speise von einer zerdrückten oder zerschnittenen Knoblauchzehe nur ein Körnchen zufügt. Die schamhafte Methode, »bloß« den Topfrand einzureiben, hat keinen technischen Vorteil, weil das gesamte Aroma ohnehin auf die Speise übergeht. Gleichzeitig setzt es sich aber auch an den Fingern des Kochs oder der Köchin fest und da wird es am wenigsten geschätzt. Völlig unverständlich wird die Einreibeempfehlung, wenn anschließend, wie es viele Rezepte empfehlen, die zum Ausreiben des Topfs verwendete Knoblauchzehe zerkleinert und der Speise hinzugefügt werden soll.[123] Die Empfehlung zum Ausreiben des Schüsselrands wird, wenn sie denn je einen Sinn gehabt haben sollte, dadurch vollkommen absurd. Noch größere Gefechte gibt es wegen der Frage, ob Knoblauch nun eigentlich zu pressen, zu hacken, zu reiben, zu würfeln, zu stifteln oder doch lieber zu zerdrücken sei.

Wie also mit dem Knoblauch umgehen? »Auf keinen Fall pressen!«, heißt es in der Fernsehkochshow eines Komikerpaars. Andere Kochclowns finden nichts dabei, Knoblauch mit dem Messerrücken zu zerdrücken. Das Ergebnis sieht so ähnlich aus wie der Matsch, der aus einer klassischen Knoblauchpresse herausquillt. Der Grund für das streng eingeforderte Pressverbot besteht darin, dass bei diesem Verfahren angeblich Zellsaft austrete und das Ganze bitter werde. »Alpendollar« (wo der wohl wohnt?) verkündet etwa im Internet: »Knoblauch nicht pressen, da sonst Bitterstoffe entwickelt werden, die den Geschmack beinträchtigen können.«[124] Was das für »Bitterstoffe« sein könnten, erklärt »Alpendollar« nicht. Allenthalben wird empfohlen, Knoblauch stattdessen klein zu hacken oder – noch besser – zu stifteln. An den Schnittkanten trete ausreichend Zellflüssigkeit aus. Knoblauchpressen, verlangen die Anwälte der reinen Lehre, gehörten verboten. Wenn Geschmack und Gesundheit und Geruch aber tatsächlich im Zellsaft liegen (und wo sonst), weshalb sollte man sich dann nicht bemühen, durch gnadenloses Zerstören möglichst vieler Zellen den größtmöglichen Geschmack aus einer Zehe zu quetschen? »Senioren« glauben deshalb: »Nur Quetschen bringt's.«[125] »Argentinische Forscher« haben angeblich herausgefunden, dass die Art der Zubereitung darüber entscheidet, ob der blutgefäßschützende Effekt des Inhaltsstoffs Allicin auch beim Kochen aktiv bleibt. Beim Quetschen werde ein Enzym freigesetzt, das den flüchtigen und nicht besonders hitzebeständigen Gefäßschützer im Kochtopf länger überleben lasse. Am sichersten bewahre man den Gefäßschutz allerdings, wenn man Knoblauch roh esse. Die Seniorenzeitschrift legt Wert auf eine Quellenangabe, ohne allerdings selbst ihre Quelle anzugeben. »Argentinische Forscher« klingt mir sehr nach »die Wissenschaft hat festgestellt«, und bei allen argentinischen Forschungsinstitutionen nachzufragen, ob sie irgendetwas zum Thema Knoblauch erforscht haben, das war mir dann doch zu peinlich. Ein Erfinder hat sich die Behauptung, nur das Stifteln zerschneide die »richtigen« Zellen, zunutze gemacht. Sein Schneidegerät erschließe nur die erwünschten Aromen der Knoblauchzehe. Unter der Nummer WO 99/41045 wurde das Patent 1999 veröffentlicht:

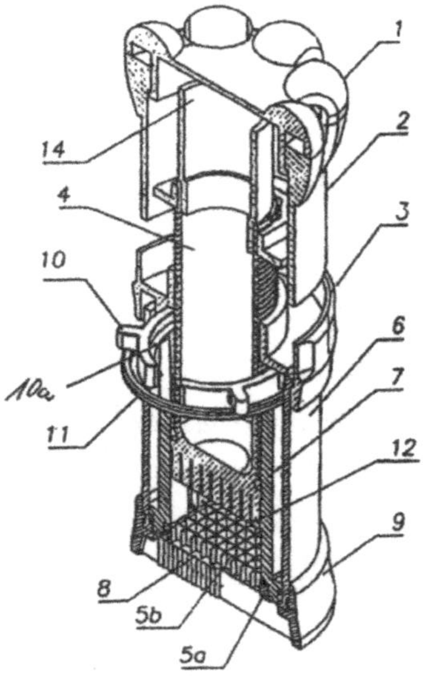

Ein kleines, äußerst raffiniertes Gerät, dieser Knoblauch-Schneider – aber wer macht's nachher wieder sauber? Ich nicht.

»Die Erfindung betrifft einen Knoblauchschneider mit einem Gehäusekörper, der an seiner Unterseite ein Messer (8) trägt und mit einem Oberteil (2) mit daran befestigtem Stempel (12), der im Betriebszustand beim Verdrehen gegenüber dem Gehäusekörper (6) eine Axialbewegung gegen ein mitrotierendes Schneidegitter (5b) durchführt. Ein den Knoblauch aufnehmender Innenkörper ist vorgesehen, der drehbar im Gehäusekörper (6) gelagert ist, ein Schneidegitter (5b) aufweist und in den an einer Spindel (4) angeordneten Stempel (12) eintaucht. Weiterhin sind Mittel vorgesehen, die im Betriebszustand für den Eingriff in die Spindel (4) sorgen und im Öffnungszustand eine Längsverschiebung der Spindel (4) zulassen.«[126] Ich möchte das Gerät nicht sauber machen.

Irrtum: Knoblauchgeruch verschwindet, wenn man mehrere Zauber anwendet

Knoblauch ist fast schon ein Wundermittel: Von der Vampirvertreibung über die »Reinigung« der Adern (was immer damit gemeint ist), die Abtötung unerwünschter Bakterien bis zur Senkung des Cholesterinspiegels werden Knoblauch zahlreiche Wirkungen zugeschrieben, meist jedoch ohne den geringsten wissenschaftlichen Nachweis.[127] Was Knoblauch erwiesenermaßen bewirkt, ist ein veränderter Körper- und Atemgeruch. Der Geschmack von Knoblauch wird von den meisten Mitteleuropäern mittlerweile als angenehm empfunden, der Geruch hingegen nicht. Das liegt sicher daran, dass der Geruch unabhängig vom eigentlichen Essen wahrgenommen wird.

In Haushaltsforen ist das Thema beliebt, Tipps zum Loswerden des Geruchs, vor allem an den Fingern, gibt es viele. Forumsteilnehmer und Scherzkeks »Ano Nym« traut sich mit seinen Knoblauchfingern angeblich in die Öffentlichkeit, nicht aber mit seinem richtigen

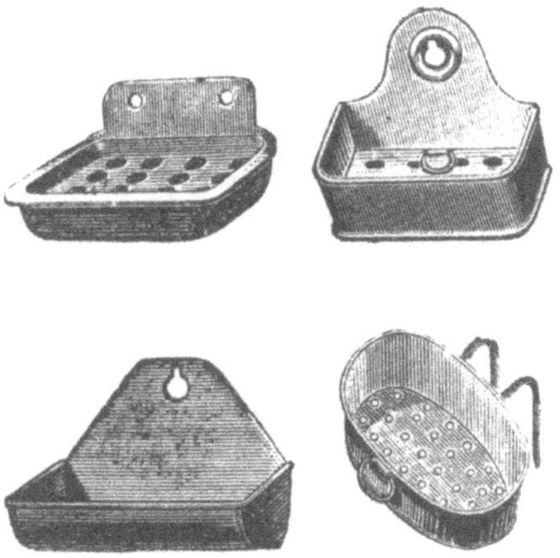

»Seifenbehälter mit Rückwand sowie Seifennäpfe, jeweils altblau oder neublau.«
In so einen altmodischen Seifenbehälter können Sie natürlich auch ein Stück Edelstahl-»Seife« legen. Zur Beseitigung von Knoblauchgeruch an Ihren Händen hilft es nämlich wirklich!

Namen: »Ich weiß gar nicht, was ihr gegen Knoblauchgeruch habt. Ich finde es viel ekliger, wenn jemand mit einem Parfümgestank daherkommt, dass einem schlecht wird.« Hier eine unvollständige Liste der Empfehlungen, wie Knoblauchgeruch aus dem Mund angeblich unterdrückt/neutralisiert werden kann:

- Apfel essen
- Basilikum kauen
- Buttermilch/Milch trinken
- Chlorophyll-Tabletten kauen
- Gewürznelken lutschen
- Joghurt/Ayran trinken
- Kaffeemehl kauen
- Kümmel kauen
- Liebstöckel lutschen
- Petersilie kauen
- Pfefferminz lutschen
- Schokolade essen
- Zähneputzen mit Teebaumöl.

Und hier eine – ebenfalls unvollständige – Liste der Empfehlungen, wie Knoblauchgeruch an den Fingern unterdrückt beziehungsweise neutralisiert werden kann. Einreiben mit:

- Essig
- Kaffeesatz
- Salz
- Zitrone.

Eckart Witzigmanns Tipps gegen Knoblauchgeruch: »Riechen Ihre Finger nach Knoblauch oder Zwiebeln, hilft nur eines: Kaltes Wasser! Besonders wirksam: Legen Sie die Finger zusätzlich noch auf Stahl – Messerspitze oder Besteck sind ideal –, während Sie sie unter den Wasserstrahl halten.«[128] Toll, nicht? Besser gesagt tollkühn! Für diesen Trick gibt's sogar Edelstahlklumpen, die wie ein Stück Seife gehandhabt werden sollen. Von diesen Klumpen löst sich angeblich nichts und nichts wird daran angelagert. Sie sollen aber trotzdem neutralisierend wirken. Der angeblich ultimative Geruchskiller ist sogar preiswert: um 3 Euro. Sie können sich vorstellen, wie skeptisch ich darauf reagiert habe. Kann das wirklich sein oder bilden sich die Leute das alle bloß ein? Wie soll das überhaupt funktionieren? Warum wird der Geruch von Knoblauch überhaupt als unangenehm empfunden, aber sein Geschmack nicht? Dazu muss ich mich als biochemischer Laie auf Expertenrat verlassen.

Folgendes habe ich herausgefunden: Der Geruch entsteht demnach als Reaktionsprodukt bei der Spaltung von Alliin ($C_6H_{10}OS_2$) durch Alliinase (also dem entsprechenden Enzym) und Wasser. Dabei entstehen Allylschwefelsäure und Brenztraubensäure sowie Ammoniak. Allicin selbst ist geruchlos, aber in wässrigem Milieu bilden sich Diallylsulfide und Vinyldithiine und die verursachen den typischen Knoblauchgeruch. Dass Edelstahl Gerüche umwandelt, ist tatsächlich unbestritten. Wissenschaftlich, das heißt ursächlich, ist das aber noch nicht geklärt. Ich habe deshalb meinen Gewährschemiker Wolfgang Lortz einmal gebeten, sich Gedanken zu dem Thema zu machen. Als »Anorganiker« ist er normalerweise nicht gut zu sprechen auf organische Substanzen, aber was er sich zur Wirkungsweise des Edelstahls auf Knoblauchgeruch ausgedacht hat, klingt für mich plausibel. Seine These: Der Effekt beruht auf

Adsorption an der Metalloberfläche: »Ja, alle Legierungsmetalle im Edelstahl bilden gerne ›unlösliche‹ Verbindungen/Komplexe mit derartigen schwefelhaltigen Substanzen. Dazu muss aber ›sulfidischer Schwefel‹ vorliegen und nicht ›sulfatischer Schwefel‹. Damit sind unterschiedliche Oxidationsstufen des Schwefels gemeint. Elementarer Schwefel hat die Stufe 0. Schwefel im H2S also Schwefelwasserstoff (man erinnere sich an diverse Stinkbomben) hat minus 2 und genau der erzeugt sehr gerne wasserunlösliche Eisen-, Chrom-, Nickel-Sulfide. Also, die Umsetzungsprodukte des Allicin, wie zum Beispiel die Allylsulfide, ›verankern‹ sich fest mit der Edelstahloberfläche (wie die unlöslichen Sulfide). Damit können diese Substanzen nicht mehr ›verdampfen‹ und in deine Nase gelangen.« Hört sich doch gut an!

Aber lesen Sie erst mal, was der Chemiker zu den Theorien auf Lager hat, es handele sich um eine Oxidation der Stoffe beziehungsweise um eine Desorption der Oxidationsprodukte: »Auch hier, Ja. Sulfide sind nicht die stabilste Schwefelform, das wären die Sulfate (Salze der Schwefelsäure). Sulfide oxidieren an der Luft leicht (ggf. katalysiert eventuell das Cr und Ni) zu Sulfaten. Wie die Eisen-, Chrom- und Nickelsulfate werden diese Stoffe auch gut wasserlöslich sein und haben sicherlich auch einen geringeren Dampfdruck. Sie gelangen also nicht mehr so leicht in die Nase und würden auch keinen Geruch mehr verursachen, weil ja die Gefahr vorbei ist. Wieso ›Gefahr vorbei‹? Nun, da müssen wir bei Darwin anfangen: Sulfide, Schwefelwasserstoff und Co. sind sehr giftig (giftiger als Blausäure, dafür aber auch wesentlich ›stinkiger‹). Sie entstehen zum Beispiel auch beim Verrotten von Eiweiß/Fleisch/Fisch. Also: Wenn's stinkt, dann nix gut. Das geht natürlich mit jedem Edelstahlstück, aber diese ›Seifenstücke‹ sollten ja etwas rauer sein, damit einfach mehr Oberfläche zum Anlagern der kleinen organischen Moleküle, die riechenden Sulfidschwefel enthalten, zur Verfügung steht.«[129]

Ehrlich gesagt: Wenn ich auch nur die Hälfte davon verstanden habe, so ist das doch die erste Erklärung, in der mehr drinsteht, als

»funktioniert wirklich, probier's mal aus«. Meine Empfehlung lautet deshalb: Funktioniert wirklich, probieren Sie's mal aus!

Irrtum: Kupferschüsseln sind ideal zum Aufschlagen von Eischnee

»Ja, das ist wahr«, sagen erfahrene Konditoren, »in einer Kupferschüssel klappt das Aufschlagen von Eischnee einfach besser.« Warum das so ist, wissen sie nicht. Es habe, vermuten sie, mit der hervorragenden Wärmeleitfähigkeit des Materials zu tun. Welche Wärme wohin geleitet werden muss, ist dann aber schon eine Frage, die Sie den erfahrenen Konditoren besser nicht stellen. Vor allem verbietet sich die Frage dann, wenn der Konditor Ihnen zuvor erklärt hat, dass der Eischnee bei Zimmertemperatur zu schlagen sei. Zimmertemperatur bedeutet in Mitteleuropa nämlich 16 bis 20 Grad und wie Sie ein aus dem Kühlschrank genommenes Ei auf 16 Grad aufheizen, fragen Sie besser auch nicht und schon gar nicht, warum der Konditor seine Eier bei salmonellenfreundlicher Zimmertemperatur lagert. Das tut er natürlich nicht, aber bringen Sie ihn bitte nicht in Verlegenheit, zu entscheiden, an welcher Behauptung er mehr hängt.

Selbst This-Benckhard glaubt, Eischnee könne am besten in einem Kupfergefäß aufgeschlagen werden.[130] Eischnee bleibt auf jeden Fall ein heißes Eisen: Ein Versandhaus für »die guten Dinge« bewirbt seine Kupferschüssel so: »Die mechanische Bewegung beim Schlagen verändert die Struktur der Conalbumin-Proteine im Eiweiß, Kupferionen stabilisieren dieselben – und so kommt es zu haltbarem Eischnee (bei gleichzeitiger Minimierung der Gefahr des ›Überschlagens‹, bei der die Proteine koagulieren und zusammenklumpen).«[131] Ich bin nicht sicher, dass diese Erklärung eines alten

Brauchs zutrifft. Andererseits habe ich noch nie, wie offensichtlich Peter Barham, Schwierigkeiten gehabt, mit einem elektrischen Quirl Eischnee zu schlagen.[132] Das Eiklar wird einfach immer schön steif, egal, in welchem Material ich es schlage: Plastik, Keramik, Glas, Edelstahl, es ist wirklich vollkommen egal.

Irrtum: Kupfertöpfe sind ideal zum Kochen

Kupfernes Kochgeschirr sieht gut aus. Kupfertöpfe vermitteln einen gediegenen, großmütterlichen Eindruck. Wenn »früher« angeblich besser gekocht wurde und »früher« Töpfe aus Kupfer verwendet wurden, liegt der falsche Schluss nahe, es gäbe einen Zusammenhang von Kochgeschirr und Geschmack. Das Einzige, was in Bezug auf Kupferkessel und -kasserollen wissenschaftlich belegt ist: Früher starben die Menschen wesentlich früher, viele unter anderem an Kupfervergiftungen.

Kupfer kann akute und chronische Vergiftungen hervorrufen. Akute Vergiftungen zeigen sich in Form von Magenschmerzen,

»Messingpfanne, Tiroler Form ohne Drahteinlage, verzinnt, Eisenstiel.«
Kunden konnten sich bei dieser Pfanne entscheiden, ob sie eine Kupfer- oder eine Zinnvergiftung vorzogen. Messing ist eine Legierung aus gesundheitsbedenklichem Kupfer und Zink sowie Zinn. Zinn ist für Menschen so schädlich, dass Sie die schönen Schnapsgefäße auch weiterhin verstauben lassen sollten.

Erbrechen, Darmkoliken und Durchfall. Chronische Vergiftungen führen zu Arthritis, Entzündungen, erhöhtem Blutdruck und vor allem Leberzirrhose. Außerdem bilden sich bei erhöhtem Kupfergehalt des Bluts mehr freie Radikale. Chronische Kupfervergiftungen bei Säuglingen wurden in Deutschland erst 1986 entdeckt. Sie stammten vorwiegend aus Kupfer-Wasserleitungen, die durch zu saures Wasser angelöst wurden. Wasserwerke achten seitdem noch stärker auf einen ausreichend hohen pH-Wert des von ihnen bereitgestellten Trinkwassers.

Jochen Kittel stellte bei indischen Kindern, die die Symptome einer Kupfervergiftung zeigten, fest, »dass man in der Milch, welche in Kupfergefäßen gekocht und aufbewahrt wurde, schon nach wenigen Stunden einen signifikant erhöhten Kupfergehalt nachweisen konnte (3,04 mg/l bei einem Ausgangswert von 0,39 mg/l). Ähnliches wurde für Messinggefäße festgestellt.«[133] Kupfervergiftungen waren bei indischen Kindern so weit verbreitet, dass das Phänomen einen eigenen Namen bekommen hat: ICC, Indian Childhood Cirrhosis. In Indien wurde bis 1978, als man den Zusammenhang erkannte, vor allem in hinduistischen Familien bevorzugt in Messingtöpfen gekocht. Messing ist eine Legierung aus wenigstens 50 Prozent Kupfer und Zink.

Vor der Schädlichkeit einer Verwendung von Kupfergeschirr warnte schon in der Mitte des 18. Jahrhunderts der Philosoph Jean-Jacques Rousseau und schrieb darüber einen gar nicht sehr philosophischen Aufsatz.[134] Kupfer hat – unbezweifelt – gute Wärmeleiteigenschaften. Den Schluss, dass das Material deshalb eine größere Toleranz im Hinblick auf das Anbrennen von Lebensmitteln hat, habe ich nie verstanden. Da die Wärme so gut geleitet wird, verteilt sie sich ja gerade *nicht* gleichmäßig über den Topfboden, sondern wird an der Stelle des Flammenkranzes bzw. der Heizschlangen deutlich stärker auf das Kochgut übertragen als an den schwächer beheizten Stellen. Ein idealer Topf muss demnach geradezu katastrophale Wärmeleiteigenschaften haben oder wenigstens so schlechte, dass die Verzögerung genau den Energieausgleich über den gesamten Topfboden sicherstellt. Topfhersteller wissen das und haben den Sandwichboden aus mehreren Metallen erfunden, der eine optimale Wärmeverteilung über den gesamten Topfboden gewährleistet.

Wirklich katastrophale Wärmeleiteigenschaften hat Gusseisen. Gusseiserne Pfannen brauchen eine kleine Ewigkeit, um heiß zu werden, und noch länger, um wieder auszukühlen. Profiköche lieben gusseiserne Pfannen. Profiköche verachten – im Gegensatz zu mir – Pfannen aus einer leichten Legierung, die womöglich auch noch eine Antihaftbeschichtung haben. Sie behaupten auch, die in Profiküchen unbedingt notwendigen gusseisernen Pfannen seien der Grund, weshalb dort mehr Männer als Frauen beschäftigt seien. Man sieht allerdings auch viele Profiköche mit Handgelenksverbänden, die erklären, sie hätten da diese seltsame Sehnenscheidenentzündung, die einfach nicht ausheilen wolle. Wenn man jemandem mit so einer Pfanne, wie es in Witzen oft erzählt oder gezeichnet wird, »eins überbrät«, ist der so Behandelte wahrscheinlich tot. Nach Aristoteles' Theorie des Komischen ist das nicht witzig.

Feuerzangenbowle wird in einem zumindest außen kupferfarbenen Topf gemacht, weil's schöner aussieht und weil man sich Heinz Rühmann nicht gerne über eine Aluminiumschüssel gebeugt vorstellen mag. Eischnee lässt sich in Kupferschüsseln angeblich besser aufschlagen, Zucker besser karamellisieren oder Marmelade einfacher kochen. Ob diese Konditorenweisheiten einen physikalischen, möglicherweise einen chemischen Hintergrund haben, ist nicht eindeutig belegt.

Und es gibt einen zusätzlichen Tipp für angeblich gutes Gelingen: »Reiben Sie vor dem Schlagen von Eiweiß die Schüssel mit Salz aus. Wegen des direkten Kontakts mit Lebensmitteln kann aber nur eine hochwertige, hochreine Kupferlegierung verwendet werden.« Davon kann ich nur abraten! Säurehaltige Lebensmittel oder zu stark Gesalzenes sollte man in Kupfergefäßen besser nicht zubereiten und solche Gefäße schon gar nicht mit Salz einreiben. Dadurch bilden sich in saurer Umgebung (Fruchtsaft, Hering, Salatsauce) Kupfersalze wie etwa Kupferchlorid. Das ist giftig, im Fachjargon »gesundheitsschädlich«. Keinesfalls sollte man Kupfer mit Essig in Verbindung bringen. Dadurch bildet sich nämlich Kupferacetat und das ist auch giftig (gesundheitsschädlich). Vor allem aber sollte man vermeiden, was die Kochbuchpionierin Henriette Davidis zur Reinigung von Kupfergeschirren empfahl: »Kupfergeschirre werden mit heißem Essig und Salz oder mit Bierneigen gescheuert, danach mit kaltem Wasser klargespült und gut getrocknet. Hierauf reibt man sie mit feinem, trockenem Sand und Zeitungspapier, bis sie vollständig trocken sind. Auf diese Weise gereinigte Kessel bleiben längere Zeit blank, ohne anzulaufen.«[135] Was die »Päpstin der bürgerlichen Küche« hier empfiehlt, ihre Reinigung mit Säure und Salz, ist genau das, was man mit Kupfertöpfen auf *keinen* Fall machen sollte. Die Menge des dabei entstehenden Kupferacetats ist mehr als bloß bedenklich.

Bedenklich auch, dass selbst ein (noch!) lebender Autor, Hervé This-Benckhard, diese gefährliche Reinigungsmethode mit Salz und Essig oder Zitrone empfiehlt.[136] »Die Sudkessel der Bierbrauer«, höre ich, »sind aber doch auch aus Kupfer. Kommt da kein Kupferacetat ins Bier?« Odin Paul, Braumeister der Goslarer Traditionsbrauerei Gose, schrieb mir dazu: »Kupfer ist nicht mehr üblich. In Klein- und Gasthausbrauereien werden die Sudhäuser – meist aus Edelstahl – aber mit Kupfer verkleidet. Dieses kommt aber mit dem Produkt nicht in Berührung. Und das Kupfer darf der Brauer dann immer schön putzen ... Goseanna!« Das ist der Gruß der Goslarer Gose-Brauer.[137]

Branntwein wurde bis vor Kurzem bevorzugt in Kupfergefäßen erhitzt. Das Material stabilisiert *angeblich* das Aroma. Wissenschaftliche Nachweise bzw. vergleichende Studien über die Herstellung von Bier und Branntwein in alternativen Gefäßen gibt es nicht. Ihre

Herstellung in Edelstahlgefäßen bringt jedenfalls keine schlechtere Qualität hervor und ist auch produktionstechnisch kein Problem.

Trotz der leicht toxischen Wirkung ist die Benutzung von Gefäßen und Ausrüstungen aus Kupfer in der Lebensmittelindustrie nicht ausdrücklich verboten. Die europäische Gesetzgebung fordert lediglich eine hygienische und sichere Produktion. Die ist bei Materialien aus Edelstahl (Werkstoffnummer 1.4301 bzw. AISI 304) oder Keramik gewährleistet. Stilvolles Kupfergeschirr ist innen deshalb meistens mit Edelstahl ausgekleidet. Ohne diese Beschichtung sollte es nicht als Kochgeschirr, sondern nur als Dekorationsartikel in den Handel kommen. Online-Nischen, in denen sich Naturfreaks mit Kochgeschirr ausrüsten, bilden eine Ausnahme. Kupfergefäße dienen einem bestimmten Glauben zufolge der »Belebung« des Wassers. Ich habe aber noch keinen richtig alten Naturfreak getroffen.

Was stimmt: Kupfer leitet die Wärme besonders gut. Damit lassen sich beim Braten, Garen und Backen gute Resultate erzielen. Was die anderen wunderbaren Eigenschaften von Kupferschüsseln angeht: neben der Weisheit, dass sich Eischnee angeblich in der halben Zeit schlagen lässt, heißt es, dass sich Zucker, Schokolade, Butter usw. darin angeblich besser als in jedem anderen Gefäß auflösen. Auch das gehört ins Märchen-, nicht ins Kochbuch.

Kupferkonzentrationen ab 10 Milligramm pro Liter können bei Säuglingen und Kleinkindern schwere Leberschäden auslösen. Eine zu hohe Kupferzufuhr beeinträchtigt das Nervensystem. Es kann zu Psychosen und Depressionen kommen. Grund für diese Erkrankungen ist die Reaktion des menschlichen Körpers auf Schwermetalle. Unter Schwermetallen versteht man eine umfangreiche Gruppe von Metallen mit einer typischen Dichte größer 3,5 bis 5 Gramm pro Kubikmeter. Das sind u. a. Blei, Kadmium, Chrom, Kobalt, Eisen, Gold, Kupfer, Mangan, Molybdän, Nickel, Quecksilber, Selen, Silber, Vanadium, Zink und Zinn. Die Schädlichkeit von Quecksilber und Blei dürfte jedem einleuchten, etwa so wie auch die des Halbmetalls Arsen. Eine europäische Kontaminantenverordnung trat am 1. März 1993 in Kraft: »Als Kontaminant gilt jeder Stoff, der dem Lebensmittel nicht absichtlich hinzugefügt wird, jedoch infolge einer Verunreinigung durch die Umwelt (Umweltkontaminant) oder als Rückstand im Zuge der Gewinnung, Fertigung, Verarbeitung, Zubereitung, Behandlung, Aufmachung, Verpackung, Beförderung und Lagerung im Lebensmittel vorhanden ist.« Blei, Kadmium und Quecksilber werden ausdrücklich genannt, Kupfer nicht.[138]

Irrtum: Leber wird beim Braten nicht hart, wenn man sie über Nacht in Milch einlegt

Otto Waalkes sang in einem Schlaflied: »Das dreihundertundsechste Schaf hieß Eberhard, dem wurde schon die Leber hart.« Und die Musikanten der »Ersten Allgemeinen Verunsicherung« blödelten über den Sandlerkönig Eberhard reimtechnisch etwas ausgefeilter:

»Schon bald sah man den Eberhard
Das Auge rot, die Leber hart,
Immer tiefer in die Gosse sinken.
Sein Äußeres war dubios
Arbeits- und auch obdachlos
War er, und fing schon langsam an zu stinken!«

Bei einer Leberzirrhose bildet die Leber ein narbiges Gewebe aus, sie wird hart. Eine Leberzirrhose entsteht meistens als Folge einer chronischen Leberentzündung (Virushepatitis), manchmal – aber wirklich nur manchmal – auch bei übermäßigem Alkoholkonsum. Auf Letzteres spielen die eingangs erwähnten Lieder an. Was Rezepte und Küchenratgeber mit einer »harten Leber« meinen, ist etwas ganz anderes: »Salzen vor dem Anbraten lässt Leber hart werden.« »Auf gar keinen Fall salzen, sonst wird die Leber hart!« »Nicht salzen, die Leber wird sonst hart wie eine Schuhsohle!«[139] Alles verstanden? Ich nicht.

Wie sollte frühzeitiges Salzen die zarte Leber hart werden lassen? Und worauf soll dieser Effekt beruhen? Und stimmt das überhaupt? Nach mühsamer Recherche fand ich hier dieselbe Behauptung, die auch bei Fleisch gemacht wird: Salz »entziehe« der Leber Flüssigkeit. Das ist bei Leber ebenso wenig wie bei Fleisch der Fall und kann somit getrost vernachlässigt werden. Andere Ratgeber empfehlen genau das Gegenteil, nämlich Leber vor dem Anbraten zu salzen. Und jetzt meine Erklärung dazu: Die jeweilige Empfehlung gibt Köchen bloß eine passende Entschuldigung für ein misslungenes Lebergericht: »Ich glaube, ich hatte sie vor dem Anbraten gesalzen, tut mir leid.« »Oh, etwas hart, beim nächsten Mal werde ich sie vorher salzen.« Ich habe beides ausprobiert – von derselben Leber eine Scheibe vor und eine Scheibe nach dem Anbraten gesalzen. Der Unterschied: keiner!

Noch ein gerne verbreiteter Küchentipp: Wenn der Koch die Leberscheiben in Milch oder in Buttermilch einlegt, sollen sie angeblich nicht hart werden. Ich habe auch das gemacht, jeweils für eine Stunde. Parallel dazu habe ich natürlich die unbehandelte Scheibe verwendet. Der Unterschied auch hier: keiner! Schon Katharina Prato empfahl 1858 bei der Zubereitung von Leber das Salzen nach dem Anbraten, erwähnte aber nicht warum. Dafür beschrieb sie die Zubereitung von Leberklößen in einer Weise, die ich Ihnen nicht vorenthalten möchte: »Man streift 15 Deka Kalbsleber aus [ausstreifen?] und passiert sie, lässt sodann fein geschnittene Zwiebel und Petersilie mit Fett anlaufen [anlaufen lassen??], treibt das Angelaufene mit einem Ei ab [abtreiben???] und gibt die Leber, Salz, ein wenig Knoblauch, Majoran, Neugewürz [Neugewürz????] und mit Milch befeuchtete Brösel dazu, formt davon nussgroße Klößchen und kocht sie 10 Minuten in Suppe.«[140] Schwierig!

Irrtum: Linsen und Erbsen müssen vor dem Kochen eingeweicht werden – und andere Hülsenfrüchte-Irrtümer

Linsen und Erbsen müssen vor dem Kochen über Nacht einweichen. Das steht so in jedem Kochbuch und das wird deswegen auch so gemacht. Basta. Auch Molekularküchenfreund Hervé This-Benckhard ist dieser Meinung und außerdem strikter Gegner von Salz an Hülsenfrüchten, nicht aber von Natron.[141] Wir sprechen natürlich über getrocknete Linsen und getrocknete Erbsen. Linsen aus der Dose oder aus dem Glas, die schon vorgekocht sind, braucht man selbstverständlich nicht einzuweichen. Die Notwendigkeit, getrocknete Hülsenfrüchte über mehrere Stunden, am besten über Nacht einzuweichen, stammt aber noch aus der Vor-Drucktopf-Epoche. Das ist schon sehr lange her. Erste funktionsfähige, in Serie hergestellte Drucktöpfe wurden schon im 19. Jahrhundert verkauft. (Siehe dazu auch den Eintrag zum Irrtum »Schnellkochtöpfe können explodieren«.)

Über die Zugabe von Salz vor oder nach dem Kochen von Linsen werden Glaubenskriege ausgefochten, und wie es bei Glaubenskriegen zwangsläufig der Fall ist, bleibt die Vernunft als Erstes auf der Strecke. Fast jedes Rezept fordert, Linsen (und übrigens auch Erbsen und Bohnen) in *ungesalzenem* Wasser zu kochen, weil sie sonst hart blieben. Gründe dafür werden nicht angegeben. Andere bezeichnen genau dies als Unsinn. Im Gegenteil sei, damit das Salz in die Linsen ziehen könne, das Kochen in Salzwasser wichtig. Sie empfehlen aus den falschen Gründen das Richtige, nämlich schon das Kochwasser zu salzen, weil die Linsen ansonsten fad schmeckten.

So weit ist alles richtig, aber dann kommt der Fehler: »Das Salz muss während des Kochens in die Linsen eindringen können, später hinzugefügt nützt es leider nichts mehr.«[142] Der kräftigere Geschmack der in Salzwasser gekochten Linsen entsteht aber nicht dadurch, dass Salz *in* die Linsen eindringen würde, was, siehe den Eintrag zur Kartoffel, nur begrenzt möglich ist, sondern dadurch, dass das Salz ein Auslaugen der fruchteigenen Mineralstoffe verringert. In eine gesättigte Salzlösung können nicht so viele Mineralstoffe übergehen wie in eine ungesättigte. Das ist der ganze Sinn des Salzens von Kochwasser. Das Salz verändert die Richtung des osmotischen Drucks. Bei ungesalzenem Kochwasser findet eine Bewegung von Wassermolekülen durch die halbdurchlässigen Membrane der Zellen in die Linsen hinein statt. Der Druck wird meistens so groß, dass die Früchte platzen. Das ist bei Erbsen und Linsen meistens sogar erwünscht. Bei gesalzenem Wasser wird der osmotische Druck reduziert. Halbdurchlässig, im Fachjargon »semipermeabel«, sind die Membrane deshalb, weil sie zwar das Lösungsmittel, in diesem Fall das Wasser, durchlassen, das in diesem Wasser gelöste Salz aber nicht. Es dringt wirklich nicht in die Linsen, die Erbsen, die Bohnen oder was Sie auch kochen mögen ein. Mit den Mineralien, die bei ungesalzenem Kochwasser aus den Früchten austreten, gehen auch Farbstoffe verloren. Ungesalzene Linsen sind deshalb auch unschön anzusehen. Sie wirken wesentlich grauer als gesalzene. Mehliger wirken sie vor allem deshalb, weil ihre Hüllen geplatzt sind. Trotzdem sind in Salzwasser gekochte Linsen, deren Schale weitgehend erhalten ist, keineswegs steinhart. Man muss bloß beim Essen einen stärkeren Druck zwischen Gaumen und Zunge aufbauen. Das ist es, was als »Hartbleiben« bezeichnet wird.

Linsen werden heute vor allem in Spanien, Russland und Vorderasien angebaut. Damit Sie nicht, wie ich lange Zeit, weiterhin glauben, Linsen seien Linsen, hier eine Liste der verbreitetsten Linsensorten:

Belugalinsen, auch Kaviarlinsen: klein, schwarz, starkes Aroma, feste Konsistenz. Als Beilage, Eintopf oder als Brotaufstrich. Der Name spielt mit dem Image der Linsen als dem »Kaviar des kleinen Mannes«. Kaviar ist oder war zumindest so begehrt, dass die Bezeichnung auch im Zusammenhang mit Auberginen, Sellerie und Spinnenaugen verwendet wird.

Berglinsen: eine kleine Linsensorte, vorwiegend aus dem bergigen Umbrien (Italien), grün, braun bis rotbraun, sehr zarte Schale, daher ohnehin kein Einweichen erforderlich, feste Konsistenz, Geschmack leicht nussig. Geeignet für Salate, Eintöpfe, Aufläufe.

Braune Linsen: hellbraun bis grün, relativ groß, mildaromatisch, leicht mehlige Konsistenz. Für Eintöpfe, Aufläufe, Bratlinge, Sprossen.

Champagnerlinsen: Sie werden nicht etwa mit Champagner zubereitet, sondern stammen aus der Champagne (Frankreich); sie sind rötlichbraun, leicht mehlig.

Gelbe Linsen: geschälte Samen, die schnell zu Brei zerkochen und kein typisches Linsenaroma haben.

Le Puy-Linsen: manchmal auch nur Puy-Linsen genannt, stammen aus der Auvergne (Frankreich). Sie sind dunkelgrün und haben schwarze Sprenkel. Festkochend. Le Puy-Linsen reifen nicht voll aus, enthalten daher wenig Stärke und haben eine dünne Schale. Auch sie sind ohne Einweichen in 20 Minuten gar.

Rote Linsen: werden in Indien und in der Türkei angebaut. Sie kommen nur in geschälter Form, ohne ihre lilafarbene Schale in den Handel. Ohne diese Schale kochen sie sehr schnell breiig weich, auch ohne Einweichen in etwa 10 Minuten. Rote Linsen können zu Salaten, Suppen, Eintöpfen, am besten zu Pürees verarbeitet werden.

Tellerlinsen: die gebräuchlichsten aller in Europa gekochten Linsen. Sie sind flach und haben einen Durchmesser von 6 bis 7 Millimeter. Tellerlinsen sind mehligkochend und besonders gut geeignet für Eintöpfe. Herkunft auch dieser Sorte ist Vorder- und Zentralasien.

Irrtum: Marmelade ist am besten selbstgemacht

Ein *ganz* heißes Thema. Sprechen Sie es auf keinen Fall in Ihrem Freundes- und Bekanntenkreis an! Selbstgemachte Marmelade ist heilig. Mir wurde sogar unterstellt, ich wolle Menschen davon abbringen, ihre eigene Marmelade zu kochen. Nichts liegt mir ferner! Niemand sollte durch die folgenden Worte davon abgehalten werden, seine eigene Marmelade zu kochen. Schließlich ist das bei Obst, das im eigenen Garten wächst, eine probate und sichere Methode der Konservierung. Wenn man die Früchte erst kaufen muss, kostet das aber schnell ein Vielfaches dessen, was man für eine Industriemarmelade bezahlt, selbst für eine der teuersten.

Die Herstellung ist vom Prinzip her auch nicht schwer: Früchte pflücken oder kaufen, säubern und zum Kochen bringen, mit Gelierzucker versehen und in Gläser füllen. Wie beim Eierkochen kann aber auch dabei viel schiefgehen: Die Marmelade wird nicht richtig fest, die ganzen festen Bestandteile schwimmen oben und nach der ersten Mahlzeit hat man nur noch Gelee im Glas. Nach dem Öffnen bildet sich an der tiefsten Stelle ein kleiner Fruchtsaftteich, den man schlecht aufs Brötchen bekommt. Ein Glas war nicht richtig verschlossen und wurde zur Schimmelzuchtstätte. Die schönen leuchtenden Erdbeeren sind zu einer blassen Masse zusammengeklumpt. Und so weiter.

Professionelle Hersteller von Marmeladen beugen all diesen Fehlern mit vielen Hilfsmitteln vor. Sie produzieren außerdem übers ganze Jahr, nicht nur zur Erntezeit, und helfen sich beim Abfüllen mit Abrisshilfen. Das sind Zusatzstoffe, die einen exakten Abriss des in die Gläser fließenden Marmeladenstrahls ermöglichen. Das ist besonders bei den klitzekleinen Gläschen wichtig, die in Hotels verwendet werden. Exakt auf den Ausgangsstoff eingestellte Geliermittel machen es möglich, die Marmelade immer mit derselben Konsistenz auszuliefern, egal, ob der Ausgangsstoff Obstpulver, Obstbrei,

Obstkonserven, Tiefkühlobst oder – selbst das kommt vor – frisches Obst war. Im Glas entsteht niemals ein Fruchtsaftteich, das Wasser ist perfekt gebunden. Die in der Marmeladenindustrie verwendeten Pektine (der Gelierzucker) binden schon ab, wenn klassischer Haushaltsgelierzucker noch lange flüssig ist. Dadurch bleiben Fruchtstücke auch mitten im Glas gebunden und schwimmen nicht an der Oberfläche. Die Gläser lassen sich immer gut schließen, weil der Marmeladenmasse Schaumverhüter beigegeben werden. Die Säure der Marmelade ist mithilfe von Zitronen- und Ascorbinsäure exakt so eingestellt, wie sie die meisten Kunden bevorzugen.

Wer all diese Hilfsstoffe nicht mitessen möchte, muss tatsächlich seine Marmelade selbst machen. Schäden, selbst mögliche Nachteile wurden allerdings bisher nicht festgestellt und den meisten Menschen schmeckt – trotz gegenteiliger Behauptungen – die Industriemarmelade doch besser. Die Umsatzzahlen sind sehr deutlich: In Deutschland werden 215 000 Tonnen süße Brotaufstriche jährlich verkauft. 55 Prozent davon sind Konfitüren und Marmeladen, etwa 25 Prozent Nuss-Nougat-Cremes und etwa 20 Prozent Honig. Der Umsatz beträgt über 620 Millionen Euro jährlich.[143]

Irrtum: Marmelade, auf der Schimmel wächst, kann man getrost essen

Auf keinen Fall! Also VORSICHT! Viele Leute, die Schimmel auf ihrer Marmelade entdecken, entfernen ihn großzügig und essen dann den Rest ungerührt auf. Das ist einigermaßen gefährlich. Schimmel wächst zwar nicht, wie beim Brot, unsichtbar durch die ganze Marmelade. Beim Entfernen streut der Schimmel allerdings seine Sporen, ohne, dass man es bemerken kann. Dann wächst er ungestört weiter. Was dieser Schimmel vor allem produziert, sind

So dicht wie dieses Marmeladenglas aus Omas Küche, sind auch moderne Schraubgläser. Nach dem Öffnen kann sich trotzdem Schimmel bilden und dessen Sporen verteilen sich, wenn Sie ihn abnehmen, in der ganzen Wohnung.

Mykotoxine. Dazu zählen unter anderem Aflatoxin und Zearalenon. Insgesamt gibt es etwa 200 derzeit bekannte Mykotoxine von 300 Schimmelarten. Sie können zu erheblichen Leber- und Nierenschäden führen (hepatotoxisch bzw. nephrotoxisch), außerdem wirken sie krebserregend (karzinogen), schädigen das Zentralnervensystem (neurotoxisch) und das Immunsystem (immunsuppressiv), das Erbgut (mutagen) und Embryonen (teratogen). Sie können Hautschäden verursachen (Nekrosen), Stoffwechselprozesse hemmen und allergische Reaktionen auslösen.

Das halten Sie alles für »halb so wild«? Bitte sehr, aber ich habe Sie gewarnt. Gewarnt sein sollten Sie auch durch die seit 1. Juli 2006 EU-weit geltenden Höchstmengen.[144] Werfen Sie schimmelige Marmelade also auf jeden Fall weg, wenn Sie's entdeckt haben, am besten, ohne das Glas erneut zu öffnen!

Irrtum: Martini muss geschüttelt, nicht gerührt werden

Ums Schütteln bitten jedenfalls Sean Connery und Roger Moore und Pierce Brosnan in ihren Rollen als James Bond. George Lazenby und Timothy Dalton tun das wahrscheinlich auch, aber ich kann nicht alle bisher erschienenen vierundzwanzig Bond-Filme durchsehen, um das zu klären. Außerdem komme ich beim Zählen immer durcheinander, weil Bond-Fans aus irgendeinem Grund den ersten Bond-Film *Casino Royale* (1954) mit Barry Nelson nicht mitzählen.

Mit Martini ist nicht der Wermutwein der entsprechenden Marke gemeint. Es gäbe auch wohl kaum einen Grund, diesen Wein zu schütteln oder zu rühren. Die Entscheidung ist lediglich beim gleichnamigen Cocktail zu fällen. Er besteht aus Gin oder Wodka, gemischt in jedem Fall mit Wermutwein, bevorzugt einem trockenen, wie dem Noilly Prat. Eine Liste der angeblichen Martini-Erfinder haben die »Mixologisten« Anistatia R. Miller und Jared McDaniel Brown 1997 in ihrem Buch Shaken Not Stirred erstellt.[145]

Dass ein mit Wodka statt mit Gin gemischter Martini eine geringere oder sogar überhaupt keine Alkoholfahne verursache, gehört auch ins Märchenbuch. Martini-Trinker bilden sich ein, keine banalen Alkoholiker zu sein, weil mit ihrem Konsum ein entsprechendes Ritual verbunden ist. Ein Ritual gehört aber zu jedem Alkoholkonsum und sei es nur das Trinken aus Flaschen oder Gläsern nach vorherigem Anstoßen. Puristen können sich darüber ereifern, ob ein Martini-Cocktail mit Olive serviert werden darf, ob diese Olive eine Paprikafüllung enthalten darf oder kann oder muss oder ob man statt ihrer vielleicht doch eine Silberzwiebel auf den Glasrand legt. Ich sage: Kinkerlitzchen! Mit dem kelchartigen Martiniglas bringe ich auf jeden Fall zum Ausdruck, dass ich ein echter Kerl bin. Ich kann mein Pistolen-Schulterhalfter und meine extradicke Goldarmbanduhr also getrost zu Hause lassen.

Zurück zu Bond. Im Film *Man lebt nur zweimal* bietet der Schurke Henderson dem von Sean Connery dargestellten Bond einen Wodka-Martini an mit den Worten »gerührt, nicht geschüttelt«. Wahrscheinlich hat er auch nicht kapiert, worum es geht. Ich bin also nicht der Einzige, der nicht versteht, warum James Bond seine Bestellung normalerweise genau andersherum aufgibt. Daniel Craig als jüngster Bond-Darsteller antwortet denn auch auf die

Frage »Geschüttelt oder gerührt?« im Bond-Film *Casino Royale* (2006) ganz souverän: »Sehe ich aus, als ob mich das interessiert?« Der Drink, der ihm danach gereicht wird, bekommt ihm nicht gut. Er muss sich mit einem Defibrillator selbst wieder zum Leben erwecken. Das lag, wie an der vorherigen Einstellung deutlich zu sehen ist, an dem ungeschüttelten Martini. Noch beim Martini, den er kurz vorher bestellt hatte, hatte Bond nämlich pingelig erläutert, wie man ihn zubereiten solle: »Einen trockenen Martini«, sagte Bond. »Einen. In einem tiefen Champagnerglas … Drei Teile Gordon's, einen Teil Wodka, und einen halben Teil Kina Lillet. Schütteln Sie das Ganze, bis es eiskalt ist, und garnieren Sie es mit einer großen, dünnen Scheibe Zitronenschale. Haben Sie das?«[146] *So* springt man mit dem Personal um! Andererseits hat Bond natürlich *keine Ahnung*! Was hat etwa der Wodka in diesem Getränk zu suchen? Warum tauscht er den Wermutwein gegen einen aus, der mit Orangenschalen aromatisiert ist? Kina Lillet ist der Markenname eines Weins mit Fruchtlikören.

Wahrscheinlich ist dem Autor Ian Fleming ein kleiner Fehler unterlaufen und er hat Kina Lillet, mit dem der Cocktail arg bitter werden würde, mit Lillet Wermut verwechselt, den es in den 1950er-Jahren auch gab. Den möglichen Fehler kann man leider nicht mehr überprüfen, weil die Firma 1986 ihr Rezept verändert hat. Seitdem ist Kina Lillet fruchtiger und weniger bitter. Genau genommen bestellt Bond also gar keinen Martini, nicht einmal eine Martini-Variation, sondern ein Getränk, dem er später den Namen seiner Episodengeliebten verleiht: Vesper. Darüber gibt es später noch einen netten Dialog. Bond: »Ich glaube, ich nenne den Cocktail Vesper.« Vesper: »Des bitteren Nachgeschmacks wegen?« Ich liebe korrekte Genitive! Bond: »Nein. Wenn man ihn einmal gekostet hat, will man nie mehr was anderes.« Vesper lacht. Bond: »Der Spruch war doch nicht schlecht!« Vesper: »Wirklich hervorragend.« Bond: »Aber du hast darüber gelacht.« *So* kriegt man Frauen rum. Auch im Nachfolgefilm verleiht ihm dieses seltsame Getränk noch ein Quantum Trost, denn der Tod seiner Geliebten hat ihn nicht so kalt gelassen, wie er es gerne gehabt hätte.

Und nun zur wichtigsten Frage: Weshalb lässt Bond das Zeug schütteln? Mich hat das nicht kalt gelassen und ich habe versucht, eine Antwort auf diese Frage zu finden. Hier meine Erklärung: Barmixtechnisch ist es natürlich nur nötig, schwer mischbare Zutaten, wie Likör, Sirup, Milch und Eier zu schütteln. Ansonsten reicht das simple Rühren. Zwei alkoholische Flüssigkeiten mischen sich sogar durchs reine Zusammengießen. Der Physiker Metin Tolan hat sich trotzdem eine Erklärung fürs Schütteln ausgedacht, die physikalisch plausibel klingt und viele überzeugt – wenigstens die Leser seines Buchs »Geschüttelt, nicht gerührt«.[147] Die Geschmacksmoleküle, die etwas größer seien als die Alkoholmoleküle, so seine Behauptung, wanderten beim Schütteln eher an die Oberfläche, verdichteten sich also dort. Schon beim ersten Schluck könne der gute James deshalb den ganzen Geschmack genießen und schnurstracks mit dem Weltretten fortfahren. Metin Tolan gibt allerdings zu, dass er diese Erklärung nicht auf physikalisch-wissenschaftlichem, sondern auf Spaßniveau formuliert habe. Es handelt sich also auch bloß um eine Spaßerklärung!

Tolans Physikerkollege Thomas Vilgis glaubt jedenfalls nicht, dass Schütteln oder Rühren irgendeinen Unterschied bewirkt.[148] Wohl aber nimmt er an, dass der Bitterstoff Absinthin, wie wir mittlerweile wissen, ein relativ großes Molekül, bei niedrigen Temperaturen Aggregate bildet, also Konzentrationen an einigen Stellen. Flüssigkeiten sind aber, und ich bin sicher, dass die beiden Physiker das wissen, molekular dispers gelöste Systeme. Ein hübscher Begriff, der, wie mir mein Gewährschemiker Wolfgang Lortz erklärte, im Zusammenhang mit der Braunschen Molekularbewegung steht und etwa Folgendes besagt: Alle Moleküle in einer Flüssigkeit sind in Abhängigkeit von der Temperatur mehr oder weniger in Bewegung. Sie werden ständig durchgemischt.[149] Ein Martini ist somit eine homogene Lösung. Anders ist es mit festen Stoffen. Bei einem Glas mit verschiedenen Nüssen etwa werden durch Schütteln tatsächlich die größeren Nüsse – meist die Paranüsse – an die Oberfläche transportiert. Bei einer Flüssigkeit lässt sich die Molekülverteilung aber durch Schütteln nicht strukturieren. Die Moleküle sind und bleiben gemischt. Bei Flüssigkeiten gibt es also keinen Paranusseffekt.

Der Chemiker Manfred Müller schrieb mir dazu: »Wenn in ein Lösungsmittel ein zweiter, mit ihm mischbarer oder in ihm löslicher Stoff eingebracht wird, dann ›versucht‹ dieser, überall dieselbe Konzentration herzustellen. Anschaulich dargestellt: Wenn man etwas in Wasser schnell mischen oder lösen will, was macht man dann? Schütteln!«[150] Traditionelle Martini-Trinker bestehen ohnehin – im Gegensatz zu James Bond – darauf, dass ihr Martini gerührt und eben nicht geschüttelt wird. Wollte der Autor Ian Flemming seinen Protagonisten Bond als einen besonderen Banausen oder als einen hochgradigen Individualisten darstellen? Tatsächlich trinkt Bond sein Getränk mal so, mal so und es ist, wie wir nun auch wissen, nicht einmal ein Martini.

Irrtum: Meersalz ist gesund und schmeckt besser

Kochsalz ist Natriumchlorid. Natriumchlorid ist Kochsalz. Eintrag beendet. Hatte ich das nicht schon in den Ausführungen zu »Fleur de Sel« erläutert? Muss ich mich hier ständig wiederholen? Ich fürchte: ja. Es wäre so einfach, wenn Kochbuchautoren und Starköche das wüssten. Außerdem wäre es sicher hilfreich, wenn sie etwas mehr Chemie und Physik beherrschten, wenigstens so viel wie ich, und das ist fast nichts.

Grobes Salz, so wird oft behauptet, sei »gehaltvoller« als feines. Das Gegenteil ist der Fall: Je feiner das Salz, desto mehr Natriumchlorid enthält logischerweise eine Einheit, sei es eine Prise oder ein Löffel. Unter »Gehalt« wird von vielen Freunden feiner Küche aber nicht die Salzigkeit, sondern die Menge an Mineralstoffen verstanden, die Kochsalz außer Natriumchlorid noch enthält. Es handelt sich dabei um Mineralien, die in kleinsten Mengen außerdem im Meersalz angetroffen werden, etwa Spuren von Kalium, Magnesium und Mangan, gelegentlich Calcium, Eisen, Strontium und Ammonium. Die Zusammensetzung von Meersalz ist etwa folgende:

Natriumchlorid: > 97 Prozent
Calciumsulfat: 0,5 Prozent
Magnesiumchlorid: 0,3 Prozent
Magnesiumsulfat (Bittersalz): 0,2 Prozent
Kaliumchlorid: 0,1 Prozent
Eisen, Strontium und Ammonium zusammen unter 0,1 Prozent.

Den maximal drei Prozent anderer Mineralien als Natriumchlorid wird von Freunden »gesunder« Ernährung eine geradezu wundertätige Wirkung zugeschrieben, sowohl was ihren Geschmack, als auch was ihre physiologische Wirkung betrifft. Der 97-prozentige Anteil Natriumchlorid wird dagegen als »hochgradiges Zellgift« gebrandmarkt. Die Formulierung wird von einer »Gesellschaft für Ernährungsheilkunde« verwendet, die auch Therapien und Mittel zu einer »Entschlackung« des Körpers verkauft – als sei der Verdauungstrakt ein kleiner Hochofen, in dem Schlacken anfielen. »Der Gehalt an Mineralstoffen und Spurenelementen«, stellt dagegen die Arbeitsgemeinschaft der Verbraucherverbände fest, »ist je nach Produkt unterschiedlich und meist so niedrig, dass bei einer Zusalzmenge von zwei bis drei Gramm pro Tag (= ½ Kaffeelöffel) kein nennenswerter Beitrag zur Bedarfsdeckung geleistet werden kann; das gilt auch für Jod, falls es nicht eigens zugesetzt wurde.«[151]

Irrtum: Mehl muss vor dem Verarbeiten gesiebt werden

Früher war fast gar nichts besser. Schon gar nicht das Mehl. Früher, das heißt vor wenigstens sechzig Jahren, befanden sich im Mehl gelegentlich Käfer und Steinchen und Holzsplitter und undefinierbarer Dreck. Die hatte man nicht gern im Brot. Deshalb siebte man das Mehl kurz vor der Verarbeitung nochmals durch. Früher befand sich auch gelegentlich Mäusekot im Mehl. Das war nicht appetitlich und auch deshalb wurde Mehl durchgesiebt. Früher waren dem Mehl keine Trennmittel zugesetzt. Kleinere Feuchtigkeitsschwankungen führten deshalb gelegentlich zum Verklumpen des Mehls. Auch deshalb siebte man es durch. Da es heute Trennmittel und eine äußerst hygienische Lebensmittellagerung gibt, ist die alte Vorsichtsmaßnahme überflüssig geworden.[152]

Manche Menschen glauben auch, gesiebtes Mehl ergebe lockerere Backwaren. Das stimmt natürlich nicht, weil Mehl in einem Teig nicht lockerer bleibt, wenn es zuvor gesiebt wurde. Was sollte da auch »locker« bedeuten? Fürs Lockere eines Teigs sind Treibmittel und Proteine verantwortlich. Auch eine »Anreicherung mit Sauerstoff«, wie mir gesagt wurde, findet natürlich beim Sieben nicht statt. Eine entsprechende »Anreicherung« entspricht wohl der von Wasser mit »positiver Energie«, zu der verschiedene Tüftler Gläubigen entsprechende Zaubermaschinen verkaufen.

Wenn Sie besonders gutes und feines Mehl verwenden wollen, ist das in Deutschland bei Weizen die sogenannte Type 405 (in Österreich W480), bei Roggen die Type 815 (in Österreich R500, »Vorschuss«). Früher wurde diese Mahlstufe als Auszugsmehl bezeichnet. Auch wenn es Verfechter einer sogenannten Vollwertkost abstreiten, so enthalten Auszugsmehle außer Stärke auch Kleber-Protein, zahlreiche Vitamine, Ballaststoffe und Mineralstoffe. Die ausgesiebte Kleie wird vorwiegend als Viehfutter verwendet.

Mehle mit geringem Kleieanteil sind länger haltbar als Vollkornmehle. Das hängt vorwiegend damit zusammen, dass der ölhaltige Keimling, der leicht ranzig werden kann, entfernt wurde. Beim Verbrennen von 100 Gramm Mehl der Type 405 fallen 405 Milligramm Asche an, bei der Type 815 sind es entsprechend 815 Milligramm Asche. Weizenmehl ist bis zur Type 1700 erhältlich, bei der wegen des hohen Kleieanteils 1700 Milligramm Asche anfallen. Österreichische Benennungen sind nicht am Ascherückstand orientiert. Außer den Typen W480, W700, W1600 und Vollkornmehl wird dort auch noch in die Korngrößen glatt, universal, griffig und doppelgriffig unterschieden. Gesiebt werden alle diese Mehle aber schon in der Mühle, sodass man sich diesen Arbeitsschritt zu Hause ersparen kann.

Irrtum: Mehlschwitze ist eine eklige Pampe und in der gehobenen Küche verpönt

Allein das Wort »Schwitze« lässt an dicke Köchinnen denken, die stark transpirieren und die es mit der Lebensmittelhygiene nicht so genau nehmen. Entsprechende Bemerkungen kursieren in meinem Bekanntenkreis. Außerdem lässt sich diese Empfindung in zahlreichen Chatrooms nachlesen, wobei es eine Frage der Prioritäten ist, was man ekliger findet, die Speise oder die Sprache. Die Unfähigkeit, eine Mehlschwitze herzustellen, geht offensichtlich mit einer gewissen Grammatikschwäche einher. Eine »Simone«, deren Nachnamen ich nicht nennen möchte, bedauert jedenfalls: »Ich koche gerne, aber 'ne Mehlschwitze hab ich noch nie wirklich gut hinbekommen, meine schmeckten alle nix. Bin gespannt auf den anderen ihre Tipps.« Und eine Frau, die sich »Paulinsche« nennt, findet »allein das Wort MehlSCHWITZE unheimlich eklig«.

Tatsächlich bedeutet das althochdeutsche Wort »sweizen«, das dem »schwitzen« zugrunde liegt, nichts anderes als »heiß machen«. Das kann sogar ich als germanistischer Laie gut nachvollziehen.[153] Die Bezeichnung »Einbrenne« macht die Soßengrundlage, um die es hier geht, auch nicht sympathischer. Sie lässt an endgültig zerstörte Topfböden und unangenehme Gerüche denken, die sich tagelang halten. Amateurköche plagt ohnehin häufig die Erinnerung an ihren ersten, ihren zweiten und ihren dritten Versuch, eine Béchamelsoße herzustellen. Bei einer Béchamelsoße handelt es sich um nichts anderes als um eine helle Mehlschwitze. »Erfunden« hat sie im 17. Jahrhundert ein Bankier namens Louis de Béchamel, der von Ludwig dem Vierzehnten nach entsprechenden Zahlungen zum Marquis de Nointal geadelt wurde. Andere behaupten, Béchamel habe lediglich die vom Grafen Philippe de Mornay (1549–1623) erfundene »Sauce Mornay« variiert und ihr seinen Namen gegeben. Als dritter Erfinder wird auch noch François-Pierre de la Varenne (1615–1678), Küchenchef am Hof Ludwigs XIV., genannt. In diesen Streit mische ich mich nicht ein. Wen's interessiert, kann es nachlesen bei Linda Stradley: *History of Sauces,* New York 2004. Darin werden als Lebens- und Sterbedaten des Marquis Béchamel 1603–1703 genannt, ein für diese Epoche unglaublich hohes Alter. Wie viele Adelige seiner Zeit, etwa der Herzog von Mayenne (1554–1611) oder der Earl of Sandwich (1718–1792), vertrieb er sich seine Zeit als Hobbykoch und verwendete seine ganze Energie darauf, seinen Namen mit einem bestimmten Gericht zu verknüpfen. Mit seinem um 1730 unter dem Pseudonym Le Bas erschienenen Büchlein »Sur l'art de cusinier«, in dem er die helle Einbrenne beschrieb, ist es ihm gelungen.

Amateurköche erinnern sich oft sehr gut daran, dass alle drei Versuche kläglich gescheitert sind. Familie, Freund oder Freundin waren so gnädig zu bemerken, das könne jedem mal passieren, und haben ihre Lasagne, ihr Hackfleisch und ihren Hummer in ihrer Not in Ketchup ertränkt. Die meisten Alltagsköche sind deshalb dazu übergegangen, Béchamelsoße aus einer Fertigpackung zu verwenden. Die gelingt immer, wenn man sich nicht ganz ganz dumm anstellt. Und beim Misslingen kann man einen großen Lebensmittelkonzern dafür verantwortlich machen.

Das Problem, mit dem Köche bei der Mehlschwitze zu kämpfen haben, besteht im Verkleben von Stärkekörnern. Bevor sie Wasser aufnehmen und damit die Soße binden, also andicken können, kann es passieren, dass sie sich zusammenrotten und unauflösbare Verbindungen eingehen. Es entstehen dann die gefürchteten Klümpchen: auf Gabel oder Löffel unästhetisch und im Mund eklig. Einige der Stärkekörnchen sind dabei rundum von ihresgleichen umhüllt und haben keine Verbindung mehr zur umgebenden Flüssigkeit. Die Stärke aus Mehl oder Kartoffeln bleibt trocken, quillt nicht, sieht unschön aus und sorgt für einen stumpfen Geschmack.

Die Stärke muss, wenn das nicht passieren soll, verteilt werden. Fachleute sprechen von »dispergieren«. Erst dann sollte sie erhitzt und damit zum Quellen gebracht werden. Zwei Methoden stehen zur Auswahl, um die Stärke zu verteilen. 1. Anrühren in kalter Flüssigkeit, 2. Anrühren in heißem Fett oder Öl. Henriette Davidis empfahl ab 1845 die Zubereitung von »Schwitzmehl« nach folgender Methode: »Man lässt 1 Eßlöffel Butter in einer Pfanne kochen [kochen?], gibt 1 Löffel Mehl hinein und rührt so lange, bis es kraus wird [kraus??] und sich hebt. Das Mehl muss gar sein [gar sein???], aber nur gelblich werden. Wasser oder Bouillon, was man dazurührt muss kochend sein [kochend sein????].«[154] Nicht gerade klar formuliert von der Kochbuchautorität. Zumindest Letzteres ist eine Mär. Siehe dazu auch den Eintrag »Bratensatz muss mit kochend heißem Wasser abgelöscht werden«. Wem das Wort Mehlschwitze Schwierigkeiten macht, der kann zu dieser schmackhaften Speise auch Béchamelsauce sagen. Für mich klingt das noch ekliger, irgendwie nach »Becher-Mehl-Soße«.

Irrtum: Mehlschwitze mit Salz klumpt nicht

Mehlschwitze, die Erfahrung habe zumindest ich gemacht, klumpt nicht. Sie klumpt nie, bei mir jedenfalls nicht. Andere machen da gegenteilige Erfahrungen und deren Frustration nehme ich ernst. Deshalb hüte ich mich, ihnen Empfehlungen zu geben, wie etwa die folgende: »Mehlschwitze für eine Soße klumpt garantiert nicht, wenn man vor dem Einrühren des Mehls etwas Salz zu der zerlassenen Butter oder Margarine gibt.« Das behaupten mehrere Internetköche. Auch Hans Peter Matkowitz und Juliana Raskin-Schmitz empfehlen das in ihrem fehlerhaften Tipp-Buch für die Küche: »Eine Prise Salz verhindert, dass die Mischung klumpt.«[155] Warum das so sein soll, erklären die beiden Tippgeber nicht. Man kann natürlich, wenn man keine Mehlschwitze, sondern nur eine Mehlsoße machen will, das Mehl in kaltem Wasser anrühren, wie es eine rheinische Mühle empfiehlt, aber auch da klumpt nichts, auch wenn kein Salz zugegeben wurde. Mehlschwitze kann dann nicht klumpen, wenn vor der Zugabe von Flüssigkeit sämtliche Mehlteilchen von Fett umschlossen sind. Jetzt zur Logik: Da Mehlschwitze, wenn sie richtig zubereitet wird, nie klumpt, klumpt sie auch nicht, wenn Salz dazugegeben wird. Merken Sie eigentlich nie, wenn man Sie veräppelt?

»Mehltonne, Weissblech, mit hellem Glaseinsatz, doppelwandigem Griff und innen vernirtem Deckel. Aussen fein lackirt mit Aufschrift ›Mehl‹«.
Natürlich klumpt Mehlschwitze nicht, wenn man Salz dazugibt, sie klumpt aber auch nicht, wenn man kein Salz dazugibt. Sie können es also machen, wie Sie wollen!

Irrtum: Mikrowellenöfen garen Speisen »von innen heraus«

Sie kennen garantiert auch jemanden, der die Verwendung eines Mikrowellenofens ablehnt, weil er keine »Strahlung« in der Küche haben möchte. Bitte begegnen Sie diesen Menschen mit viel Rücksicht. Sie wissen's einfach nicht besser, wohl aber Sie, jedenfalls jetzt:

Mikrowellen sind elektromagnetische Wellen im Frequenzbereich von 109 bis zu 2450 Megahertz (MHz). Das heißt, sie schwingen 109 bis 2450 Millionen Mal in der Sekunde. Sie werden im Mikrowellenofen im sogenannten Magnetron erzeugt; Physiker sprechen auch vom Leistungsoszillator. Treffen Mikrowellen auf Wassermoleküle, dann orientieren sich die Wassermoleküle im Mikrowellenfeld ständig um. In kürzester Zeit, bei 2,45 Gigahertz genau 4,9 Milliarden Mal (!), wird die Mikrowellenpolung geändert. Das ist sehr, sehr oft. Die Wassermoleküle müssen sich umorientieren, um kurz darauf schon wieder in eine andere Richtung getrieben zu werden. Dabei wird die elektromagnetische Energie in Wärme umgewandelt. Dabei ist es wichtig zu wissen, dass Mikrowellen Wassermoleküle nicht dazu bringen, sich aneinander zu reiben. Wassermoleküle sind keine Handflächen, die durch Reibung (Friktion) erwärmt werden können.

Was passiert, ist Folgendes: Die Moleküle im feuchten Lebensmittel richten sich wie eine Magnetnadel vorwiegend zum stärksten elektrischen Feld aus, das in ihrer Nähe ist. Das schaffen sie, selbst bei 2,45 Gigahertz. Dabei rempeln sie ihre Nachbarmoleküle an, die ihrerseits ihre Nachbarn anrempeln und so weiter. Dieses Anrempeln aber ist keine Reibung. Die Bewegung der Moleküle selbst nennt man Wärme. Der Vorgang ist, weil man ihn nicht sehen kann, für viele so schwer erklärlich, dass sie der Meinung sind, Lebensmittel würden mit dieser Technik »von innen gegart«.[156] Der Fehler bei dieser Vorstellung: Die Wellen dringen von außen nach innen in die Speisen ein. Auch in den äußeren Bereichen jeder Speise befindet sich normalerweise Wasser. Dieses wird natürlich zuerst erwärmt.

Richtig ist also: Mikrowellen erwärmen Speisen *von außen* nach innen, sofern sie überall Wasser enthalten. Mikrowellen dringen bei üblicher Stärke nicht tiefer als drei Zentimeter in wasserhaltige Speisen ein. Alles, was tiefer liegt, muss durch banale Wärmeleitung erwärmt werden. Richtig ist allerdings auch, wenn Silke Maier in ihrer Diplomarbeit schreibt, sie »dringen in das Essen ein und erwärmen dieses rasch, indem sie seine Wassermoleküle in Bewegung bringen«.[157] Wie Licht- und Radiowellen, ihre »Geschwister«, können Mikrowellen nicht von selbst um Ecken herumbiegen. Deshalb dreht man ihnen die zu erhitzenden Speisen immer zu, am einfachsten mit einem simplen Elektromotor. Lebensmittel haben aber nicht an jeder Stelle denselben Wassergehalt. Deshalb kann es zu einer ungleichmäßigen Erwärmung kommen. Um das zu vermeiden, sollte man, zur besseren Nutzung der Wärmeleitung innerhalb der jeweiligen Speise, mit möglichst *geringer* Leistung garen. Damit werden auch die »Hotspots« vermieden. Das sind wesentlich heißere Stellen gegenüber der Gesamterwärmung, die zu dem Irrtum geführt haben, Mikrowellen erhitzten Speisen von innen heraus.

Es gibt Menschen, die befürchten, durch Mikrowellen würde die molekulare Struktur der erhitzten Speisen verändert. Das wiederum führe zu einer Veränderung im aufnehmenden Organismus, also im Menschen. Beide Vermutungen kann ich bestätigen. Die Moleküle ändern sich, zwar nicht im chemischen, aber im physikalischen Sinn: Sie tanzen umeinander. Man nennt es Garen. Im Körper aber verändern die kaum noch tanzenden Moleküle so einiges. Man nennt es Nährstoffzufuhr oder schlicht: essen.

In diesem Zusammenhang muss auch über den Irrtum aufgeklärt werden, dass Mikrowellen mehr als andere Erwärmungstechniken Vitamine zerstören. Tatsache ist, dass jede Erwärmung zur Verringerung des Gesamtvitamingehalts eines Lebensmittels führt, auch wenn manche Vitamine durch das Erhitzen überhaupt erst für die

Verdauung verfügbar gemacht werden. Im Vergleich mit anderen Garmethoden schneidet die Mikrowelle allerdings positiv ab. Das gilt besonders fürs Auftauen. Außer in privaten oder gewerblichen Küchen spielen Mikrowellen auch bei der industriellen Lebensmittelherstellung eine große Rolle. Sie werden zur Trocknung von Nudeln, Pilzen, Müsli und Knäckebrot eingesetzt sowie zur Haltbarmachung von Milch, Bier und Schnittbrot. Deshalb kann auf der Packung wahrheitsgetreu und werbend vermerkt sein »ohne Konservierungsmittel hergestellt«.

Spül- und Putzlappen sind beliebte Aufenthaltsorte für Bakterien und Viren. Es ist dort warm und feucht und es gibt jede Menge zu knabbern. Ein beliebter Küchentipp ist es deshalb, diese Lappen durch kurzes »Bestrahlen« mit Mikrowellen zu sterilisieren. Und es stimmt: Nach zwei Minuten sind Bakterien und Viren tot, nach vier Minuten auch deren Sporen. Das passiert aber nicht durch die Mikrowellen, sondern schlicht und einfach durch die Hitze. Ohne dass Wasser im Spiel wäre, würden die Bakterien auch diese »Bestrahlung« überleben. Bakterien sind ungeheuer robust. Bei 99 Grad aber halten die für Mensch und Tier gefährlichen Lebewesen einfach nicht durch. Es ist also genauso möglich, Putz- und Spüllappen einfach in die Waschmaschine zur Kochwäsche zu geben oder in einem Topf auszukochen, auch wenn das nicht so schön futuristisch anmutet.

Irrtum: Milch brennt nicht an, wenn man den Topf zuvor mit kaltem Wasser ausspült

»Die Milch macht's«, behauptete jahrelang eine Werbung der CMA. Die Centrale Marketing-Gesellschaft der deutschen Agrarwirtschaft mbH trug nicht nur jahrzehntelang ein falsches »C« in ihrem

Namen, sie trug auch dazu bei, die deutschen Bauern zu spalten. Die einen fanden die Milch-, Fleisch- und Getreidewerbung hilfreich, die anderen fühlten sich durch die dafür erhobenen Zwangsabgaben bevormundet und geschröpft. Im Februar 2009 wurde die Gesellschaft deshalb nach vierzig Jahren zweifelhaften Treibens aufgelöst. Dafür war nicht weniger als ein Urteil des Bundesverfassungsgerichts nötig.

Was macht die Milch seitdem? Sie macht, was sie schon immer – auch ohne Werbung – machte: Sie verdirbt, kocht über und brennt an. Das alles riecht nicht gut und das Spülen von angebrannten Töpfen ist keine reine Freude. Noch weniger Freude macht das Saubermachen eines Herds, auf dem die übergekochte Milch ihre Spuren hinterlassen hat. Angebrannte Milch riecht für mich nach sozialem Elend. In meinem von Vorurteilen bestimmten Weltbild verbindet sich mit diesem Geruch automatisch die Vorstellung von verkorksten Familien, in denen schlecht gekocht, viel getrunken und oft geschlagen wird. Psychologen könnten mir erklären, warum das so ist, wenn ich sie darum bitten würde. Ich bitte sie aber nicht. In meiner Familie wurde gut gekocht, sehr

»Milchkanne, Milchpitsche, Weissblech, conisch, mit verzinntem Bandeisenfuss, gefüttertem Blechbügel und Handgriff, mit offenem Ausguss.«
Das Problem beim Erhitzen von Milch: Sie brennt an und/oder kocht über. Und was macht man dagegen? Aufpassen!

moderat getrunken und eine Tracht Prügel zählte zu den akzeptierten Erziehungsmaßnahmen.

Meine Oma, die fürs Kochen zuständig war, ließ nie Milch anbrennen. Ich habe das bisher darauf zurückgeführt, dass sie beim Kochen sehr aufmerksam war und außerdem einen Trick anwandte, den ich für sinnvoll hielt. Einen Topf, in dem Milch gekocht werden sollte, spülte meine Oma immer vorher einmal mit kaltem Wasser aus. Das Ritual meiner Oma ist dasselbe, das der Starkoch Witzigmann gegen das Anbrennen von Milch anwendet: »Den Milchtopf vor dem Kochen mit kaltem Wasser ausspülen. Dann bleibt die Milch so, wie sie sein soll: weiß!«[158]

Der Tipp beruht offensichtlich auf der Vorstellung, dass Kratzer und Vertiefungen im Topfboden mit Wasser aufgefüllt sind, bevor sie sich mit Milch füllen können. Die Milch würde in diesen Vertiefungen ansonsten schneller erhitzt als der Rest und hätte somit eine gute Chance, anzubrennen. Andere glauben, es würde ein »Puffer« aus Wasser, eine Art »Wasserfilm« zwischen Topfboden und Milch verbleiben. Ich habe selbst sehr lange an diesen Tipp geglaubt, weil ich mir gut vorstellen konnte, wie die mit Wasser ausgefüllten Kratzer im Topfboden nicht mehr mit Milch in Kontakt kommen können. Wasser brennt nicht an, also ist alles wunderbar.

Leider war meine Laienvorstellung von der Wunderwirkung des Wassers so wirklichkeitsfremd wie die von Herrn Witzigmann und meiner Oma. Die wenigen Tropfen Wasser, die beim Ausspülen auf dem Topfboden verbleiben, bilden nämlich keineswegs eine Pufferschicht. Sie vermischen sich unmittelbar mit der Milch, sobald sie in den Topf gegossen wird. Das wenige Wasser bildet *keinen* Schutzfilm und deshalb kann man sich die ganze Prozedur auch sparen. Um das Anbrennen von Milch zu verhindern, hilft nichts, außer ständigem Rühren und Aufpassen und auch nicht die Zauberei, die ich jetzt schildern werde.

Irrtum: Milch brennt nicht an, wenn man eine Glaskugel in den Topf legt

Eine zauberhafte Methode, für deren vollendete Wirkung man die richtigen Formeln kennen und sprechen sollte. Dabei geht es angeblich nicht einmal um Zauberei. Die Glaskugel (Murmel), so die Verfechter dieser Methode, müsse nicht besprochen werden, es zeigten sich in ihr weder Vergangenheit noch Zukunft und sie rolle auch nicht in die Richtung einer zuvor auf den Topfboden eingezeichneten Schicksalszone. Es handele sich schlicht um reine Physik. »Lamagoes«, das Internet-Pseudonym eines Ratgebers, der gerne anonym bleiben möchte, gibt für diesen Anti-Anbrenn-Tipp sogar eine Garantie: »So, nach dem Lesen aller tollen Hinweise hier meiner und darauf gebe ich Garantie, denn es ist ein physikalisches Gesetz. Lege in deinen Milchtopf eine Kugel (Glaskugel die es damals als Murmeln gab geht auch), sie sollte schon 1–2 Daumenkuppengroß sein. Die Kugel wird durch die Wärme in Bewegung gesetzt und dadurch das Anbrennen der Milch verhindert. Hey, das hat schon mein Opa gemacht und es klappt.«

Hey, das habe ich dann auch einmal gemacht und es klappt überhaupt nicht! Andere empfehlen, ein »Kläpperle« auf den Topfboden zu legen. Das ist eine kleine Porzellan- oder Tonscherbe auf dem Boden des Topfs. Die verhindert zwar nicht, dass die Milch anbrennt, aber man hört, wenn man nicht von vielen anderen Geräuschen abgelenkt wird, dass die Milch zu sieden anfängt und kann sie vom Herd nehmen. Wer es partout nicht schafft, Milch zu erhitzen, ohne dass sie anbrennt, der besorge sich einen doppelwandigen Milchkochtopf. Darin brennt, weil das Wasser im Zwischenraum nicht heißer als hundert Grad werden kann, garantiert nichts an.

Irrtum: Milch kocht nicht über, wenn man verschiedene Zauberregeln befolgt

Nach dem Anbrennen ist das Überkochen von Milch und wie man es verhindert ein weiterer Dauerbrenner unter den Küchentipps. Der Autor Heinz Strunk hat eine hervorragende Technik auf Lager, um seinen öden Alltag aufzupeppen: »Wenn mir langweilig ist, lass ich manchmal die Milch überkochen.«[159] Langweilig wird seinem Protagonisten Jürgen Dose vor allem deshalb nicht, weil es scheußlich riecht, wenn die Milch überkocht und auf dem Herd verdampft. Eine mühsame Reinigungsprozedur ist die notwendige Folge. Auch dazu, wie diese Reinigung effektiv durchzuführen ist, gibt es zahlreiche Tipps, etwa mit oder ohne Spülmittel (also einer Lauge), mit oder ohne Essig (also einer Säure), mit oder ohne Natron (einer etwas stärkeren Lauge), mit Mineralwasser (einer schwachen Säure) oder Salz (einer schwachen Lauge).

Viel häufiger aber wird von Küchenprofis und Alltagsköchen darüber gefachsimpelt, wie das Überkochen von Milch überhaupt zu vermeiden ist. Wenn ich es nicht selbst im Bekanntenkreis, in Kochbüchern und Internetforen recherchiert hätte, würde ich die folgenden Empfehlungen als skurrile Fantasien dieses Ludger Fischer abtun. Zum Beispiel diese, die garantiert nicht funktioniert: »Damit die Milch nicht überkocht, legen Sie einen silbernen Löffel über den Topf.« Alternativ dazu hilft auch ein Holzlöffel *nicht*. Wirkungslos ist auch folgende Prozedur: »Bestreichen Sie den Boden des Topfs mit Butter.« Sehr unnötig auch diese rituelle Beigabe: »Geben Sie einfach einen Teelöffel Zucker zur Milch, dann kocht sie nicht über.«[160]

Gehen wir stattdessen der Frage nach, warum die Milch überhaupt überkocht. Ursache dafür ist die Haut, die sich auf der erhitzten Milch bildet. Milch ist eine natürliche Emulsion. Emulsionen bestehen aus zwei Phasen, nämlich Wasser und Fett, die normalerweise untereinander nicht mischbar sind. Bei Milch hat es die Natur geschafft, diese beiden Phasen in Brust oder Euter trotzdem zu dispergieren, das heißt, sie sind eben *doch* miteinander vermischt. Beim Kochen trennen sich die vermischten (dispergierten) Phasen teilweise wieder. Das Fett steigt, weil es leichter ist, mit seinen Eiweißen (Proteinen) an die Oberfläche. Diese Eiweißschicht verklumpt (koaguliert) schon bei 74 Grad. Es bildet sich die vielfach gehasste Haut. Die darunter abgeschlossene Milch erhitzt sich umso schneller und hebt diese Haut plötzlich an. Der Vorgang geht so schnell, dass man genau in dieser Sekunde den Topf vom Herd ziehen oder die Bildung der Haut durch fortgesetztes Schlagen mit dem Schneebesen verhindern muss.

Auch gegen das Überkochen von Milch gibt es, außer den bereits genannten, zahlreiche weitere Zaubertricks, die, wenn man wirklich an sie glaubt, funktionieren – sonst aber nicht:

a) Eine Porzellan- oder Tonscherbe oder einen leichten Teelöffel mit in den Kochtopf geben. Der Trick wird auch gegen das Anbrennen von Milch empfohlen und verhindert beides *nicht.*
b) Den Deckel eines Schraubglases mit in den Topf geben. Eine Variation des Porzellanscherben-Tricks und genauso wirkungslos.
c) Wenn der Topf oben breiter ist als unten (also konisch), kocht die Milch nicht über. Ich kenne kaum Töpfe, die nach oben hin deutlich breiter werden. Ein deutscher Topfhersteller bewirbt seine leicht konischen Töpfe lediglich mit dem Argument, dass sie bei gleicher Bodengröße ideal stapelbar seien. Ich bin sicher, er würde den Vorteil der nicht überschäumenden Milch nennen, wenn es ihn wirklich gäbe. Die Vorstellung geht offensichtlich davon aus, dass die Haut, während sie sich hebt, am Rand jeweils von einer kleinen hautfreien Zone umgeben ist, die ein Ansteigen der Milch verhindert.
d) Einen Teelöffel Zucker mitkochen. Auch dieser Trick taucht im Zusammenhang mit dem Anbrennen auf und verhindert beides *nicht.*

e) Eine Prise Salz in die Milch geben. Chemisch-physikalische Begründung: keine.

Was gegen das Überkochen der Milch tatsächlich und, ohne daran zu glauben, hilft, wenn auch nicht lange, ist das Einreiben des Topfrands mit Butter. Der Grund: Die Butter bildet eine zusätzliche Kaseinreserve. Die Milchhaut muss vor weiterem Ansteigen erst einmal die Fette der Butter integrieren. Es funktioniert, wie gesagt, aber es funktioniert nicht gut.

Irrtum: Milchfreier Kaffeeweißer enthält keine Milch

Kaffeeweißer ist ein ähnliches Kunstprodukt, wie Analog»käse«, bloß scheint sich darüber – anders als beim Analog»käse« – niemand aufregen zu wollen. In Kaffee-Münzautomaten kann man keinen Milchkaffee wählen. Stattdessen gibt es eine Taste für »Kaffee weiß«. So schlau sind die Automatenaufsteller auch, dass sie möglichen Prozessen wegen falscher Deklarierung von Anfang an die Grundlage entziehen. »Kaffee weiß« ist juristisch vollkommen korrekt, auch wenn er eigentlich ja eher hellbraun aussieht. Wie er im Gegensatz zu »Kaffee schwarz« weiß gemacht wird, scheint die Automatenkaffeetrinker nicht zu interessieren.

Kaffeeweißer besteht normalerweise zur Hälfte aus Glukosesirup, zudem aus Pflanzenfett, Zucker und Natriumkaseinat. Obwohl dieses Natriumkaseinat aus Milch hergestellt wird, gilt es in englischsprachigen Ländern nicht als Milchprodukt. Es gilt sogar als Nichtmilchprodukt. Man frage dort nach, weshalb. Engländer und Amerikaner nennen das Produkt »nondairy creamer«. Veganer haben das natürlich bemerkt und mäkeln an dieser Bezeichnung herum. Kaffeeweißer kann nämlich auch bis zu 20 Prozent Milchfett

»Kaffeemühle mit lackirtem Blechkasten, broncirtem Deckel, emaillirtem Trichter und 1a geschmiedetem Werk.«
Wer seinen Kaffee in so einer Mühle mahlt, weiß wahrscheinlich nicht einmal, was Kaffeeweißer ist.

und Milchzucker enthalten. Im kontinentalen Europa ist das sogar ein üblicher Bestandteil. Somit enthält Kaffeeweißer durchaus Milch beziehungsweise aus Milch hergestellte Komponenten.

Außerdem sind in einem typischen in Deutschland verkauften Produkt auch noch der Stabilisator E 340 (Kaliumphosphat), das Trennmittel E 551 (Siliciumdioxid), der Emulgator E 471 (Mono- und Diglyceride von Speisefettsäuren) und der Farbstoff E 160a (Beta Carotin) enthalten. Alle diese Stoffe werden synthetisch hergestellt. Unerwünschte Nebenwirkungen sind keine bekannt. Es gibt allerdings Menschen, die behaupten, sie seien süchtig nach Kaffeeweißer. Ich vermute, sie wollen sich nur interessant machen – wohl ein ähnliches Suchtphänomen wie beim »stillen Wasser«, ohne das Großstädter neuerdings nirgendwohin gehen, weil sie befürchten, zu dehydrieren.

Irrtum: Muscheln kann man nur in Monaten mit »R« essen

In Brüssel kann man das ganze Jahr über Muscheln essen: auch im sonnigen Mai, in den warmen Monaten Juni und Juli und im heißen August (den Monaten ohne »R«). In allen anderen Monaten sowieso.

Nicht nur in Brüssel, mittlerweile auch in Paris und in anderen Städten in Belgien und Frankreich werden das ganze Jahr über »Moules« serviert, bevorzugt in Kombination mit den beliebten Pommes frites als »Moules aux frites«. Eine Restaurantkette, die aus einer 1893 gegründeten Pommes-frites-Braterei hervorging, macht's möglich. Sie verarbeitet sechs Tonnen Muscheln täglich (täglich!) und kann dadurch immer frische Ware garantieren, auch im Sommer.

In ganz Europa werden jährlich etwa 300 000 Tonnen Muscheln verzehrt. Die Muscheln werden spätestens 48 Stunden nach dem Fischen serviert. Ja, auch das Aufsammeln von Muscheln nennt man Fischen, auch wenn gelegentlich das Wort »Ernten« verwendet wird. Wir sprechen hier übrigens nur über Miesmuscheln (Mytilus), auch Pfahlmuscheln genannt, nicht über Jacobsmuscheln, Klaffmuscheln, Venusmuscheln, Austern oder andere ebenfalls auf Tellern landende Muschelsorten. Gekühlter Transport und kühle Lagerung machen es möglich, heute auch bei geringerem Umsatz Muscheln anzubieten. Da eine ausgefeilte Logistik nötig ist, um die lebenden Muscheln innerhalb von 48 Stunden von den Wasserkulturen in der Nordsee aus auf den Teller zu bringen, hält sich das Angebot in Deutschland allerdings in Grenzen.

Behauptungen, dass Muscheln nur in den Wintermonaten eine ausreichende Größe erlangen, entbehren jeder Grundlage, da Muscheln ohnehin zwei bis drei Jahre alt werden müssen, um Verzehrgröße zu haben. Eine andere Begründung für die Empfehlung, im Sommer keine Muscheln zu essen, hängt mit deren Vermehrungsverhalten zusammen. Miesmuscheln laichen im Mai. Nach diesem Vorgang fehlen ihnen angeblich die »Geschlechtszellen«, außerdem seien sie danach sowieso ziemlich abgemagert, »ausgepowert«, formuliert es Professor Friedrich Buchholz von der Biologischen Anstalt Helgoland und gibt damit eine weitere Erklärung für die R-Regel.[161]

In einer anderen Erklärung wird behauptet, dass die im Sommer auftretenden giftigen Algen einem Verzehr entgegenstehen.

Muscheln ernähren sich unter anderem von Algen. Jede einzelne filtert pro Stunde zwei Liter Meerwasser. Das im Sommer verstärkte Gift dieser Algen konzentriert sich also in den Muscheln. Die sogenannte Algenblüte wird durch Dinoflagellaten hervorgerufen: »Dann reichern die Muscheln das für den Menschen gefährliche Gift dieser ›Dinos‹ an. Inzwischen versucht man durch vorsorgliche Rückstandskontrollen die Gefahr zu bannen.«[162] Offensichtlich mit Erfolg, wie man an dem belgischen Beispiel erkennen kann. Sowohl die Anreicherung des Wassers mit diesem Algengift als auch die Muscheln selbst werden ständig auf ihren Schadstoffgehalt überprüft. »Chefkoch Norbert« war ohnehin der Meinung: »Muscheln, die aus sauberen Gewässern kommen, kann man vom 1. Januar–31 Dezember genießen, das kann ich als alter Bretagne-Fan blind unterschreiben.« Sein Blog ist nicht mehr aktiv. Hallo, Norbert! Ist Dir eine Muschel nicht bekommen?

Irrtum: Natron ist ein universeller Küchenhelfer

Christian Holste tupft sich täglich Natron unter die Achseln. Er ist Hersteller des in Deutschland bekanntesten Natron-Markenprodukts. Das mit dem Tupfen unter die Achseln macht er mit einem Schwämmchen und schwört darauf, dass er seinen Mitmenschen auch im Hochsommer nicht unangenehm auffällt. Die Neutralisierung von Körpergerüchen durch Natron führt er darauf zurück, dass es überschüssige Säure neutralisiere. Wo andere von einem Säureschutzmantel der Haut sprechen, geht Holste also von einem Basenschutzmantel aus. Schweiß enthält die geruchsintensive Buttersäure. Durch Natron wird diese Säure und damit auch der Geruch neutralisiert.

Für Natron hat Christian Holste noch einige andere Verwendungen auf Lager: Wenn man etwas Natron ins Wasser gibt, behält

Gemüse beim Kochen seine Farbe. Gemüse ist mit zugegebenem Natron bekömmlicher. Unangenehme Kochgerüche werden durch Natron gemildert. Eiklar lässt sich nach Zugabe von Natron leichter zu Eischnee aufschlagen. Kohl und Hülsenfrüchte werden schneller weich. Natron hilft bei Sodbrennen. Natron verhindert Aufstoßen. All das wird mit jeweils einer Messerspitze Natron bewirkt. Eine Messerspitze ist, um die Pedanten zu beruhigen, etwa ein Viertel Gramm. Natron scheint ein reines Wundermittel zu sein. Sollten wir nicht einfach immer und überall Natron verwenden? Christian Holste sähe das sicher gerne, er verdient sein Geld damit. Und ein großer Schaden würde auch nicht entstehen.

Chemiker nennen die Substanz Natriumhydrogenkarbonat ($NaHCO_3$). Was Natron wirklich macht, ist Folgendes: Natron ist schwach alkalisch oder basisch. Basen sind das Gegenteil von Säuren. Natron neutralisiert deshalb Säuren in dem Maß, in dem sie zuvor vorhanden waren. Aber nun zu den einzelnen Wirkungsweisen von Natron: Warum erhält Natron die grüne Farbe von Erbsen und Bohnen? Das Grün von Gemüsen heißt Chlorophyll (E 140. Ja, auch natürliche Stoffe haben eine E-Nummer). Es entsteht bei der Photosynthese beim Wachsen der Pflanzen durch Sonneneinstrahlung. Im Zentrum des Chlorophyll-Moleküls sitzt ein Magnesiumion. Durch Säure wird das Magnesiumion verdrängt und die grüne Farbe geht verloren. Weil viele Gemüse selbst Spuren von Säuren enthalten, die beim Kochen gelöst werden, verlieren sie dabei automatisch die grüne Farbe. Die schönen grünen Erbsen werden zu einer unansehnlichen grauen Pampe. Durch Zugabe von Natron lässt sich dieser Effekt verringern oder ganz ausschalten. Außerdem wird die Garzeit deutlich verringert und die Verdaulichkeit verbessert.

Warum werden Gerüche, unter anderem Kochgerüche, durch Natron verringert? Die geruchsbindende Wirkung beruht vorwiegend auf der großen Oberfläche der Natronteilchen. Hinzu kommt eine Neutralisierung von Säuren (Buttersäure, Milchsäure). Gegen andere strenge Gerüche wirkt Natron einfach *nicht*. Warum lässt sich Eischnee leichter aufschlagen? Natron verringert den pH-Wert des Eiklars. Diese »künstliche Alterung« führt tatsächlich zu einem schnelleren Steifwerden des Eischnees. Warum wird Karamellmasse lockerer? Die Wirkung beruht auf der durch Natron gebildeten Kohlensäure. Die Bläschen lockern, wie beim Backen, die Masse auf.

Da Natron Säuren neutralisiert, ruft es die Vitaminerhaltungsfraktion auf den Plan. HALT! schallt es von dort, Natron zerstört doch das wertvolle Vitamin C! Tatsächlich passiert Folgendes: Natron neutralisiert die Ascorbinsäure, das angeblich so wertvolle Vitamin C. Im Magen wird dieser Vorgang durch die dort vorhandene Salzsäure wieder rückgängig gemacht und die Ascorbinsäure wieder freigesetzt. Außerdem besteht an Vitamin C in Mitteleuropa durchaus kein Mangel. Es gibt also keinen Grund, weshalb Sie graue Erbsen essen sollten. Wegen der teilweisen Neutralisierung von B-Vitaminen durch Backpulver, das auch vorwiegend Natriumhydrogenkarbonat enthält, empfehlen Vitaminjunkies, auch beim Backen kein oder wenig Backpulver zu benutzen. »Wenn es möglich ist, sollte man Hefe als Backmittel für Frühstücksbrot, Pfannkuchen und Brötchen nehmen.«[163] Mit Hefe aber erhält man völlig andere Backwaren und wer will schon immer Hefeteilchen essen? Natron ist also kein universeller Küchenhelfer, sondern einer, der gezielt eingesetzt werden muss.

Irrtum: Niedriger Luftdruck lässt Aromen stärker zur Geltung kommen

Das Gegenteil vom Kochen mit erhöhtem Druck: Kochen mit verringertem Druck. Hier handelt es sich um einen moderneren Küchenirrtum, der aus der molekularen Gastronomie kommt. Man stelle sich den Aufwand vor: Sie begeben sich mit einigen Materialkoffern, gefüllt mit Küchengerätschaften und frischen Rohstoffen, ins Hochgebirge auf wenigstens 8000 Meter Höhe. Das schaffen Sie! Das haben schon ganz andere geschafft. Dort herrscht ein Luftdruck von 0,4 Bar, bei dem Wasser nicht heißer als 74 Grad werden kann. Wenn Sie weniger sportlich sind, reicht auch ein Aufstieg auf den Montblanc (4809 Meter), auf dem bei einem Luftdruck von 0,5 Bar das Wasser immerhin schon bei 84 Grad siedet.[164] Sie installieren also auf dem Berggipfel Ihrer Wahl Ihre Küche und bereiten das aromatischste Menü Ihres Lebens zu, vorausgesetzt, die frischen Rohstoffe sind nach den Strapazen des Aufstiegs noch als Lebensmittel erkennbar. Kosten für die ideale Hochgebirgsexpedition im Himalaja: etwa 7800 Euro + 7500Euro Besteigungsgenehmigung = 15 300 Euro.

Es geht aber auch etwas weniger aufwendig, allerdings mit etwas Trinkwasserverschwendung: Von einem Drucktopf älterer Bauart wird das Sicherheitsventil entfernt. Bei neueren Modellen ist das kaum möglich. An die jetzt offene Stelle wird ein wenigstens 1 Meter langer Plastikschlauch angeschlossen, der zum Wasserhahn führt. Dort ist ebenfalls eine Sonderkonstruktion angebracht, nämlich eine im Laborbedarfshandel erhältliche Wasserstrahlpumpe, die im Drucktopf einen leichten Unterdruck erzeugt. Kosten für die Wasserstrahlpumpeninstallation: zerstörter Drucktopf: 200 Euro, Wasserstrahlpumpe der billigsten Bauart: 45 Euro. Der Wasserverbrauch pro Gericht (200–600 l/h) fällt bei 1,42 Euro/Kubikmeter finanziell nicht einmal ins Gewicht. Er liegt bei 0,28–0,85 Euro. Das Ergebnis in beiden Fällen, im Gebirge und in der zum Labor umgebauten Küche: Ein für die meisten Menschen sicher nicht wahrnehmbarer Geschmacksunterschied. Es entwickeln sich Aromen, für die kaum einem menschlichen Wesen ein Sensorium zur Verfügung steht. Ich habe keinen der beiden Versuche unternommen. Mein Urteil gründet daher auf reiner Spekulation.

Der Physiker und Molekularkoch Nicholas Kurti war auch nicht im Hochgebirge, er hat aber die beschriebene Versuchsanordnung mit der Wasserstrahlpumpe entwickelt, diese auch getestet und schwört auf den »anderen« Geschmack.[165] Die Theorie beruht auf der schonenden Zubereitung bei niedrigen Temperaturen. Eine Speise, die nicht mit voller Hitze, also bei nahezu 100 Grad gekocht werden kann, entwickelt bei längeren Kochzeiten andere Aromen als eine schnell gegarte. Die Behauptung ist nachvollziehbar. Nicht nachvollziehbar ist die Art der Aromen, die bei dieser Garmethode entstehen sollen. Leicht zu überprüfen sind dagegen die Aromen, die entstehen, wenn man einen Druckkochtopf in der Weise verwendet, für die er ursprünglich gedacht war. Nach meinem Geschmack ist eine Aromenveränderung kaum zu bemerken. Will man Speisen aber scheinbar schonender und so zubereiten, dass eine stärkere Bildung von Aromen provoziert wird, frage ich mich, warum man nicht einfach den Temperaturregler am Herd nutzt. Nicht immer gibt das, was als »molekulare Gastronomie« derzeit Mode ist, tatsächlich Aufschluss über tatsächliche molekulare Vorgänge der Nahrungszubereitung.

Irrtum: Nudeln dürfen nur in Salzwasser gekocht werden

Ein weiterer Glaubenskrieg ist um das Salzen des Nudelkochwassers entbrannt. Ein großer italienischer Nudelhersteller meint, seinen Kunden empfehlen zu müssen: »Wenn man das Wasser zu spät salzt, dringt das Salz nicht richtig in den Teig der Pasta ein, während ein vorzeitiges Salzen den Siedepunkt des Wassers *erhöht* und so die Zubereitungszeit verlängert.«[166]

Richtig und in jedem Physikbuch nachzulesen ist, dass Salz den Siedepunkt des Wassers erhöht. Das ist eines der »Raoultschen Gesetze«. Als Raoultsches Gesetz werden verschiedene auf François Marie Raoult zurückgehende Gesetzmäßigkeiten der

Thermodynamik bezeichnet. Was beim Salzen von Wasser allerdings *sinkt*, ist die spezifische Wärmekapazität. Man braucht pro Gramm weniger Energie, um die Lösung aufzuheizen. Ein Esslöffel Salz (20 Gramm) auf fünf Liter Nudelkochwasser erhöht den Siedepunkt um zwölf Hundertstel von einem Grad. Ein Salz-Wasser-Gemisch lässt sich also unwesentlich schneller auf 100 Grad bringen als bloßes Wasser. Salzwasser kocht zwar erst bei 100,1 oder 100,2 Grad, hat also einen nur geringfügig höheren Siedepunkt, aber insgesamt bleibt ein winziger energetischer Vorteil, wenn das Salz gleich am Anfang zugegeben wird. Die Zubereitungszeit wird davon aber überhaupt nicht beeinflusst, es sei denn, man rechnet in Millisekunden.

In die Nudeln dringt auch tatsächlich ein Bruchteil des Salzes ein, das dem Wasser zugegeben wird. Allerdings ist für den leicht salzigen Geschmack vorwiegend das Salz verantwortlich, das beim Abgießen als feine Salzkruste auf den Nudeln verbleibt. Die Frage, ob es auch reicht, Nudeln nach dem Kochen und Abgießen zu salzen, kann leicht beantwortet werden: Ja. Das Salzen des Wassers hat allerdings den unschlagbaren Vorteil, dass man die Nudeln praktisch nicht versalzen kann. Egal, wie viel Salz man ins Kochwasser gibt, es bleibt nur so viel Salz an den Nudeln, wie das allerletzte Abtropfwasser enthält, das dann verdunstet und die einzelnen Nudeln mit einer hauchdünnen Salzkruste versieht. Nur bei einer gnadenlos erhöhten Salzkonzentration würde sich daran etwas ändern.

In einem Film, der 2005 im *WDR*-Fernsehen ausgestrahlt wurde gingen Thomas Kutschker und Axel Bach der Frage nach, »Wann sollte man das Salz dazugeben, damit die Nudeln schneller gar werden?«[167] Sie stellten 700 Milliliter Wasser einmal ohne Salz, einmal mit zehn und einmal mit 80 Gramm Kochsalz auf. Das Wasser ohne Salz siedete bei 99,0 Grad. Der Test wurde offensichtlich während einer Tiefdrucksituation gemacht. Das Wasser mit 10 Gramm Salz siedete bei 99,3 Grad und das mit 80 Gramm Salz bei 101,3 Grad. Der Siedepunkt von einem Liter erhöht sich also um etwa 0,5 Grad, wenn darin ein Mol gelöst ist. Ein Mol ist die Stoffmenge eines Systems, das aus ebenso viel Einzelteilchen (Atomen, Molekülen, Ionen usw.) besteht, wie Atome in zwölf Gramm des Kohlenstoff-Nuklids ^{12}C enthalten sind. In einem Mol sind nämlich $6{,}022 \times 10^{23}$ Einzelteilchen. Alles klar? Ich muss gestehen, mir nicht. Für die alltägliche Kochpraxis bedeutet das: Geben Sie Salz zum Nudelwasser, wann immer Sie möchten, aber geben Sie Salz hinzu, denn sonst schmecken die Nudeln nach gar nichts.

Irrtum: Nudeln müssen »al dente« gekocht werden

Ein weit verbreiteter Irrtum! Geben Sie's getrost zu: Sie waren bisher auch dieser Meinung. Dieser Irrtum wird in Deutschland seit etwa vierzig Jahren verbreitet. Seitdem üben sich Genießer und solche, die dafür gehalten werden möchten, in Disziplin. Sie verspeisen Nudeln, die noch nicht gar sind. Dabei schwärmen sie, diese nicht ausreichend gegarten Nudeln hätten wenigstens noch Biss und seien nicht so ekelhaft weichgekocht, wie man es hierzulande bisher gemacht habe. »Al dente« übersetzen sie mit »bissfest« und meinen doch nur »halbgar«. Der Begriff macht, so ähnlich wie der Irrtum der angeblich eierfreien italienischen Nudeln, vor allem in Deutschland die Runde.

Google gibt hier derzeit über 63 100 000 Fundstellen für »al dente« an. Wechselt man zur italienischen Version der Suchmaschine, werden gerade einmal 646 000 Einträge angekündigt. Die Erklärung dafür ist leicht: »Al dente« heißt im Italienischen eher so etwas wie »gar« und keineswegs »bissfest«. Was sollte das auch bedeuten, wenn man von frisch zubereiteter Pasta ausgeht? Aber auch Italiener kochen selbstverständlich vorwiegend Trockennudeln – und das in den skurrilsten Varianten. Ich kenne viele Italiener, aber keiner versucht, wie es in Deutschland mittlerweile üblich ist, diese Trockennudeln halbgar zu verspeisen. Kinder machen sich einen Spaß daraus, rohe Spaghetti in den Mund zu nehmen, an ihrer Nase zu drehen und gleichzeitig auf den Spaghetti zu kauen. Ein fürchterliches Geräusch, zumal man seine Ursache im Nasedrehen vermutet. Das, und nur das ist wirklich »al dente«!

Irrtum: Nudeln müssen in sprudelnd heißes Wasser gegeben werden

»Was machst duuu denn da?« Das Entsetzen meiner Frau war nicht gespielt. Ich hatte die Nudeln in kaltem Wasser aufgesetzt. Jetzt ließ ich sie bei leichter Hitze, allenfalls 80 Grad, mit schräg aufgelegtem Topfdeckel garen. Meine Frau prophezeite matschige Nudeln, nicht gar, alle aneinanderpappend. Ich werde schon sehen. Nudeln, erklärte sie mir, müssen in *kochendes* Wasser gegeben werden, während der ganzen Garzeit müsse das Wasser *sprudeln* und einen Deckel dürfe man *auf keinen Fall* auf den Topf legen. »Das weiß doch jedes Kind!« Sie hatte recht.

Diese wenigen Nudelkochweisheiten – eine Kunst ist es ja wirklich nicht, Nudeln zu kochen – werden seit Generationen überliefert. Bei Kochkursen für Kinder stehen sie an erster Stelle. Heute werden solche Tipps auch in Chatrooms und Internet-Küchenforen weitergegeben, zum Teil sogar in solchen, die sich, wie ein Forum für alle Berufsgruppen der Tiermedizin, um anderes kümmern sollten, darunter auch um die Rechtschreibung: »nudeln in kaltem wasser aufgesetzt werden zb nie richtig aldente, auch immer die wassermenge beim kochen beachten, sie sollen kochen und nicht dünsten.« Man versteht trotz offensichtlicher Lese-Rechtschreib-Schwäche des Autors, was er empfehlen möchte. Ein Mensch, der sich selbst als »Besserwisser« bezeichnet, weiß zum Thema Nudeln aber auch nichts Besseres als dies: »Wenn Nudeln in kaltes Wasser gegeben werden, nehmen sie schon Wasser auf und quellen, bevor sie eigentlich gekocht werden. Bis das Wasser dann heiß ist, sind die Nudeln schon labbrig. Daher auch immer richtig viel Wasser nehmen, damit die Nudeln das heiße Wasser nicht allzu sehr abkühlen können.«[168]

Mich interessierte, ob diese und andere Nudelweisheiten tatsächlich auf Notwendigkeiten beruhen oder vielmehr auf Missverständnissen, Irrtümern, unbegründeten Traditionen, alten Kochtechniken oder was auch immer. Und ich fand heraus: Die auch von mir bisher geglaubten Nudeldogmen stammen offensichtlich aus einer Zeit, in der Nudeln noch meistens frisch zubereitet wurden. Manche Regel hat hier durchaus einen Sinn. Beim Zubereiten dessen, was man heutzutage vorwiegend als Nudeln bezeichnet, sind sie dagegen völlig überflüssig. Trockennudeln sind neben der Erbswurst eines der am frühesten entwickelten Fertiggerichte.

Trockennudeln wurden angeblich im 13. Jahrhundert für süditalienische Schiffsmannschaften entwickelt. Das klingt plausibel. Trockennudeln bilden die Nahrungsgrundlage für unzählige Faulpelze, zu denen auch ich mich zähle. Wasser erhitzen, Nudeln reinkippen, zehn Minuten warten, währenddessen eine Fertigsoße erhitzen, beides zusammen servieren, essen. Eine Idealspeise auch für Hektiker, die glauben, sie könnten während der Essenszubereitung irgendetwas anderes verpassen und würden ihre Zeit mit Kartoffelschälen oder Nudelteigzubereitung verplempern. Dass jede Minute des Kochens eine Steigerung der Lebensqualität bedeutet, wird den Kochmuffeln nicht einleuchten.

Nudelhersteller haben den Trend erkannt und bemühen sich, die Quellzeit für Nudeln noch weiter zu verringern. Die Dreiminutennudel ist schon zu kaufen, die Fünfsekundennudel, die nur mit kochendem Wasser übergossen werden muss, ist auch schon erfunden. Sie befindet sich in Fertigsuppen für ganz, ganz Eilige. Die Nudel wird in einem Vakuum getrocknet, um einen fest definierten Anteil für die eingeschlossene Luft zu erhalten. Das ist nötig, um ihr eine optimale Schwimmfähigkeit zu geben, nicht zu viel, damit sie nicht an der Oberfläche der Suppe schwimmt, nicht zu wenig, damit sie nicht auf den Boden des Plastiknapfs sinkt. Nachdem sie anschließend mit Wasserdampf vorgegart wurde, wird die Instantnudel in Mikrowellen und Heißluft getrocknet. Solche Nudeln sind ungeheuer tolerant gegenüber Erhitzungszeiten. Dasselbe gilt für Restaurantnudeln, die allerdings, anders als die Instantnudeln, eine große Toleranz beim Warmhalten aufweisen. Dazu werden sie mit Natriumdiphosphat und Dikaliummonophosphat behandelt. Durch Emulgatoren, Bindemittel und Ascorbinsäure wird den Nudeln keine Chance mehr gegeben, auf den Tellern pappig zu werden.[169]

Zurück zur Privatküche: Nudeln müssen tatsächlich nicht bei hoher Temperatur garen. Die enthaltenen Eiweiße (Proteine) Gliadin und Glutenin nehmen schon bei etwa 60 Grad Wasser auf und nur darum geht es bei der Zubereitung. In der Nudelfabrik wird der Nudelteig zubereitet- ob mit oder ohne Ei ist eine Frage der Ideologie. Die Masse wird in tausenderlei Formen gebracht und anschließend getrocknet. Legt man Nudeln in kaltes Wasser, quellen sie, die Masse kann zwar nicht gegessen werden, aber man kann sie mit einer Gabel zerdrücken und in jede beliebige neue Form bringen. Ein Trick für Faule, die »handgemachte Nudeln« servieren möchten.

Der Vorteil für die Verbraucher, den es schon seit Jahrhunderten gibt: Nudeln sind fast unbegrenzt haltbar und deshalb immer vorrätig zu halten. Für den Erfolg von Nudeln in der modernen Küche ist auch ihre geschmackliche Neutralität verantwortlich. Nudeln schmecken nach fast gar nichts. Sie sind deshalb die idealen Träger für die leckersten Soßen. Vielleicht wollen Sie sich jetzt hinsetzen, um einen empörten Leserbrief zu schreiben, in dem Sie mir erklären, dass Sie sich ein halbes Jahrhundert an die goldene Nudelkochregel gehalten und immer beste Ergebnisse erzielt haben und das auch ein weiteres halbes Jahrhundert zu tun gedenken – um mir im Gegenzug nachzuweisen, dass ich vom Nudelkochen nicht das Geringste verstehe und von allem anderen wahrscheinlich auch nicht. Lassen

Sie es! Nutzen Sie die Zeit lieber, um ein einziges Mal Nudeln auf die oben beschriebene einfache Weise zuzubereiten. Sie werden sehen: Es klappt!

Ich habe meine Beobachtung einmal im Kreis italienischer Handwerker zum Besten gegeben. Das war ein Fehler. Ihre jeweilige Mamma (die jeweils beste Mamma der Welt, womit Italiener keinerlei ontologische Schwierigkeiten haben) bereite die Pasta immer so zu, wie sie seit Menschengedenken zubereitet werde: in sprudelndem, gesalzenem Wasser, ohne Deckel und natürlich nur so lange, bis sie noch knapp bissfest ist. Meine neumodische Pastamethode könne gar nicht funktionieren, sonst hätten ihre Mammas das doch gewusst, behaupteten meine Gesprächsgegner. Mein Beitrag zur Kochtechnik wurde als persönlicher Angriff auf sieben Mammas gewertet und ich wundere mich bis heute, dass ich nicht mit einem Betonklotz an den Füßen auf dem Grund des Tibers landete.

Irrtum: Nudeln schmecken am besten selbstgemacht

Was halten Sie denn von so einer schicken Nudelmaschine? Ich finde die prima! Hochglänzend, formschön, zu nichts anderem zu gebrauchen als zum Nudelteigwalzen und – ganz wichtig für den Kultstatus – mit einer Kurbel dran. Ohne Kurbel dran haben Nudelmaschinen nämlich einen Elektromotor und werden im professionellen Rahmen eingesetzt. Das verringert den Kulteffekt erheblich. Wenn Sie selbst keine Nudelmaschine haben, fragen Sie mal ein bisschen rum. Irgendjemand in Ihrem Bekanntenkreis hat doch sicher so eine Handkurbel-Nudelmaschine in der Küche stehen. Haben Sie mal gewagt zu fragen, wie oft die Bekannten oder Freunde dieses Gerät bisher verwendet haben? Wahrscheinlich haben Sie ausweichende Antworten erhalten: »Du, immer mal wieder, einfach, wenn wir Lust drauf haben, weißt du«, oder »Na ja, in letzter Zeit eigentlich weniger, wir kommen kaum noch dazu«. Ihren Zweck erfüllt die Nudelmaschine bei diesen Bekannten trotzdem. So eine Nudelmaschine sieht einfach enorm gut aus. Deshalb ist ihr eigentlicher Zweck auch der, ihre Besitzer als Feinschmecker auszuweisen. Sie hat eher eine symbolische Funktion. Tatsächlich wird so ein Gerät nach meiner Erfahrung maximal zwei- bis dreimal benutzt. Einmal hatte der Teig sogar die richtige Konsistenz und ist nicht durchgeflossen und nicht an den Walzen kleben geblieben. Nach diesen wenigen Experimenten verstaubt und verfettet das Maschinchen in der Küchenluft. Das liegt daran, dass die Herstellung von Nudeln mit so einer Maschine etwa ein Viertel der Zeit kostet, die man für das Saubermachen der Maschine braucht. Das hat die Nudelmaschine mit vielen anderen, »enorm praktischen« Küchengeräten gemeinsam.

Und mit dem Geschmack der damit zubereiteten Nudeln ist es auch so eine Sache. Wahrscheinlich schmecken sie sogar besser als Trockennudeln. Das liegt aber sehr wahrscheinlich daran, dass solche frisch zubereiteten Nudeln viel Ei enthalten. Alle Rezepte, wirklich alle, sehen pro 100 Gramm Mehl beziehungsweise Grieß ein Ei vor. Trockennudeln, die aus dem kleberreichen Hartweizengrieß bestehen, enthalten normalerweise kein Ei. Wenn man aber Trocken-Frischeinudeln verwendet, ist alles wieder ausgeglichen und man hat wesentlich weniger Arbeit. In einer schönen kreuzweisen Argumentation werden selbstgemachte Eiernudeln vorwiegend von den Menschen bevorzugt, die bei Trockennudeln auf eierfreiem Hartweizengrieß bestehen. Seltsam, nicht? Mit dieser Beobachtung mache ich mir sicher nicht viele Freunde, besonders nicht unter Menschen, die für Feinschmecker gehalten werden möchten.

Irrtümer: Nudeln verkleben nicht, wenn man Öl ins Wasser gibt und wenn man keinen Deckel auf den Topf legt und wenn man sie nach dem Kochen abschreckt

Das sind gleich drei Irrtümer auf einmal. Alle gilt es, hier zu widerlegen. Wie bereite ich Nudeln zu? Nudeln ins *kalte* Wasser, Deckel drauf, einmal zum Kochen bringen, zehn Minuten ziehen lassen, Wasser abgießen, servieren. Warum ich den Deckel auf den Topf lege? Einerseits hilft es, Energie zu sparen, aber darauf kommt es mir in diesem Fall nicht einmal an. Das Wichtigste ist, dass ich mit einem geschlossenen Topf wesentlich weniger Wasserdampf in die Küchenluft bringe. Ich muss weniger schwitzen, kann besser sehen und ärgere die Schimmelpilze, die sich schon so auf eine schöne Ladung gut verteilter Luftfeuchtigkeit gefreut hatten. In Nordeuropa ist Schimmel in schlecht gelüfteten Wohnräumen durchaus ein Problem.

Eine nur in Deutschland verbreitete Sitte ist es, Öl ins Nudelwasser zu geben. Dadurch kleben, einem strengen Aberglauben zufolge, die Nudeln nicht zusammen. »Damit die Nudeln beim Kochen nicht verkleben, kann man ein bis zwei Esslöffel Öl ins Wasser geben«, wird in Internetforen empfohlen. Öl und Wasser bilden aber nur nach schnellem Quirlen eine Emulsion. Das Öl beim Nudelwasser schwimmt aber einfach obenauf, wie bei einer Ölpest, die auch vorwiegend nicht die Fische, sondern die Vögel trifft, die versuchen, da durchzutauchen. Deshalb ist überhaupt nicht einzusehen, warum dieses obenauf schwimmende Öl im Topf die darunter tauchenden Nudeln davon abhalten sollte zusammenzukleben. Ein Wahn! Eine andere Begründung für das Aufbringen einer Ölschicht aufs Nudelwasser ist die Vorstellung, das Wasser würde dann nicht überkochen. Keiner sagt, weshalb nicht.

Gegen das Überkochen von Nudelwasser soll auch ein Kochlöffel helfen, der quer über den Topf gelegt wird. Darauf, ob man die konkave oder die konvexe Seite nach unten legt, wird in den zahlreichen Kochbüchern, die dies empfehlen, leider nicht eingegangen. Ebenso wenig auf die Holzart – Linde? Buche? Eiche? Teak? – und das Alter des Holzschnitzers. So was will man aber doch wissen, wenn man den Zauber korrekt befolgen will!

Und das Abschrecken? Nach der Anweisung, Nudelkochwasser müsse immer und am besten kräftig sprudeln, ist das Abschrecken der Nudeln mit kaltem Wasser die zweithäufigste Anweisung, die noch immer in Kochbüchern und Rezeptsammlungen verbreitet wird. Der Grund des Abschreckens? Angeblich wird dabei ins Kochwasser abgegebene Stärke abgewaschen, die die Nudeln verkleben würde. Außerdem: Das macht man eben so. Die Nudeln werden dadurch kalt und wenn man bis hierher alles richtig gemacht haben sollte, ist das die Gelegenheit, das ganze Essen zu einem kalten, faden Klumpen zusammenzukleben. In Frauenfachzeitschriften wird das Für und Wider des Nudelabschreckens ausführlich diskutiert: »Abgeschreckte Nudeln nehmen weniger Würze an«, heißt es unter anderem. Und warum? »Wollen Sie Nudeln gut würzen, dann nach dem Garen nicht abschrecken. Sonst werden sie zu glatt, sodass Würzzutaten nicht mehr haften. Damit nichts aneinanderklebt, lieber Öl oder Butter ins Kochwasser geben«.[170] Gut, dass zumindest die letzte Empfehlung überhaupt nichts bewirkt. Ursprung der Abschreckmethode ist die Idee, den Garprozess zu stoppen, um die Nudeln nicht zu weich werden zu lassen. Abgekühlt werden sie dadurch aber nur an der Oberfläche. Der Nachgarvorgang, wenn man bei der kurzen Garzeit überhaupt davon sprechen kann, findet nach dem Abschrecken im Inneren trotzdem statt.

Bei meiner Niedrigtemperaturgarmethode ist es aber für die Konsistenz ganz egal, ob die Nudeln langsam von 70 Grad aus herunterkühlen oder sofort auf die ideale Esstemperatur von 40 Grad gebracht werden.

Irrtum: Panade hebt sich, wenn sie ständig mit heißem Fett begossen wird

Wissen Sie, dass ich mir noch nie Gedanken über die Herkunft des Wortes »panieren« gemacht hatte? Geben Sie's zu: Sie auch nicht. Panieren ist eine Ummantelung oder Umhüllung von Fleisch, Fisch oder Gemüse mit Krümeln, vorwiegend Brotkrümeln. Und weil Brot im Lateinischen »pane« und im Französischen »pain« heißt, bedeutet »paner« so viel, wie »mit Brotkrümeln bestreuen«. So einfach ist das. Ja, ja, das wussten Sie angeblich sowieso schon. Sie können einfach nicht zugeben, mal etwas nicht gewusst zu haben! Das hier wissen Sie wahrscheinlich auch schon längst: Streng genommen heißt nur das Bindemittel für Füllungen Panade, die Umhüllung für Fleischstücke und anderes aber nennt man die Panierung, in Österreich die Panier. Das kann man beachten, oder, wie die Mehrheit aller Kochbuchautoren, eben nicht. Ich hab's selbst bisher auch nicht gewusst. Google verzeichnet für »Panierung« 24 000 Einträge, für »Panade« aber 1 140 000. Das spricht für eine deutliche Sprachtradition der zweiten Variante. Der Mehrheit eine Chance!

Weniger einfach ist die Zubereitung eines perfekten Bratergebnisses. Butter, Pflanzenfett, Schmalz? Jede Mutter lobt ihre Methode. Heiß anbraten, sehr heiß, extrem heiß, mirwirdganzheiß. Vor allem beim Panieren von Fleisch oder Fisch gibt es zwei unbefriedigende Ergebnisse, die Köche auf jeden Fall verhindern möchten. Entweder löst sich die Panade vom panierten Stück ab oder sie klebt daran wie das Pech an der nach ihm benannten Marie. Im Idealfall hebt sich die Panade an vielen Stellen, bleibt aber trotzdem weitgehend mit ihrem Untergrund verbunden.

Darüber, warum sich die Panade manchmal von Fleisch oder Fisch abhebt (erwünscht), manchmal nicht (unerwünscht), gibt es die unterschiedlichsten Theorien und dementsprechend die unterschiedlichsten Tipps. Ein Tipp lautet, das Fett immer wieder mit einem Löffel über das Schnitzel zu schöpfen. Dann klebe die Panade nicht am Schnitzel oder am Fisch, sondern hebe sich luftig von ihrem Untergrund ab. Hier ein Suuupertipp aus Österreich: Man füge dem verquirlten Ei kohlensäurehaltiges Mineralwasser hinzu. Dadurch werde die Panier knusprig und hebe sich leichter vom Panierten – in diesem Fall natürlich einem Schnitzel – ab. Ein anderer Tipp lautet, man solle das frisch panierte Bratgut erst einmal ein paar Minütchen trocknen lassen. Dann halte das Fett etwas länger, weil weniger Brösel abfielen, die verkohlen und das Fett verunreinigen könnten. Bitte. Nur zu! Sie werden ja sehen, ob's wirkt. Ich habe gegenteilige Erfahrungen gemacht.

Irrtum: Panade verhindert das Austrocknen des Fleischs

Es wäre so schön: Man paniert sein Fleisch und es bleibt saftig und es trocknet nicht aus und es wird zart und es entwickelt Aroma und es schmeckt wunderbar. Die seit 1960 wechselnden Autoren des Dr. Oetker Schulkochbuchs glauben jedenfalls fest daran: »Paniertes Bratgut wird durch eine Hülle (Panade) vor dem Austrocknen beim Braten geschützt.« In der Pfanne können laut diesem Kochbuch Fleischstücke »unpaniert oder paniert zubereitet werden. Durch das Panieren schafft man jedoch eine Schutzschicht, die verhindert, dass Fleischsaft verlorengeht.« Und weiter heißt es dort, »Das kalt abgespülte, trocken getupfte, gewürzte (Salzen erst nach dem Braten) Bratgut in das heiße Fett legen, die Poren schließen sich schnell und das Fleisch bleibt saftig.«[171] Merken Sie was? Kalt abspülen. Poren schließen. Salzen erst nach dem Braten. Wenn solche falschen Tipps gegeben werden, kann ja auch beim Panieren etwas physikalisch völlig Falsches empfohlen werden.

Oder es wird etwas Richtiges empfohlen, aber aus einem falschen Grund. Und so ist es auch. Zahlreiche andere Kochschulen empfehlen ebenfalls das Panieren als Methode gegen einen Verlust von Fleischsaft, aber das sollte uns nicht weiter irritieren, sondern eher in unserem Forscherdrang bestärken. Ich werde Ihnen jetzt meine völlig neue und überraschende Theorie darüber mitteilen, was beim Braten eines panierten Schnitzels wirklich passiert. Falls Sie nachher behaupten sollten, das hätten Sie alles schon längst gewusst, werde ich den schlimmsten Fluch aussprechen, den Sie mir wert sind, nämlich »Pah!«.

Wie aber komme ich zu meiner völlig neuen und überraschenden Theorie? Durch messerscharfes Überlegen und haarkleine Beobachtung. Die Frage ist doch, wieso die ihrerseits wie Löschpapier saugfähige Panade überhaupt ein Austrocknen des Schnitzels verhindern soll. Die Panade bildet nämlich keineswegs eine wasserundurchlässige Hülle um das Schnitzel herum. Weder das Mehl noch das Eigelb noch die Semmelbrösel und auch nicht alle drei Komponenten zusammen bilden eine dampfdichte Hülle. Was sie allerdings bilden, ist ein Puffer zwischen Bratfett und Fleisch. Die Bräunungsaromen (Maillard-Reaktion) entstehen daher nicht durch das Erhitzen der obersten Fleischschicht (wie beim Steak), sondern durch das Erhitzen der Panade, vorwiegend des Eigelbs darin. Von dort aus nach innen wird das Schnitzel praktisch nicht gebraten, sondern nur gekocht. Wenn Ihr Schnitzel richtig paniert wurde, können Sie das selbst beobachten. Die Panade löst sich dann leicht vom Schnitzel ab, das seinerseits kein bisschen gebräunt, sondern schlicht grau ist. Die Bräunungsaromen entstehen also ausschließlich in der Panade. Das Schnitzel selbst erhält seinen Geschmack durch das zu Gelatine umgewandelte Kollagen des Bindegewebes. Diese Umwandlung findet auch schon bei niedrigen Temperaturen ab 50 Grad statt. Fleischsaft tritt dabei genauso viel aus wie bei einem nicht panierten Schnitzel oder bei einem Steak. Der austretende Fleischsaft wird allerdings in der

Panade gebunden und trägt zu deren Aroma bei. Jetzt sagen Sie nicht, das hätten Sie schon gewusst!

Irrtum: Pasta wird in Italien niemals mit Ei hergestellt

»In ›normale‹ Nudeln gehört kein Ei, das läuft mehr unter perversem Bonus«, glaubt ein Autor im Vegetarierforum, und im Forum »Garten-Pur« meint ein orthografisch ungebundener Küchenexperte: »Richtige Pasta hat kein Ei drinn.«[172] Die Mär wird seit einiger Zeit vor allem in Deutschland verbreitet: Italienische Pasta enthielte nie und nimmer Ei. Sie würde ausschließlich aus Hartweizengrieß und Wasser hergestellt. Die Geschichte bekam Auftrieb nach einem Ei-Skandal in einer größeren deutschen Nudelfabrik, der in den 1980er-Jahren konstruiert worden war. Danach waren die sogenannten »Frischeinudeln« in deutschen Küchen für lange Zeit verpönt, zumindest in den Küchen von Menschen, die sich etwas auf ihre Weltläufigkeit zugutehielten. Der Frischeinudel-Skandal endete damit, dass das Land Baden-Württemberg wegen falscher Darstellungen und übereilter Verzehrwarnungen einen Schadenersatz in zweistelliger Millionenhöhe zahlen musste. Die Nudeln waren, wie sich später herausstellte, zu keiner Zeit ungenießbar oder gar »mikrobiell verdorben«. Der angebliche Skandal setzte sich gleichwohl in den Köpfen fest. Der schwäbische Traditionsbetrieb musste 1991 an einen internationalen Konzern verkauft werden.[173] Etwa in dieser Zeit wurde mit deutlich kommerziellem Interesse die Mär von der eierfreien italienischen Pasta aufgebracht.

Dagegen ist jedem Italiener klar, dass italienische Nudeln *sehr wohl* Ei enthalten und davon nicht wenig. Das ist etwa bei den klassischen Tagliarini, auch »Tagliarini all'uovo« genannt, so.

Deutsche dürfen bei Tagliarini, genau wie bei Tagliatelle, das G getrost mitsprechen. Tagliatelle werden traditionell ebenfalls als »Pasta all'uovo« hergestellt, außerdem Fettucine und viele gefüllte Nudelvarianten wie auch die in Deutschland beliebten Ravioli.[174] Die Zunft der Genueser Pasta-Hersteller beschloss 1547 eine Art Reinheitsgebot. Pastateig sollte ausschließlich aus den Bestandteilen Wasser und Hartweizengrieß bestehen. Der Beschluss wird von italienischen Pasta-Fabrikanten bei der Herstellung von »Pasta secca« (Trockennudeln) noch immer eingehalten. Demgegenüber darf die »Pasta fresca« (frische Nudeln) durchaus Ei enthalten. Eine Qualitätsaussage ist damit nicht verbunden. Auch die Vorstellung, frisch zubereitete Pasta sei besser als die aus Trockennudeln, entbehrt jeder Grundlage. Marcella Hazan, »die Päpstin der italienischen Küche«[175], meint: »Die zurzeit moderne Ansicht, ›frische‹ Pasta sei trockener Fabrikware vorzuziehen, ist durch nichts gerechtfertigt.«[176]

Irrtum: Pfannen darf man nicht spülen

Meine Oma hat die beiden Pfannen, in denen sie uns die leckersten Sachen brutzelte, immer gespült. Damit hat sie sich, wie bei vielen anderen Küchenempfehlungen, über ein damals geltendes Gebot hinweggesetzt. So hat sie auch das Gebot, Schnitzel mit einem Pfannenwender zu wenden, ignoriert und ihre hitzeunempfindlichen Finger dazu benutzt. Beschichtete Pfannen nehmen eine Säuberung mit einem Stahlschwamm krumm. Das dürfte niemanden wundern. Das Saubermachen solcher Pfannen ist auch weitgehend unproblematisch. Spülen, ob in Spülmaschine oder von Hand oder das Auswischen mit einem Papiertuch, alle Methoden führen zu einem fast identischen Ergebnis: Die Pfanne ist sauber.

Großen Wert legen Küchenfreunde aber auf die richtige Reinigung gussstählerner Pfannen oder geschmiedeter Eisenpfannen. Gussstahlpfannen haben katastrophale Wärmeleiteigenschaften. Das freut Hobby- und Profiköche. Es zieeeeeeht sich, bis sie heiß sind, dann aber halten sie die Hitze auch lange und verteilen sie sehr gleichmäßig über den Pfannenboden. Profiköche schätzen das. Sie schätzen es außerdem, dass man Gussstahlpfannen und auch die etwas besser wärmeleitfähigen geschmiedeten Varianten nach Gebrauch – anders als die empfindlichen beschichteten »Pfännchen« – ineinander stapeln kann.

Was Profiköche seltsamerweise nur selten in Verbindung mit ihren schweren Pfannen bringen, ist die in ihrem Berufsstand weit verbreitete Sehnenscheidenentzündung des Handgelenks. Ich möchte Ihnen das mal kurz vorrechnen: Immerhin wiegt eine 3 Millimeter starke geschmiedete Eisenpfanne schon bei 20 Zentimetern Durchmesser 1000 Gramm, bei 24 Zentimetern 1500 Gramm, bei 28 Zentimetern 1800 Gramm und, wenn man die in Profiküchen gern verwendete 32-Zentimeter-Variante in der Hand hat, sind das ohne Inhalt und Bewegung schon einmal 2400 Gramm. Dann gibt es noch Riesenpfannen von 40 Zentimetern Durchmesser und 3500 Gramm Gewicht. Gussstahl-Pfannen fangen in dieser Gewichtsklasse erst an! Eine Gussstahlpfanne mit einem Bodendurchmesser von 21 Zentimetern wiegt allein schon 2900 Gramm. Bei 28 Zentimeter Durchmesser sind wir

»Messingpfannen, Ulmer Form mit Drahteinlage, mit oder ohne verzinnte Griffe.« Ob Sie diese »Pfannen« nun mit oder ohne Griffe verwenden: Spülen sollten Sie sie gelegentlich schon.

schon bei bis zu 3500 Gramm und bei 36 Zentimetern bei stolzen 5100 Gramm. Okay, ich höre ja schon auf. Zum Pfannen-Leergewicht kommen beim Gebrauch noch Pfanneninhalt, Hebelwirkung und Bewegungsenergie vom Schwenken und Schleudern hinzu. Ich hoffe, dass wenigstens die Riesenpfannen zum Wenden der Bratkartoffeln auf dem Herd stehen gelassen werden.

Aber zurück zum Säubern: Ich ignoriere hier Pfannen aus Aluminiumguss, aus Edelstahl und emaillierte Pfannen. Deren Reinigung ist nämlich genauso leicht wie die von beschichteten Pfannen: Ab damit in die Spülmaschine! Bei Gussstahl oder schmiedeeisernen Pfannen gehen die Empfehlungen bis heute dahin, sie nicht zu spülen, sondern nur auszuwischen. Die Empfehlungen beruhen auf der Wirkung des Fetts, das eine Schutzschicht gegen Rost bilden soll, der sich ansonsten zwangsläufig in der Pfanne entwickele. Das ständig in der Pfanne verbleibende Fett werde nicht ranzig, sagen die Nichtspüler, weil es nur eine dünne Schicht sei und man es ständig erhitze. Dazu ist zu sagen: 1. Pfannen aus Gussstahl rosten sehr, sehr wenig; eine hauchdünne Fettschicht schützt sie aber tatsächlich; 2. Fett wird unabhängig von seiner Menge ranzig. Die erwünschte Schutzschicht gegen Rost wird also bei Befolgung der alten Regel durch nichts anderes gebildet als durch altes Fett und Rückstände der zubereiteten Speisen.

Bevor Sie jetzt die Nase rümpfen oder laut Igittigitt rufen: Die in solchen Pfannen zubereiteten Speisen schmecken nicht trotz, sondern wegen dieser Rückstände besonders gut. Vom aromatechnischen Standpunkt betrachtet werden sie nämlich durch die winzige Zugabe von älterem Fett entschieden verbessert. Das Phänomen ist von der belgischen Frittenbude her bekannt. Die polaren Seifen und die von der Maillard-Reaktion verbliebenen aromatischen Bestandteile der schon einmal erhitzten Fette nutzt man natürlich gerne, um dem nächsten in der Pfanne zubereiteten Gericht zusätzlich Geschmack zu geben. Andererseits: Ich bin *kein* Reinlichkeitsfanatiker, was mir oft zum Vorwurf gereicht, aber wenn Ihr Fleisch nicht nach Fisch und die Bolognese nicht nach Curry schmecken soll, wäre es vielleicht doch angebracht, die Pfanne zwischendurch schön sauber zu spülen.

Dann gibt es noch einen angeblichen »Profitrick«, sowohl zum Reinigen, als auch zur Behandlung von Pfannen vor dem Erstgebrauch: Man solle in der zu reinigenden oder neu gekauften Pfanne Salz erhitzen und das heiße Salz mit einem trockenen Küchentuch auswischen. Das Salz, wird sogar behauptet, bilde danach eine Antihaftschicht! So etwas macht mich beinahe schwermütig. Aber nur beinahe. Ich wundere mich jedenfalls, dass noch keiner auf die Idee gekommen ist, zum Säubern von Pfannen getrockneten Tee, Instantkaffee oder sonst einen Unsinn zu empfehlen.

Die Salzaktion wird empfohlen, um den vom Hersteller aufgebrachten Korrosionsschutz zu entfernen. Da Salz beim Erhitzen ohne Flüssigkeit überhaupt keine, wirklich nicht die geringste Reaktion erfährt, kann sein »Reinigungs«-Effekt nur auf mechanischer Reibung beruhen. Diese Reibung wurde früher oft durch Scheuersand bewirkt, der auch noch in einigen Putzmitteln enthalten ist. Reinen Scheuersand verwendet, soweit ich weiß, niemand mehr. Die Hersteller von Pfannen selbst empfehlen zur Erstreinigung allerdings nichts anderes als Waschpulver, kein Spülmittel. Ich nehme an, dass sie Spülmitteln, die fast ausschließlich aus Wasser und Tensiden bestehen, nicht genügend Reinigungswirkung zutrauen. In Waschmitteln befinden sich zusätzlich nämlich sogenannte »Buildersubstanzen«. Dabei handelt es sich um Karbonate, Zeolithe, Phosphate und Enzyme. Vor allem die Zeolithe dürften die erwünschte leichte Scheuerwirkung erzielen.

Irrtum: Pfeffermühlen können ein schlechtes Mahlwerk haben

Wenn die Firma Peugeot keine Autos und keine Fahrräder mehr verkaufen kann, wird sie sich mühelos mit ihrem Ursprungsgeschäft, der Herstellung und dem Verkauf von Pfeffermühlen über Wasser halten können. In Restaurants, die meinen, mit großen Showeffekten aufwarten zu müssen, drehen die Kellner an beingroßen Mühlen und wünschen einen guten Appetit. Kenner machen um Pfeffermühlen ein riesiges Bohai. Kenner drehen bei Pfeffermühlen nicht nur an der Mühle, sie drehen die Mühle auch um. Kenner inspizieren dabei das Mahlwerk und schieben anerkennend die Unterlippe vor: »Peugeot, gut.« Andere sagen »Zassenhaus, auch gut«, wieder andere »Stoha, prima«, oder »Stelton, nichts anderes«, »Alessi, todschick«, »WMF, solide«, »Kesper, nie gehört«, »Ah, Strässler, Schweizer Präzisionsmechanik«, »Monopol, nichts anderes«, »AdHoc, klasse«, »Cole & Mason, englisch, aber gut«. Oha, jetzt habe ich Cilio vergessen. Alle Hersteller geben auf ihre Produkte eine Garantie, die länger währt als eine Generationsfolge. Pfeffermühlen soll man offensichtlich vererben. Der Unterschied der Konstruktionsweisen liegt darin, dass die Feinmechaniker ihr Mahlwerk aus Edelstahl schmieden, während es die Keramikbrenner aus Keramik formen. Beides funktioniert, beides ist nahezu unverwüstlich. Dass der Feinheitsgrad der gemahlenen Pfefferkörner überhaupt verschieden eingestellt werden kann, habe ich lange Zeit nicht gewusst. Offensichtlich habe ich zwar eine billige, aber gute Pfeffermühle, deren Feinheitseinstellung sich durch Gebrauch nicht verstellt. Ich habe bis heute noch nie von einer Pfeffermühle gehört, die ein derart schlechtes Mahlwerk hatte, dass es nach einer gewissen Zeit nicht mehr funktionierte.

Das Aroma, das frisch gemahlener Pfeffer – anders als vorgemahlener Pfeffer – entfaltet, ist unvergleichlich. Meine Empfehlung zu Pfeffermühlen lautet daher: Ob Designmühle oder Traditions-

Drechselschaft, Acryl, Holz, Edelstahl oder eine Kombination von allem, Stahl- oder Keramik-Mahlwerk, elektrisch oder handbetrieben – alles reine Geschmackssache. Werfen Sie aber auf jeden Fall alle Pfefferstreuer, die Sie auf dem Tisch und in der Küche stehen haben, in den Müll! Verwenden Sie nur noch Pfeffermühlen, egal welcher Konstruktionsart und Größe. So wenig Aroma, wie es das bittere Pulver aus einem Pfefferstreuer hat, können Sie auch mit dem schlechtesten Mahlwerk nicht erzeugen. Die Hersteller von Pfeffermühlen bieten fast alle auch Salzmühlen an. Kein Mensch braucht eine Salzmühle. Die Hersteller von Pfeffermühlen werden Ihnen das nicht sagen. Deswegen sage ich's Ihnen. Investieren Sie das für die Salzmühle vorgesehene Geld besser in eine besonders gute Pfeffermühle, aber, wie gesagt, eine wirklich schlechte können Sie in Mitteleuropa eigentlich gar nicht kaufen.

Irrtum: Pilze darf man nicht waschen

Pilze sind normalerweise schmutzig. Pilze wachsen auf Pferdemist. Pilze liegen in blauen Plastikschalen und irgendjemand hat sie da reingefüllt. Ich meine also nicht die eigenartigen Produkte, die in Weißblechdosen in einer Lake verkauft werden und nach gar nichts schmecken. Ich meine im Wald gesammelte und unverarbeitete Zuchtpilze. Die soll ich nicht waschen? Ich soll sie mit einer todschicken Pilzbürste behandeln? Ich werde mich hüten!

Natürlich wasche ich sie, und zwar gleich mehrmals. In dem lauwarmen Wasser, in dem ich sie gründlich bewege, sammeln sich Torfstückchen an der Oberfläche und schwerere Stückchen auf dem Boden. Worum es sich dabei handelt, möchte ich gar nicht wissen. Ich behaupte steif und fest, dass ich diese Stückchen mit einer Pilzbürste nicht wegbekommen hätte. »Saugen die sich nicht mit Wasser voll?!«, warnt mich meine Tochter. Sie hat das so in ihrem Kurs »Hauswirtschaft, Abschnitt ›Grundtechniken des Kochens‹« gelernt. Sosehr ich es begrüße, dass Schüler wieder so etwas lernen, sosehr würde ich es auch begrüßen, wenn die Lehrer wüssten, warum sie ihren Schülern bestimmte Hinweise geben. Die Grundlage, auf der Zuchtpilze wachsen, wird beschönigend Substratmischung genannt. Von dieser Mischung wurde aber nicht viel subtrahiert (Wortspiel), weil Maismehl, Hühner- und Pferdemist auf jeden Fall drin sind und auch sein sollen. Irgendwo muss der Stickstoff ja herkommen, den die Pilze zum Wachsen brauchen. Es ist mir auch ganz egal, dass Pilzzüchter ihr Substrat vor dem Impfen mit Pilzsporen sterilisieren. Ich weiß es und möchte die braunen Stückchen doch möglichst restlos von meinen Pilzen entfernen.

Dass durch meinen pingeligen Waschvorgang eine nennenswerte Menge Wasser in die Pilze eindringt, kann nicht sein. Schließlich sind Pilze keine Schwämme. Schwämme sind keine Pflanzen, sondern Tiere, auch wenn sie keine Organe haben. Pilze sind auch keine Pflanzen, sondern eben Pilze. Ihre Lamellen stoßen Wasser eher ab, als dass sie es aufnehmen. Das Wichtigste aber ist: Durch meine Waschprozedur verlieren Pilze kein bisschen Aroma. Das aber ist die entscheidende Behauptung der Pilzwaschwarner. Meine Pilze schmecken, obwohl sie penibel gewaschen wurden, angebraten mit Speck und Zwiebeln wunderbar aromatisch. Sie schmecken, wie nur Pilze schmecken können. Und sie haben dabei nicht einmal einen Beigeschmack von Dung. Der Grund dafür ist, dass Pilzaroma nicht wasserlöslich ist. Man kann Pilze in Wasser legen, sie untertauchen und bewegen und trotzdem nehmen sie nicht mehr als drei-Prozent ihres Eigengewichts an Wasser auf. Harold McGee und Robert Wolke haben das ausprobiert und ich dann auch noch mal.[177] Das Wasser, das in der Pfanne austritt und verhindert, dass die Pilze schmoren, stammt von ihnen selbst. Schließlich bestehen Pilze vorwiegend aus Wasser. Wenn man ihnen in der Pfanne genügend Platz gibt, jeder Pilz oder jede Pilzscheibe den Pfannenboden berührt, dann kann das austretende Wasser sofort verdunsten. Die Pilze werden dann schön braun und entwickeln ihr Aroma. Liegt aber eine Schicht Pilze darüber, dann bildet sie einen natürlichen Deckel. Das verdampfte Wasser schlägt sich an den oberen, kälteren Pilzen nieder, fließt zurück auf den Pfannenboden und vorbei ist's mit dem Anbratvorgang. Aber selbst dann können Sie Ihr Pilzgericht noch retten. Gießen Sie die entstandene Soße einfach in eine Tasse ab, nehmen Sie die Hälfte der Pilze heraus und braten Sie beide Portionen getrennt an. Zum Schluss geben Sie die abgegossene Soße wieder dazu. Man wird Sie bewundern, wie Sie die Pilze so wunderbar aromatisch angebraten und trotzdem so viel Soße entwickelt haben.

Irrtum: Pilze darf man nicht aufwärmen

Diese alte Küchenweisheit sitzt tief. Noch heute habe ich jedes Mal ein ungutes Gefühl, wenn ich Pilze aufwärme. Ich warte förmlich auf das Grummeln im Magen, auf eine unruhige Nacht, auf allerlei unerfreuliche Verdauungsprobleme und Vergiftungserscheinungen. Meist passiert nichts und wenn, dann ist das sicher nicht auf die wieder aufgewärmten Pilze zurückzuführen. Der psychologische Mechanismus, der bei mir und vielen anderen Menschen beim Wiederaufwärmen von Pilzen einrastet, hat vermutlich mit dem Gift der Pilze zu tun, die ohnehin für Menschen ungenießbar sind. Es gibt etwa 5000 bekannte mitteleuropäische Pilzarten bzw. -sorten. Nur etwa 150 davon sind giftig und damit ungenießbar. Das sind vergleichsweise wenige Arten. Die Wahrscheinlichkeit aber, einen einzigen giftigen im Korb zu haben, der das ganze schöne Pilzessen verdirbt, hält viele Menschen – auch mich – davon ab, ihr Essen im Wald zu sammeln. Die Warnung, Pilze nicht aufzuwärmen, lässt im

Kopf der guten Hausfrau und des guten Hausmanns auch ganz normale Speisepilze zu giftigen Gewächsen werden. Das Gift könnte ja zunächst wirksam sein und würde beim Kochvorgang neutralisiert werden, was bei einigen Pilzarten tatsächlich der Fall ist, beim Wiederaufwärmen dann aber seine volle Schädlichkeit entfalten. Der Gedanke ist zu irrational und zu kompliziert, um ihn tatsächlich auszuführen. Gedanken gehen aber oft die verschlungensten Wege und bei den plötzlich giftig werdenden Pilzen sind sie schon fast wahnhaft verschlungen.

Was aber passiert beim Aufwärmen von Pilzen wirklich? Pilze enthalten viel Eiweiß. Dieses Eiweiß dient Bakterien als Nahrung. Wärme beschleunigt jede Reaktion. Ein zweites Erwärmen, dachte man lange Zeit, führe zu einer Anreicherung der Schadstoffe, also vorwiegend der Bakterien. Dagegen werden beim ersten Erhitzen *sämtliche* Bakterien unschädlich gemacht. Sobald ein Pilzgericht erkaltet, kommen andere Bakterien und bemächtigen sich des guten Nährbodens. Gute Kühlung verringert diesen Vorgang. Beim zweiten Erhitzen ist also lediglich darauf zu achten, dass das ganze Gericht nochmals vollkommen erhitzt wird. Zusätzliche Giftstoffe entstehen durch das Aufwärmen nämlich nicht. Das ist ähnlich wie beim Irrtum »Spinat darf man nicht aufwärmen«.

In diesem Zusammenhang soll auch der noch immer verbreitete Irrtum erwähnt werden, Pilze seien nur dann giftig, wenn sich ein Löffel, vorzugsweise aus Silber, durch sie verfärbe. Andere empfehlen zu diesem Zweck eine Silbermünze. Ob der Löffel oder die Münze nur mit Pilzflüssigkeit bestrichen wird oder im Pilzgericht mitkocht, ist einigermaßen egal. Wenn man sich wirklich auf sie verlässt, ist dies auf jeden Fall die sicherste Methode, eine Pilzvergiftung zu erleiden. Wer so etwas glaubt, wird nicht alt. Es gibt auch erfüllte kurze Leben, aber an einer leicht vermeidbaren Pilzvergiftung zu sterben, ist doch irgendwie uncool.

Irrtum: Pulpo wird durch Kork im Kochwasser zart

Weil ich nicht wusste, was »Pulpo« ist, musste ich meinen Kollegen Gerhard fragen. Der ist Hobbykoch. Er gibt sich beim Zubereiten von Speisen so viel Mühe, wie man es von einem Hobbykoch erwarten kann. »Zeremonielles Kochen ist männlich.«[178] Ich habe darüber mal ein ganzes Buch geschrieben: »Mann kocht! Vorurteile und Halbwahrheiten über Kerle am Herd.« Es war ein Riesenerfolg, bloß nicht kommerziell. Mehr Erfolg hat mein Kollege Gerhard mit seiner Zubereitung von Pulpo. Das macht er nicht oft, aber wenn er es macht, macht er es, so glaubt er zumindest, richtig.

Bei einem Pulpo handelt es sich um einen wirbellosen Tintenfisch. Im Gegensatz zum Kalmar, der einen Kopf mit zehn dünnen Armen hat, hat der zu den Kraken gehörende Pulpo acht muskulöse Arme mit doppelten Saugnapfreihen. Mir gefällt am Pulpo vor allem das Wort Saugnapfreihen. Außer, dass er ihn gerne zubereitet und isst, erzählte mir mein Kollege Gerhard noch, dass man beim stundenlangen Kochen dieser Mittelmeerspezialität auf jeden Fall einen Korken ins Wasser tun müsse. Nur dann werde der Krake so zart wie gewünscht. Ich vermutete einen milden Wahn, zumindest Autosuggestion und dankte ihm für den guten Tipp. In verschiedenen Kochforen fand ich prompt etwas Passendes: »Übrigens, alter Geheimtipp, einen Kork mit ins Wasser und der Pulpo wird weich.« Im selben Kochforum wurde diesem Geheimtipp aber auch strikt widersprochen: »Der Kork im Wasser ist ähnlich mystisch begründet wie der Avocadokern in der Guacamole.«[179] Auch das ist ein milder Wahn, den ich als solchen entlarvt habe. In Nordafrika wird dieses Meeresgetier vor dem Zubereiten heftig geschlagen. Mindestens fünfzigmal schleudern die dortigen Fischer jedes einzelne Tier mit voller Wucht gegen die Kaimauer. Die Misshandlung findet zwar nach seinem Tod statt, sieht aber trotzdem martialisch aus.

Durch diese Prozedur sollen die Muskelfasern des Kraken, die sich im Todeskampf verkrampft hätten, mürbe werden.

Das Korkenmitkochen wird dort *nicht* praktiziert. Zu seiner Begründung wird auf der Nordseite des Mittelmeers angeführt, dass Korken ein Enzym enthielten, das dem sehr starken Bindegewebe des Kraken zusetze und es schmackhaft mache. »Völliger Blödsinn«, schimpfen die anderen und fragen sich, was das denn für ein Enzym sein soll. Bei dem im Kork enthaltenen Enzym, so vermuten die einen, handelt es sich um »Lignin«. Lignin ist aber gar kein Enzym, sondern ein fester Stoff, der in der pflanzlichen Zellwand eingelagert wird und deren Verholzung bewirkt. Wir wollten genauer wissen, ob es mit dem Korken im Kochwasser des Pulpo etwas auf sich hat oder nicht. Auf einen einzigen Blindtest kann sich zwar noch kein wissenschaftlicher Beweis stützen, aber die Ergebnisse, die wir damit erzielten, sind für uns ausreichend aussagekräftig: Sowohl der mit als auch der ohne Korken jeweils vier Stunden gekochte Krake schmeckte zart, aromatisch und so, wie wir uns den Pulpo gewünscht hatten. Wahrscheinlich beruht die Empfehlung, beim Kochen des Tintenfischs einen oder mehrere Korken mitzukochen, auf einem einfachen Fehlschluss: Einem Koch oder einer Köchin fiel versehentlich ein Korken in die Brühe, der Krake wurde erstmals ausreichend lang, also mehrere Stunden geköchelt, man entdeckte beim Abschöpfen des Suds den Korken und führte das erstmalige Gelingen der Speise auf den mitgekochten Korken zurück. Solche Schnellschlüsse von Koinzidenz auf Kausalität, also von gleichzeitigem Auftreten auf einen ursächlichen Zusammenhang, bestimmen unser Leben und kommen auch im Küchenalltag häufig vor. Von dem ganzen Humbug mit dem Korken und vom Schlagen des Pulpo hält der ansonsten nicht zimperliche Sternekoch Jean Claude Bourgueil in Düsseldorf-Kaiserswerth überhaupt nichts. Er empfiehlt in seiner Philosophie der großen Küche, einen Stein zum Kraken zu geben. Wenn der Stein weich sei, sei auch der Krake gut.[180]

Irrtum: Reis im Salzstreuer verhindert das Festklumpen

Der Trick ist uralt und wird vorwiegend auf dem Esstisch zu Hause und in Traditionsgasthäusern angewandt. Da Salzstreuer für den Gebrauch in der Küche selbst natürlich vollkommen ungeeignet sind, sieht man dieses Ritual dort seltener. Es geht so: Man gibt einige Reiskörner in den Salzstreuer und glaubt dann ganz fest daran, dass das Salz nicht zusammenklumpt. Wenn das Salz aufgebraucht ist, sind nur noch Reiskörner im Salzstreuer. Wenn das Salz bis dahin rieselfähig geblieben ist, gibt es keinen Grund, an dem magischen Vorgang zu zweifeln. Wenn es zuvor doch zusammenklumpte, gibt man der Reissorte die Schuld, nicht genügend Feuchtigkeit aufgesaugt zu haben. Bei allem Respekt vor der bergeversetzenden Kraft des Glaubens: Ein kleines bisschen Plausibilität müssen auch rituelle Handlungen aufweisen.

Wären Reiskörner tatsächlich so wasserliebend (hydrophil), wie behauptet wird, würden sie sich doch erst recht außerhalb eines Salzstreuers in ganz normaler feuchter Küchenluft vollsaugen. Das tun sie aber nicht. Ich hab's ausprobiert. Wenn Reiskörner das wirklich täten, hätten wir ein noch größeres Problem als nur verklumptes Salz: Wo bleibt denn die Feuchtigkeit, die die Reiskörner angeblich aufgenommen haben? Halten die Reiskörner diese Feuchtigkeit dauerhaft fest? Dann müssten sie zumindest etwas aufquellen. Hat schon einmal jemand seinen Salzstreuer von feuchten, aufgequollenen Reiskörnern befreit? Wenn die Feuchtigkeit aber nicht dauerhaft in den Reiskörnern bleibt, entweicht sie ihnen vielleicht nach und nach wieder? Und wenn sie den Reiskörnern wieder entweicht, wohin entweicht sie?

Was man als Salzkörner bezeichnet, sind in Wirklichkeit klitzekleine Kuben, die mit einer kleinen Menge Feuchtigkeit schon eine große Adhäsionskraft entwickeln. Das Salz klumpt. Eine andere

Methode, das Salz nicht klumpen zu lassen, besteht schlicht und einfach darin, es immer schön trocken zu halten. Deshalb sieht man heute noch in den wenigen erhaltenen Küchen auf Burgen dicht neben der Feuerstelle eine kleine Nische. Darin stand das Salzfass. Keine Feuchtigkeit, kein Klumpen. Heutzutage erhalten Trennmittel dem Salz seine Riesel- und Streufähigkeit. Sie liegen auf der Oberfläche der Salzkuben und machen sie »rau«. Es wird vorwiegend Calcium- oder Magnesiumkarbonat verwendet (E 170 und E 504), aber auch Kaliumphosphat (E 340), Natriumaluminiumsilikat (E 555) und Natriumferrocyanid (E 535). Von allen diesen Substanzen befindet sich im Speisesalz weniger als ein Prozent, meist nur ein Promille. Sie schmecken nach gar nichts.

Es gibt in Mitteleuropa fast nur noch eine Sorte Salz, die kein Trennmittel enthält: das systematisch vorgeklumpte Grobsalz. Außer zum Bestreuen von Brezeln wird es zum Selbstzerknirschen in Salzmühlen angeboten. Salzmühlen sind die küchentechnisch sinnloseste Erfindung seit dem praktisch nicht sauber zu haltenden Zwiebelzerhacker. Sinnvoll sind Salzmühlen nur zur Umsatzsteigerung von Haushaltswaren- und Designgeschäften. Da Salz keine flüchtigen Aromen enthält, wie etwa Pfeffer das tut, ist es völlig egal, wann es zur Verzehrgröße zerkleinert wird. Wenn Salz in einer Flüssigkeit gelöst wird, ist es noch egaler. Ich weiß, dass man »egal« nicht steigern kann.

Irrtum: Reis ohne Kochbeutel brennt an

Ich frage mich immer, wie man es schafft, Reis anbrennen zu lassen. Man braucht dazu

- zu viel Reis,
- zu wenig Wasser,

- zu große Hitze und
- eine Freundin, die sich schon lange nicht mehr gemeldet hat und genau dann anruft, wenn man den Reis aufgesetzt hat.

Fehlt auch nur eine dieser Bedingungen, klappt's nicht. Um den unwahrscheinlichen Fall eines Anbrennens von Reis auszuschließen, gibt es Reis in Kochbeuteln. Kochbeutelreis brennt natürlich nie an, weil er in einer absurden Menge heißen Wassers schwimmt. Dafür verbrennt man sich beim Öffnen des Beutels immer und unweigerlich die Finger. Kochbeutelreis ist angeblich leicht zu portionieren. Das gilt aber nur dann, wenn man mit der Menge, die sich in einem, in zweien oder in drei Beuteln befindet, exakt bedient ist. Mit einer Tasse lässt sich Reis mindestens so gut portionieren. Der Reis in Kochbeuteln ist etwa doppelt so teuer wie der ohne Kochbeutel. Es gibt aber eine noch teurere Methode, Reis zuzubereiten, nämlich die Nutzung eines elektrischen Reiskochers. Die Geräte kosten zwischen 20 und 70 Euro, nehmen sehr viel Platz und eine weitere Steckdose in Ihrer Küche in Anspruch. Sie sind dazu gedacht, Menschen zu helfen, die auch Wasser anbrennen lassen können. Mit einem elektrischen Reiskocher kann man Reis so zubereiten, wie es auch mit der traditionellen Methode möglich ist. Die traditionelle Methode des Reiskochens ist nämlich geradezu idiotensicher, und das auch dank einer exakten Portionierung: Man nimmt tassenweise losen

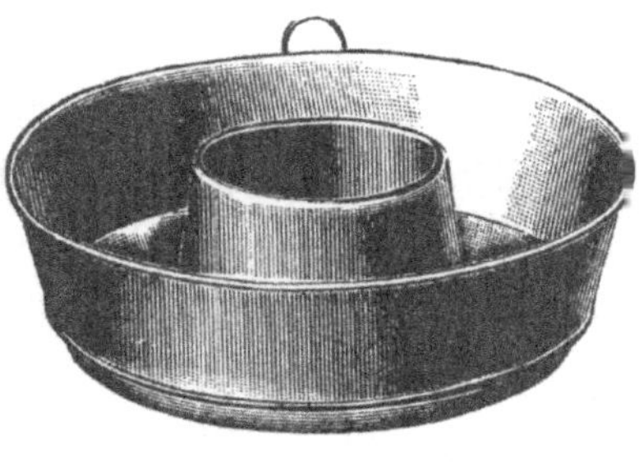

»Reisrand, prima, mit engem Rohr.«
Erhältlich war das Gerät in den Durchmessern 16 bis 26 Zentimeter, jeweils auch mit engem Rohr. Vielleicht schaffte man es ja damit, Reis anbrennen zu lassen. Normalerweise klappt das aber nur, wenn eine Freundin, die sich schon lange nicht mehr gemeldet hat, genau dann anruft, wenn man den Reis aufgesetzt hat.

Reis, füllt die in den Topf gegebene Menge Reis 2:1 mit Wasser auf, lässt die Wasser-Reis-Mischung bei geringer Wärmezufuhr quellen, bis das Wasser sich vollständig in den Reiskörnern befindet. Man gibt zu einer beliebigen Zeit so viel Salz ins Wasser, wie man möchte, und serviert einen schmackhaften Reis, ohne sich die Finger verbrüht zu haben. Die Toleranz des aufgequollenen Reises gegenüber der Kochzeit ist beinahe unendlich.

Damit dürfte auch Helge Schneider mehr Erfolg haben, der in einem seiner Songs bisher nur »Lecker lecker Reis aus dem Kochbeutel« zubereitete und ein ihm unbekanntes Mädchen bat: »Wildes Mädchen schüttel dein Haar. Es gibt Reis. Hey Baby Baby es gibt Reis. Lecker lecker, Baby es gibt Reis. Ich koch ich koch, ich koch ich koch, ich koch ich koch für dich ein einziges Mal ab dann bist du dran. Wildes Mädchen es lohnt sich für dich. Es gibt leckeren Reis.«

Irrtum: Salz verfälscht den Geschmack

Wenn Salz in der Suppe fehlt, schmeckt sie bäh. Salzarm zubereitete Speisen schmecken aber angeblich intensiver. Im Fernsehmagazin *ARD-Buffet* wurde behauptet, eine reduzierte Verwendung von Salz führe dazu, »dass man den eigentlichen Geschmack der Speisen wieder wahrnehmen kann. Bereits nach einer Woche stellen sich die Geschmackspapillen um.«[181] Die Frage ist bloß, wozu sich die Geschmackspapillen umstellen *sollten*. Was stimmt, ist, dass salzarm zubereitete Speisen weniger salzig schmecken.

Die Notwendigkeit, Salz zu sich zu nehmen, und der Irrglaube, alle Menschen müssten sich aus gesundheitlichen Gründen einer salzarmen Ernährung verschreiben, muss hier nicht mehr erörtert werden. Trotzdem versuchen große Hersteller von Fertiggerichten nach dem Motto »Weniger ist mehr« den Salzgehalt ihrer Produkte zu verringern. Damit befinden sie sich im Einklang mit der Welt-Gesundheitsorganisation WHO. Die WHO empfiehlt aus bisher nicht geklärten Gründen einen täglichen Salzkonsum von fünf Gramm. Jeder Europäer nimmt dagegen täglich zehn Gramm Salz zu sich. Nur wenige haben hohen Blutdruck. Wir kümmern uns hier aber nicht um die gesundheitlichen Aspekte des Salzkonsums. Hier geht es um die geschmackliche Seite der salzarmen oder salzlosen Zubereitung von Lebensmitteln. Viele Salzfeinde empfehlen, Speisen anstatt mit Salz mit Gemüsebrühe zu »verfeinern«. Das ist so, als behaupte man, den ganzen Tag keinen Alkohol zu sich genommen zu haben, bloß Bier und Wein. Gemüsebrühenkonzentrat, der klassische Brühwürfel, um den es sich hier handelt, enthält bis zu 50 Prozent Kochsalz.[182]

Irrtum: Salzkartoffeln kann man zu einem beliebigen Zeitpunkt salzen

Natürlich sollten Salzkartoffeln gesalzen sein. Für sie gilt aber nicht dasselbe wie für Nudeln. Kartoffeln sind, anders als Nudeln, Knollen, die zahlreiche Mineralien enthalten. Wann das Salz zugefügt wird, ist deshalb durchaus von Bedeutung. Wie bei allen Früchten und Knollen wandern Natrium- und Kaliumionen durch die Membrane der Zellen ins Kochwasser, wenn dieses nicht gesalzen ist. Die Kartoffel und alle anderen Früchte, die vor dem Verzehr gekocht werden müssen, schmecken dann fade. Gleicht man das Konzentrationsgefälle durch Salzen des Kochwassers aus, wird dieser Aroma- und Nährstoffverlust verhindert. Die Lösung ist bereits gesättigt und die Wanderung der Ionen gestoppt. Ja, heißt es da, aber die Kartoffel nimmt doch auch Salz auf. Falsch! Die Wärmeübertragung vom Wasser auf die Kartoffel und dann in der Kartoffel findet durch Wärmeleitung statt. Von außen nach innen stößt ein Molekül das andere an und bringt es zum Schwingen. Die Bewegung der Moleküle empfinden wir als Wärme. Bei diesem Vorgang hat Wasser, das sich um die einzelne Kartoffel herum befindet, keine Chance, ins Innere zu gelangen. Es gibt dafür keine Kanäle. Die Kartoffel ist praktisch dicht. Da kein Wasser eindringt, kann auch mit dem Wasser kein Salz in die Kartoffel gelangen.

Deshalb funktioniert der alte Küchentrick auch nicht, bei einer versalzenen Suppe rohe Kartoffelstücke mitzukochen. Kartoffeln, ob ganz oder in Stücke oder in Scheiben geschnitten, sind keine Salzschlucker. Man kann den Salzgehalt einer Lösung – und Suppe ist in gewisser Weise eine Lösung – durch die Bestimmung ihrer Leitfähigkeit herausfinden. Die Leitfähigkeit von unterschiedlich stark ge- oder versalzenen Suppen ändert sich aber durch das Mitkochen von Kartoffeln überhaupt nicht. Der Trick funktioniert nicht. So einfach ist das.

Umgekehrt können aber sehr wohl Inhaltsstoffe der Kartoffel ins Kochwasser übergehen. Salziges Kochwasser verringert das Ausschwemmen der kartoffeleigenen Mineralien. Dasselbe gilt übrigens auch für jedes Gemüse. Die Fraktion der Salzfreikocher nimmt einfach etwas weniger Mineralien zu sich. Beim Abschütten des Wassers bleibt – wie bei Nudeln – auf den Kartoffeln eine feine Salzkruste zurück, die ihren feinen Geschmack verstärkt. Salzkartoffeln sind deshalb eigentlich Salzkrustenkartoffeln. Es würde mich nicht wundern, wenn der Begriff demnächst auf der einen oder anderen Speisekarte auftauchte.

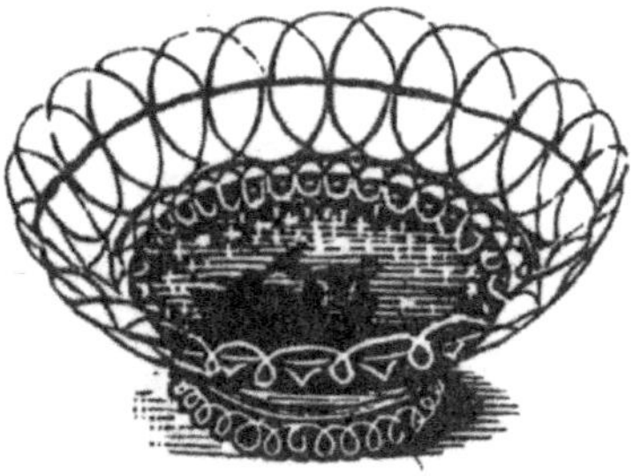

»Kartoffelschalen-Körbchen. Draht, fein verzinnt mit Majolikateller.«
So ein feines Körbchen brauchen Sie gar nicht, aber schälen sollten Sie Kartoffeln auf jeden Fall. Und salzen!

Es gibt Ernährungsberater, die glauben: »Damit Kartoffeln nicht überkochen, empfiehlt es sich, dem Wasser etwas Öl oder Butter zuzufügen.« Ich aber wüsste gerne, wie dieser Glaube zustande gekommen ist oder auf welchen Hilfsglauben er sich stützt. Etwa auf den, Öl habe einen höheren Siedepunkt und »drücke« das aufbrodelnde Wasser damit herunter? Oder den, der Öl- bzw. Butterfilm liege auf dem Kochwasser wie ein Deckel? Manche behaupten, es hänge mit einer verringerten Oberflächenspannung durch das Fett zusammen. Tatsache bleibt allerdings, dass Wasser, auf dem Öl schwimmt, genauso überkocht wie Wasser ohne Ölschicht.

Irrtum: Schnaps (hochprozentigen Alkohol) erhält man nur durch Brennen

Das Brennen, also das Erhitzen alkoholischer Flüssigkeiten, ist die traditionelle Methode zum Erzielen einer höheren Alkoholkonzentration. Sie sammeln die Äpfel ein, packen sie in eine Plastiktonne, geben etwas Hefe dazu und warten ab, bis das Ganze zu einem alkoholischen Brei vergoren ist. Dann kommt der Schritt, den Sie unterlassen sollten, weil er verboten ist: das Destillieren mittels Verdampfen und Abkühlen der alkoholischen Flüssigkeit. Es ist nämlich verboten, sofern Sie keine Lizenz dazu besitzen.

Destillieren ist aber nicht gleich destillieren. Mit einer Kältedestillation können Sie als Laie noch leichter höherprozentige Getränke herstellen: Man stellt eine alkoholhaltige Flüssigkeit in den Gefrierschrank. Die Temperatur sollte etwa minus 5 bis minus 8 Grad Celsius betragen, damit nur das Wasser gefrieren kann. Wasser hat bekanntlich einen Gefrierpunkt von 0 Grad, der von etwa achtprozentigem Alkohol liegt bei minus 15 Grad. Der Alkohol bleibt also flüssig. Den Eisklumpen kann man nach einer Nacht entfernen, der nun stärker konzentrierte Alkohol bleibt übrig. Silke Maier empfiehlt in ihrer Diplomarbeit: »Um auch bei der Heimdestillation – analog zu den Buchenfässern – die Farbe und das Aroma herstellen zu können, verwendet man Holzleisten. Diese Holzleisten aus Buche und Eiche zerkleinert man und steckt sie in kleine Fläschchen. Man verdünnt den Schnaps aus dem Gefrierschrank oder dem Schnellkochtopf mit destilliertem Wasser und leert ihn in diese Fläschchen. Diese lässt man dann ein bis zwei Jahre reifen.«[183]

So weit die guten Nachrichten und jetzt erneut die schlechte: Private Destillation ist verboten, auch mit dieser Methode. Das Gesetz über das Branntweinmonopol, BranntwMonG, legte in § 134 fest: »Wer eine Brennerei nach Absatz 1 betreiben will, bedarf der Erlaubnis. Sie wird auf Antrag Personen unter Widerrufsvorbehalt erteilt, wenn gegen deren steuerliche Zuverlässigkeit keine Bedenken bestehen und deren Brennerei verschlusssicher eingerichtet ist. [...] § 136, Abs. 3) Die Steuer entsteht auch dadurch, dass Branntwein in anderer Weise als nach Absatz 2 ohne Erlaubnis nach § 134 Abs. 2 gewonnen wird.«[184] Seit 2018 ist das Branntweinmonopolgesetz aufgehoben und in das Alkoholsteuergesetz integriert worden. Privatbrennerei ist weiterhin verboten.

Irrtum: Schnellkochtöpfe können explodieren

Wenn Schnellkochtöpfe explodieren könnten, wären schon Hunderte von Familien ausgelöscht. Zu leicht vergisst man, die Energiezufuhr zu drosseln oder abzustellen. Im verschlossenen Topf wird dann weiter und weiter Druck aufgebaut, der sich tatsächlich verheerend auswirken könnte. Würden auch heute noch Töpfe der Bauart verwendet, die ihr Erfinder Denis Papin (1647–1712) benutzte, würde man sicher häufiger von derartigen Explosionen hören. Ein einziges Sicherheitsventil reicht nämlich nicht aus.

Heutige Schnellkochtöpfe sind aber mit zwei Überdruckventilen ausgestattet und haben zumindest im kontinentalen Europa ein vertrauenerweckendes Design. Englische und amerikanische »pressure cooker« wirken dagegen noch immer eher wie ein fast 150 Jahre alter Gutbrod-Drucktopf. Meiner Oma ist es im Laufe ihrer Köchinnenkarriere trotz doppelter Sicherheitsventile zweimal gelungen, einen Schnellkochtopf so stark zu erhitzen, dass sich das Sicherheitsventil zuerst öffnete, dann abriss und samt vier Litern Rotkohl eine interessante Küchendekoration hervorrief.

Der Papin'sche Topf wurde übrigens schon 1679 erfunden, aber schlechte Erfahrungen (siehe das Beispiel meiner Oma) haben dazu geführt, dass die weiterentwickelte und technisch absolut sichere Version dieses nützlichen Geräts in vielen Küchen noch hinter dem Römertopf und der elektrischen Saftpresse versteckt wird. Dieselbe Erfahrung wie meine Oma machte übrigens auch der Erfinder selbst bei einer Vorführung seines Topfs vor der Royal Society. Bei einem mäßigen Überdruck von nicht einmal 1 Bar (= 1000 mbar = 1000 hPa) steigt die Temperatur im Inneren eines Drucktopfs übrigens nicht höher als 119 Grad. Wird der Druck durch weitere Wärmezufuhr erhöht, öffnet sich ein Sicherheitsventil. Jede Menge Wasserdampf entweicht fauchend in die Küche. Weil das niemand lange gut

Papin'scher Drucktopf von 1679. Auch dieser Topf war schon mit einem Sicherheitsventil ausgestattet.

findet, wird dann normalerweise die Wärmezufuhr verringert, bis nur noch der gewünschte Überdruck von 1 Bar gehalten wird. Diese kleine Steigerung reicht aber aus, um das Kochgut in der Hälfte bis einem Viertel der üblichen Kochzeit zu garen.

Eine alte Chemikerfaustregel lautet: Eine Reaktion findet in der Hälfte der Zeit statt, wenn die Temperatur um 10 Grad erhöht wird. Ein Beispiel: Mittelgroße Kartoffeln müssen normalerweise 20 Minuten kochen. Bei 110 Grad reichen zehn Minuten aus, bei 120 Grad fünf Minuten. Da ein Drucktopf etwa 119 Grad erreicht, sind die Kartoffeln in genau sechs Minuten fertig, so, wie es im Verkaufsprospekt jedes Schnellkochtopfs korrekt behauptet und von unzähligen Köchen täglich praktiziert wird. Das Zerstören von Kartoffelzellen ist zwar keine rein chemische Reaktion, sondern eher ein physikalischer Vorgang, trotzdem passt die Chemikerfaustregel auch hier.

Über die Temperaturen, die im Schnellkochtopf herrschen, sind allerdings unterschiedliche Vermutungen in Umlauf. Manche Hobbyköche vermuten, dass bis zu 130 Grad erreicht werden können. Die Firma Silit gibt dagegen für ihre Töpfe bei Kochstufe 1 und einem Druck von 0,3 Bar (300 hPa) eine Temperatur von 107 Grad an, bei Kochstufe 2 und einem Druck von 0,9 Bar (900 hPa) eine Temperatur von 119 Grad. Auf dem Montblanc dagegen lässt der geringere Luftdruck Wasser schon bei 83 Grad sieden und auf den Bergen des

Gutbrod-Drucktopf von 1864, nur ein Sicherheitsventil und eine beängstigende Granatenform.

Himalaja schon bei 70 Grad. Köche, die ihre Speisen aromaschonend zubereiten wollen, begeben sich direkt dorthin, gehen nicht über Los und ziehen nicht 4000 Euro ein. Siehe dazu den Irrtum »Niedriger Luftdruck lässt Aromen stärker zur Geltung kommen«.

In der Millionenfrage eines beliebten Fernsehquiz – es war tatsächlich die letzte, die der Kandidatin gestellt wurde – fragte der Quizmaster Günther Jauch am 10. Dezember 2007 nach dem Erfinder des Dampfkochtopfs. Unter den vier angebotenen Antworten befand sich allerdings nicht Denis Papin. Als richtige Antwort, die die Kandidatin selbstverständlich nicht wusste, wurde Karl Friedrich von Drais, eigentlich Karl Friedrich Christian Ludwig Freiherr Drais von Sauerbronn (1785–1851), genannt. Der Erfinder vieler nützlicher Dinge, u. a. der Draisine, hat allerdings überhaupt nichts mit dem Dampfdrucktopf zu tun. Er erfand eine ohne Druck funktionierende, gut isolierte Kochkiste. Ob die Kandidatin allerdings auf Papin getippt, ihn vielleicht sogar gekannt hätte, wurde nie geklärt. Der Fall der »krummen Millionenfrage« wurde von dem Fernsehsender nicht weiter kommentiert.[185]

Irrtum: Schraubverschlüsse sind schlecht für den Wein

Plastikkorken und Schraubverschlüsse lassen den Wein nicht atmen. Das stimmt. Es stimmt aber auch, dass das gut und richtig und der Weinqualität zuträglich ist. Nach traditioneller Methode werden Weinflaschen mit einem Stückchen Baumrinde geschlossen, das Weinkenner dann mit einem mehr oder weniger eleganten Vorgang wieder entfernen. Diese Sorte Weinkenner scheint kein schöneres Geräusch zu kennen als das »Plopp« des Korkens, der aus einer Flasche gezogen wird – wenn er denn ploppt und nicht irgendwie zerbröselt.

Von Winzern werden sie sehr vorsichtig behandelt, denn es sind gute Kunden. Sobald sie aber aus dem Keller heraus sind, atmen die Winzer auf und schütteln über so viel Dummheit den Kopf.

Viel lieber würden sie schon längst auf Kunststoff- oder Metallverschlüsse umstellen, aber die Kunden wollen's ja nicht. Die Methode, als Weinverschluss ein Stück Baumrinde in den Flaschenhals zu stopfen, ist nicht einmal so alt, wie man vermuten könnte. Zwar wurden schon im antiken Griechenland Flaschen mit Korkstücken verschlossen, aber erst Ende des 18. Jahrhunderts wurde der Einsatz von Korkstücken nach und nach üblich. Angeblich war das dem berühmten Klosterbruder Pérignon zu verdanken. Der Vorteil gegenüber Wachs und Hanf und Holz: Der Vorgang ist leichter zu handhaben. Der Nachteil: Auch Kork ist ein Naturprodukt mit all seinen Qualitätsschwankungen. Was noch unangenehmer ist: Kork enthält Pilze, Bakterien und Kleinstlebewesen. Um sie zu töten bzw. auszuschwemmen, wird das Material einem aufwendigen Reinigungsprozess unterzogen, bevor es als Flaschenverschluss dienen kann. Rückstände dieses Reinigungsvorgangs sind selten und gehen immer auf unsachgemäße Handhabung zurück. Der

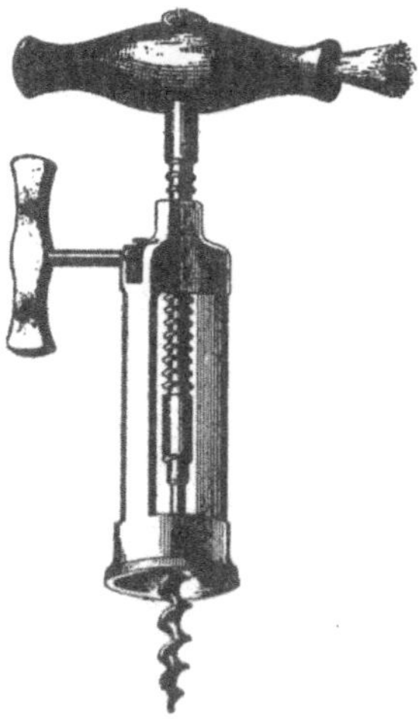

»Korkzieher, Stahl, mit vernickelter Glocke, Bürste und Übersetzung zum Korkheben, polirt, 20 cm lang.«
So schön das Gerät auch ist: Lassen Sie Wein besser nicht lange mit Sauerstoff in Verbindung kommen und nennen Sie das bitte auch nicht »atmen«. Bitten Sie stattdessen »Ihren« Winzer um einen dichten Verschluss aus Kunststoff oder Glas. Das gilt für Weißwein und für Rotwein.

Schaden für Winzer ist trotzdem erheblich. Ein weiterer Nachteil von Naturkork als Flaschenverschluss ist der gefürchtete Übergang von Korkgeschmack auf den Wein. Selbst durch noch so qualitätsvolle, feinporige, extrem gewässerte und kontrollierte Korken lässt sich dieser Effekt kaum verringern. Die Angaben schwanken zwischen zwei und acht Prozent einer Jahresproduktion, die durch Korken verdorben werden. Eine Pilzinfektion führt zur Ausbildung einer Substanz, die 2,4,6-Trichloranisol (TCA) heißt. Sie schmeckt muffig-schimmlig und entsteht in Korkeichen unabhängig davon, ob sie mit Chlorphenolen behandelt wurden oder nicht. Im Gegenteil! Die im Kork verbleibenden Chlorphenole sind ein idealer Nährboden für Schimmelpilze, die das 2,4,6-Trichloranisol ausstoßen. Es riecht nicht gut, es schmeckt fürchterlich und es löst sich gut in Alkohol. Und es entsteht in Eichenfässern. Das wird später noch wichtig.

Etwa fünf Prozent aller Weine verderben ganz einfach durch diesen Naturkork-Effekt. Sommelier Frank Kämmer sieht daher in der Verwendung von Naturkork »eine Art russisches Roulette«.[186] Vor allem aber – wir kommen nun zum wichtigsten Aspekt der Weinverpackung – ist Kork nicht dicht. Das ist der einzige Grund, weshalb Flaschen liegend gelagert werden sollen. Die ständige Befeuchtung des Korkens erhält dessen Elastizität und diese Elastizität sorgt dafür, dass der Flascheninhalt nicht mit Sauerstoff in Berührung kommt. Oxidation, die Reaktion mit Sauerstoff, führt dazu, dass Wein sehr schnell ungenießbar wird. Das trifft auf fast alle Lebensmittel zu und auf Wein ganz besonders. Wenn auch immer wieder zu hören ist, Wein müsse atmen: Glauben Sie diesen Pseudo-Weinkennern kein Wort! Glauben Sie stattdessen Frank Kämmer, der mit diesem Mythos hoffentlich ein für alle Mal aufgeräumt hat. Auch Champagner wird selbstverständlich während seiner gesamten Reifezeit mit einem schlichten Kronkorken verschlossen. Erst kurz vor dem Vertrieb wird er durch einen nostalgischen Kork nach Art des angeblichen Erfinders Dom Pérignon ausgetauscht.

Schraubverschlüsse für Weinflaschen werden von Menschen, die sich für Kenner halten, strikt abgelehnt. Das dürfte nur noch so lange der Fall sein, wie sich das Ritual des Korkenziehens als Ritual der Unwissenden herumgesprochen hat und Designer sich des Themas Weinflaschenverschluss annehmen. Und noch zwei gute Ratschläge zum Schluss: Leute, die am Korken riechen, geben zu erkennen, dass sie keinen blassen Schimmer von Wein haben. Und sie können sogar Wein wegen Korkgeschmacks bemängeln, der einen Schraubverschluss oder einen teuren Glaspfropfen hat. Selbst solche Weine können den typischen Korkgeschmack aufgrund eines TCA-Fehlers schon im Fass erhalten haben. Außerdem gibt es eine ganze Reihe anderer Herstellungsfehler: durch unsaubere Abfüllung, durch Nachgärung in der Flasche, durch Oxidation aufgrund eines falsch sitzenden Verschlusses. Was es mit dem Böckser, dem Geranienton und dem Mäuseln auf sich hat, auch dazu informieren Sie sich bitte bei Önolgen. Die wissen das.

Schrumpfende Koteletts, Irrtum 1: eine Folge industrieller Fleischproduktion

Journalisten mögen das Thema. Etwas Umweltschutz, etwas geschundene Kreatur, etwas Halbkriminelles, ein paar korrupte Tierärzte und am Schluss noch etwas Gourmetgebaren und schon ist ein Artikel, ein Feature oder ein scheinbar gut recherchierter Hintergrundbericht fertig. Ein Mythos, der fast so weit verbreitet ist wie der von der fleischzersetzenden Wirkung von Cola, lautet: In der Pfanne schrumpfende Koteletts sind auf industrielle Fleischproduktion zurückzuführen. Das Böse lauert nach dieser Logik in global vermarktenden Fleischfirmen und in der Massentierhaltung. Leider ist die Welt nicht so einfach strukturiert, dass sich das Böse so leicht identifizieren ließe. Es ist also zunächst zu klären, a) ob es tatsächlich (noch) stimmt, dass Schnitzel und Koteletts in der Pfanne über Gebühr schrumpfen, und b) worauf dies zurückzuführen ist oder war.

Zur Klärung der unter a) gestellten Frage habe ich einige Tests gemacht. Ich kaufte beim Biomarkt, beim Metzger und im Supermarkt je ein Schnitzel. Biomarkt-Verkäufer und Metzger beglückwünschten mich zu meiner weisen Entscheidung, mein Fleisch beim Fachmann zu kaufen und versprachen mir einen unvergleichlichen Genuss. Im Supermarkt, eigentlich ein Megastore, sprach keiner mit mir. Die reine Anonymität. Ich hatte alle Mühe, aus dem riesigen Warenangebot ein eingeschweißtes Schnitzel herauszusuchen. Alle drei Schnitzel bereitete ich auf dieselbe schonende Weise zu. Auch wenn ich es gewollt hätte, konnte ich nicht feststellen, dass sich eines gegenüber den anderen in der Pfanne irgendwie anders verhielt. Bei der Blindverköstigung durch einen Freund (Bio-Metzger) und meine Frau (ich aß auch mit) gab es noch eine Überraschung: Uns allen schmeckte das Supermarktschnitzel am besten. Wir waren schockiert. Trotz allem sind sehr viele Menschen davon überzeugt, dass eine merkliche Schrumpfung auftritt, wenn sie Supermarktschnitzel zubereiten.

In *NEON*, dem Jugendmagazin der Zeitschrift Stern, wurde ein typischer »Scheinfleischesser« beschrieben, offensichtlich ein Banause mit folgenden Ernährungsvorlieben: »Leberkäse, Würstchen direkt aus der Plastikpackung, eingelegter Halsgrat zum Grillen, der auf 20 Prozent seiner ursprünglichen Größe schrumpft, Döner Kebap mit mehr als 30 Prozent Sägemehlanteil«. Natürlich ist diese Beschreibung ein Stück Literatur und keine Schilderung tatsächlicher Zustände. Trotzdem spiegelt sich in ihr Volkes Meinung und wird hier gleichzeitig noch verstärkt.

Über schrumpfende Koteletts versucht etwa das von mehreren Bio-Fleisch-Vermarktungsfirmen herausgegebene Magazin *»tierisch engagiert«* Schüler der Mittelstufe mit der folgenden, sehr schönen

Geschichte aufzuklären: »›Der Wettbewerb kann beginnen!‹, feuerte Manuel seine Freunde an, klatschte in die Hände und tat einen Pfiff. Paul und Lisa drängelten sich an den Herd, zündeten das Gas an und jeder von den beiden platzierte eine Pfanne mit Fett auf einer der Kochplatten. ›Jetzt die Koteletts‹, spornte Manuel erneut an, während die beiden sich bereits jeder ein Kotelett aus dem Kühlschrank genommen hatten und dieses jeweils mittig in ihre Pfanne legten. Das Fett spritzte, Lisa schrie auf, Paul tat lässig, obwohl auch er einige Spritzer auf den Arm bekommen hatte. Beide Koteletts brutzelten in der Pfanne, schienen manchmal unter der Hitze fast ein wenig zu hüpfen. [...] ›Jetzt kann man es sehen‹, sagte er und schaute Paul und Lisa an. Beide warfen einen Blick in ihre Pfanne. Die zwei Koteletts waren ungefähr gleich groß, bevor sie in den Pfannen gelandet waren. Jetzt aber, Lisa blickte fast etwas böse auf das Stück Fleisch herunter, war ihr Kotelett nur noch halb so groß wie das von Paul. Und dabei hatte sie sicher doppelt so großen Hunger wie er!«[187] Eine schöne Geschichte, sehr anschaulich und gut erzählt, aber auch sie ist bloß ein Stück Literatur und wirklich unglaublich. »Halb so groß« wie das ihres Mitschülers soll das Kotelett von Lisa am Ende gewesen sein. Halb so groß, das hieße, bei einem Durchmesser von angenommenen zehn Zentimetern, den das Kotelett von Paul nach dem Anbraten hatte, das von Lisa hätte immerhin noch sieben Zentimeter Durchmesser gehabt. Bei einem Durchmesser von zehn Zentimetern ist der Flächeninhalt 78,54 Quadratzentimeter. Die Hälfte davon sind 39,225 Quadratzentimeter, die haben immer noch einen Durchmesser von 7,067 Zentimeter. Ob das bei dem unnötig spritzenden Fett überhaupt aufgefallen wäre? Wichtiger aber ist noch die Frage, worauf diese Schrumpfung zurückzuführen ist, selbst wenn sie nicht so dramatisch ausfiel, wie behauptet.

Schrumpfende Koteletts, Irrtum 2: eine Folge von Hormonspritzen

Eine gängige Erklärung ist die, es handele sich um PSE-Fleisch (pale = blass, soft = weich, exudative = wässrig), hervorgerufen durch Hormonspritzen. Was diese Erklärung etwas entwertet, ist die Behauptung, dass DFD-Fleisch (dark = dunkel, firm = fest, dry = trocken), also Fleisch, das exakt gegenteilig aussieht bzw. gegenteilige Eigenschaften hat, auf dieselben Ursachen zurückzuführen sei. Die Behauptung, Fleisch von derart hormonell behandelten Tieren komme weiterhin in den Handel, ist schlichtweg falsch. Hormone, die das Wachstum von Tieren fördern, sind in der Tierzucht in ganz Europa verboten. »Fleisch von Tieren, die nicht einigermaßen artgerecht gewachsen, richtig gehegt und auch mit einem Quäntchen Respekt behandelt worden sind, schmeckt nie so, wie es schmecken sollte. Es verliert an Würze, der Geschmack bereitet selten Freude, es riecht oft ziemlich unpassend, stinkt bisweilen, verdampft Wasser und schrumpft in der Pfanne oft zu einem betrüblichen Faserlappen zusammen. Fleisch von glücklichen Sauen dagegen, die auf einer Weide leben, die winters und sommers Freigang haben, bauen ihren Speck langsamer auf, sind deshalb weniger wirtschaftlich – aber nur auf einen fahrigen ersten Blick. Ihr Fleisch schmeckt würziger, voller.« Das jedenfalls behauptete Paul Imhof im Züricher Tagesanzeiger und drückte sich mit blassen und weichen Formulierungen um die Erklärung herum, warum das so sein sollte.[188]

Selbst Politiker und Parteien tradieren gelegentlich die längst überholte und aus guten Gründen (zum Wohle von Tier und Mensch) verbotene Verwendung hormoneller Wachstumsförderer. So meinten »Die Grünen« im Bundestag, der Verzicht auf wachstumsfördernde Hormone sei ein Alleinstellungsmerkmal von Bio-Fleisch: »Die Tiere aus Biobetrieben werden artgerecht gehalten, wachsen langsamer heran – ohne Wachstumsförderer und Antibiotika – und lagern weniger Wasser ein.« Entsprechende Nachweise fehlen leider. Konkreter werden da schon die Skeptiker der Biovermarktung: »Der Glaube, gesündere Lebensmittel zu verzehren, die Gewissheit, weniger Zusatzstoffe zu konsumieren, der deutlich bessere Geschmack der Produkte und das Vertrauen in Herkunft und Regionalität sowie die größere Nahrhaftigkeit (höherwertiger Energielieferant) gegenüber herkömmlichen Produkten (Bsp. Fleisch: ›herkömmliches Fleisch schrumpft in der Pfanne‹) waren frei, spontan und ungestützt von den Teilnehmern artikulierte Kernmotive beim Kauf von Bio-Produkten«,[189] heißt es in einer Machbarkeitsstudie über die Vermarktungsmöglichkeiten für regional erzeugte Milch mit erhöhtem Omega-3-Gehalt.

Schrumpfende Koteletts, Irrtum 3: eine Folge von Gerangel beim Transport

Mit Unterstützung des Bundesministeriums für Ernährung, Landwirtschaft und Verbraucherschutz (bis 2005) verkündeten der »Informationsdienst Verbraucherschutz, Ernährung, Landwirtschaft«, Bonn und die »Zentralstelle für Agrardokumentation und -information« (ja, die gab es tatsächlich bis 2007, ebenfalls in Bonn und heißt jetzt »Bundeszentrum für Ernährung)« auf einer gemeinsamen Internetseite: »Wenn das Schnitzel in der Pfanne schrumpft, das Fleischstück viel Flüssigkeit verliert und die Zartheit mit einer Schuhsohle zu vergleichen ist, war das Tier kurz vor dem Schlachten starkem Stress ausgeliefert. Wie kommt es dazu? [...] Stress löst beim Tier (wie auch beim Menschen) Körperreaktionen aus, die es für den Notfall wappnen sollen. Um fliehen oder kämpfen zu können, wird mehr Energie bereitgestellt. Dabei bilden sich auch Säuren (die beim Sport beispielsweise die Muskelermüdung hervorrufen). Wird das Tier in diesem Zustand geschlachtet, können die Säuren nicht mehr vom Blut aus den Muskeln abtransportiert und abgebaut werden. Diese im Muskelfleisch verbleibenden Säuren senken den pH-Wert und damit auch das Safthaltevermögen des Fleischs. Bei normalen pH-Werten bindet ein Teil Muskeleiweiß zwei Teile Wasser.« Damit wurde uns von kompetenter Seite nach Massentierhaltung und angeblicher Hormonbehandlung eine dritte Ursache für das schrumpfende Kotelett aufgetischt: Stress. Dass es aber beim Transport von Tieren zum Schlachthof oder auf dem Schlachthof selbst zu Stoffwechselstörungen kommt, die sich in einem wie auch immer erkennbaren »Qualitätsmangel« niederschlagen, ist keineswegs erwiesen. Als Verkaufsargument für »Bio-Fleisch« ist diese Behauptung aber unschlagbar.[190] Längere Mastzeiten sollen etwa dazu führen, dass das Fleisch einen geringeren Wassergehalt aufweist. Ähnlich ist eine Begründung, die im Bayerischen Rundfunk gegeben wurde: Für schrumpfendes Fleisch sollten arttypische Rangordnungskämpfe beim Transport verantwortlich sein.

Beim Transport von Schlachttieren müssen in Europa einheitlich festgelegte Ruhezeiten eingehalten werden. »Ist diese Verschnaufpause allerdings zu lang, kommt es bei Schweinen oft zu Rangordnungskämpfen. Das zehrt an den Energievorräten in den Muskeln der Tiere. Das Fleisch wird dadurch wässrig und schrumpft beim Braten extrem zusammen. Im schlimmsten Fall, wenn sich die Tiere über längere Zeit verausgaben, werden die Energievorräte der Muskeln vollständig aufgebraucht. Auch bei Rindern gibt es ähnliche Probleme. Das Fleisch ist in rohem Zustand sehr dunkel, sehr klebrig und sehr leimig, sagte Matthias Moje von der Bundesforschungsanstalt für Fleischforschung in Kulmbach. Meist wird solches Fleisch zu Wurst verarbeitet.«[191] Hilft uns das?

Schrumpfende Koteletts, Irrtum 4: eine Folge falschen Fleischschnitts

Viele Ratgeber, auch professionelle, machen die Verarbeitung für das Schrumpfen der Koteletts verantwortlich. Richtig, also quer zur Faser geschnittene Fleischstücke verlieren angeblich wenig Zellflüssigkeit: »Falsch geschnittene Fleischstücke verlieren dagegen wertvollen Fleischsaft und werden häufig in der Pfanne hart. Werden Schnitzel parallel zur Faser geschnitten, schrumpfen sie in der Pfanne.«[192] Auch die 2009 aufgelöste Centrale Marketing-Gesellschaft der deutschen Agrarwirtschaft mbH (CMA) empfahl: »Fleisch stets quer zur Faser schneiden – egal, ob Schnitzel, Bratenscheiben oder Filetspitzen. Ergeben sich quer zur Faser keine ausreichend großen Stücke, sollte man darauf achten, dass der Schnitt zumindest schräg zur Faser verläuft. Durch die kurzen Fasern bleibt das Fleisch gut kaubar und zart. Falsch geschnittene Fleischstücke verlieren dagegen wertvollen Fleischsaft. Werden Schnitzel parallel zur Faser geschnitten, schrumpfen sie in der Pfanne. Auch für Geschnetzeltes gilt: vom großen Stück zunächst quer zur Faser und dann in Streifen schneiden.« Mal überlegen: Wie wichtig ist es wohl, zuerst »richtig« und dann erst »falsch« zu schneiden?

So viele Erklärungen erfordern eine physiologische Hintergrundinformation, worum es sich bei dem im Fleisch enthaltenen Wasser eigentlich handelt. Mich hat das interessiert. Wasser gibt es im Fleisch in freier und in gebundener Form. Vier bis fünf Prozent davon sind mit Wasserstoff-Brücken an Proteine gebunden. Außerdem ist in den Myofibrillen Wasser gebunden. Es gibt aber auch »freies Wasser« im sarkoplasmatischen und extrazellulären Raum. Viele biochemische Prozesse können in den Muskeln nur mithilfe dieses Wassers stattfinden. In den Zellzwischenräumen wird dieses »freie Wasser« durch Kapillarkräfte festgehalten. Diese physiologischen Details haben mich vor allem deshalb interessiert, weil ich wissen wollte, ob wir mit einem »richtig« geschnittenen Stück Fleisch ein besseres Kotelett erhalten. Leider ist dem nicht so. Die Ergebnisse unserer Tests bewiesen: Die Schnittrichtung des Fleischs ist für sein Verhalten in der Pfanne *vollkommen egal*!

Schrumpfende Koteletts, Irrtum 5: gibt's nicht bei Bio-Fleisch

Ganz hoch her geht die Diskussion über angeblich schrumpfende Koteletts in Chatrooms im Internet. Ursachen werden dabei kaum genannt. Von ihren schlechten Erfahrungen berichten aber viele. Hier nur ein paar sprachlich etwas unappetitliche Beispiele: Ein Teilnehmer, der sich »Oisen« nennt, fragte: »Warum schmeckt das Fleisch nicht mehr. Wieder einmal habe ich mir ein Schnitzel gekauft, aber ... nachdem es literweise [???] Wasser verlor, war es weiß, klein, hart und schmeckte total iiiiiih«, und »Joanna« trägt spontan und wie ihr der Schnabel gewachsen ist ihre Erfahrung bei: »Das ist mir in letzter Zeit auch schon aufgefallen. Ich bin schon am Überlegen, ob ich meine Schnitzel mal einem ›Vorher/Nachher‹-Wiegeprozess unterziehe – die Dinger schrumpfen ja in der Pfanne sowas von klein, dass das echt nicht mehr feierlich ist.« »Tina1801« pflichtet ihr bei: »Das stimmt wirklich. Ich glaube, das liegt am Adrenalin. Die Schnitzel, die der Metzger/Fleischer verkauft, lassen deutlich weniger Wasser. Außerdem sollte man darauf achten, dass die Pfanne richtig heiß ist und nicht zu viel in der Pfanne ist.« Damit geht »Tina1801« natürlich der längst widerlegten Empfehlung zum scharfen Anbraten auf den Leim. »Berolina« aber (wo die wohl wohnt?) stimmt »Tina1801« zu und weiß genau, woher das Übel kommt: »Die beknackten Lebensmittelregeln kommen – wie vieles andere auch – von der EU in Brüssel und müssen dann in nationales Recht umgesetzt werden. Da sitzen eben Bürokraten und entscheiden über unser Essen.« Bürokraten, zumal die in Brüssel, haben einen schlechten Ruf, sonst hießen sie ja auch EU-Verwaltungsengel. Eine ihrer wichtigsten Funktionen besteht aber scheinbar darin, als Prügelknaben für alles herzuhalten, was man für kritikwürdig hält.

Die Frage bleibt aber unbeantwortet: Ist »Bio« in der Pfanne tatsächlich besser? Ganz genau weiß es natürlich die Zeitung *BILD* bzw. deren Redakteure Attila Albert und Katharina Wolf: »Alfred Biolek verwendete in seiner Kochshow *Alfredissimo* Bio- und Normalfleisch. Bilanz nach 456 Folgen: Bio-Fleisch schrumpft weniger. Bio-Fleisch wölbt sich beim Braten nicht. Beides weist auf den geringeren Wassergehalt hin.«[193] Im Umkehrschluss müsste also gelten: Nicht-Bio-Fleisch wölbt sich, weil es einen relativ höheren Wasseranteil hat. Der physikalische Vorgang, den leider weder Alfred Biolek noch *BILD* erläutern, läuft etwa so ab: Bei jedem Anbratvorgang tritt (auch bei Bio-Fleisch) »Wasser«, also Zellflüssigkeit, aus der Seite des Koteletts aus, die der Pfanne zugewandt ist. Die weiterhin mit »Wasser« gefüllten Zellen der oberen Kotelettseite bilden dadurch zwangsläufig eine Kuppel, die das Kotelett in der Mitte hochzieht. Da Bio-Fleisch allerdings ganz genauso viel Zellflüssigkeit enthält wie das von traditionell, also schneller gemästeten Tieren lässt sich bei einem objektiven Anbrattest bei geringer Temperatur keinerlei Unterschied feststellen.

Dass es ein »Fleischschrumpfen« oder so etwas wie »Schrumpffleisch« überhaupt gibt, wagen nur wenige anzuzweifeln. Gründe für dieses angebliche Phänomen geben noch weniger Ernährungskritiker an. Ganz pauschal und ohne Angabe möglicher physiologischer Zusammenhänge behauptete der BUND (Friends of the Earth Germany), Landesverband Mecklenburg-Vorpommern: »Das Fleisch aus derart industrieller Produktion hat eine schlechte Qualität (blass, wässrig, schrumpft in der Pfanne).« BUND war allerdings auch der Meinung: »Das in die Atmosphäre entweichende Ammoniak ist einer der Verursacher des Waldsterbens.« So, wie es nie ein großflächiges Waldsterben gab,[194] gab es auch nie einen massenweisen

Qualitätseinbruch beim Schweinefleisch. Beide Mythen halten sich aber hartnäckig. Trotz aller Bemühungen um ein besseres Fleisch durch artgerechtere Tierhaltung gibt es keinen objektiven Beweis für eine bessere Fleischqualität bei ökologischer Haltung. Mehrere Blindexperimente, die ich selbst mit engagierten Verfechtern von Bio-Fleisch durchführen konnte, kamen zum gegenteiligen Ergebnis. Die Steaks und Schnitzel von traditionell gezüchteten Tieren schmeckten den wohlmeinenden Bio-Fleisch-Freunden besser als die aus ökologischer Aufzucht. Selbst Karl Ludwig Schweisfurth, ein eifriger Verfechter biologischer Tierzucht, muss resümieren: »Die heute üblichen Messmethoden können ökologische Qualität nicht von normaler unterscheiden.«[195]

Schrumpfende Koteletts, Nummer 6 (wahrscheinlich KEIN Irrtum): Folge einer mutierten Schweinerasse

Nach allen Versuchen, das angeblich überproportionale Schrumpfen von Koteletts in der Pfanne zu erklären, erscheint mir diese Erklärung äußerst plausibel. Als Grund für schrumpfende Schweinekoteletts infolge von PSE-Fleisch kristallisiert sich seit einigen Jahren ein Zuchtfehler heraus. Bis vor einigen Jahren (etwa bis zum Jahr 2000) wurden Tiere zur Zucht verwendet, die einen mutierten Ryanodin-Rezeptor aufwiesen. Der Ryanodin-Rezeptor ist ein Protein im Skelettmuskel. Grund der Mutation war der Wunsch nach einem hohen Magerfleischanteil. Die Tiere waren dadurch sehr stressanfällig geworden. Sie litten an einer Sauerstoffunterversorgung der Muskeln: »Es besteht heute überhaupt kein Zweifel mehr, dass die Mutation des Ryanodin-Rezeptors in einem engen kausalen Zusammenhang mit dieser bekannten Stressanfälligkeit der

Schweine, der Belastungsmyopathie und bestimmten Fleischqualitätsmängeln (PSE) steht«, heißt es in einem entsprechenden Forschungsbericht.[196] Professor Holger Martens schrieb mir dazu: »Es ist wichtig zu betonen, dass die Konsequenzen der Mutation des Ryanodin-Rezeptors im Hinblick auf die Fleischqualität ganz evident bei homozygoten [reinerbigen] Tieren sind. Aus diesem Grunde werden heute, sofern eine Elimination der Mutation noch nicht erfolgt ist, für die Mast heterozygote [mischerbige] Tiere gezüchtet.«[197] Damit wäre auch dieses Problem gelöst und einigen noch immer verbreiteten Irrtümern über angeblich falsche Zubereitungstechniken der Boden entzogen.

Irrtum: Sekt wird nicht schal, wenn man einen Silberlöffel in die Flasche steckt

Das wäre ja noch schöner! Wollen Sie etwa mit Sekt geizen? Löschen Sie auch Wunderkerzen auf halber Strecke und brennen sie bei nächster Gelegenheit neu an? Lassen Sie nach dem Kindergeburtstag die Luft aus den Ballons und heben sie fürs nächste Jahr auf? Sekt genießt man nicht wegen seines zweifellos angenehmen Geschmacks und der noch viel angenehmeren Blubberbläschen, sondern man zelebriert mit ihm einen symbolischen Verbrauch, reinen Luxus. Sekt ist nicht teuer, weil er teuer herzustellen ist, sondern weil er teuer sein soll. Eine Flasche Sekt öffnet man zu einer besonderen Gelegenheit. Man ist wenigstens zu zweit, meist sind noch mehr Personen anwesend und da sollte man es nicht schaffen, eine Flasche vollständig zu leeren, den Rest, vielleicht ein Glas, stattdessen aufheben und am nächsten Tag einsam austrinken?

Machen Sie das ruhig, Sie werden an dem schalen Tropfen wenig Freude haben, vor allem dann nicht, wenn Sie den längst widerlegten

Trick mit dem Silberlöffel im offenen Flaschenhals anwenden. Ein chemischer Vorgang findet dabei nämlich nicht statt. Der Löffel, ob nun aus Silber oder aus einem anderen Material, ist nicht von Bedeutung. Er hat lediglich die Wirkung, die Kälte des Kühlschranks um wenige Minuten schneller in die Flasche zu leiten – ein extrem schwacher physikalischer Effekt. In kalten Flüssigkeiten aber bleibt Kohlensäure tatsächlich länger gelöst. Sektflaschenverschlüsse, die unter den Flaschenrand geklemmt werden, um dem Druck standzuhalten, haben auch eine schwache Wirkung beim Zurückhalten der Kohlensäure. Aber sagen Sie mal ehrlich: Hat Ihnen der einsam und allein getrunkene Sekt am Tag nach dem besonderen Tag jemals wirklich gut geschmeckt?

Irrtum: Silberbesteck läuft nicht an, wenn man es auf Alufolie lagert

In Bezug auf angelaufenes Silberbesteck geben sich unter anderem Hans Peter Matkowitz und Juliana Raskin-Schmitz folgender Hoffnung hin: »Die Lagerung auf Aluminiumfolie verhindert das vorzeitige Anlaufen der Bestecke.« [198] Wenn die beiden Autoren im Chemieunterricht aufgepasst hätten (ich weiß, er ist normalerweise stinklangweilig), wüssten sie, dass der Trick mit der Alufolie nur dann funktioniert, wenn sich beide Metalle in einer salzigen Lösung befinden. Dann nämlich, und nur dann, wandern die Ionen des Silbersulfid (Ag_2S) – denn darum handelt es sich bei den angelaufenen Stellen – zum weniger edlen Aluminium. Das Aluminium löst sich auf und wird zu Al_3+. Dabei werden Elektronen freigesetzt. Diese Elektronen fließen durch die Metalle und kommen zum Silbersulfid. Dort reduzieren sie das Silbersulfid zurück zu Silber. Das Silber ist wieder silbern. Das Sulfidanion (S_2-) bleibt unverändert, jedoch entwickelt

»Martinstahl-Löffel, starke Qualität, fein verzinnt.« Wenn das Rohmaterial Ihres Bestecks im Siemens-Martin-Verfahren hergestellt wurde, haben Sie sowieso kein Problem mit Anlaufen. Das Material oxidiert ohnehin so stark, dass man es »Rost« nennt.

sich in saurer Lösung daraus Schwefelwasserstoff (H_2S). Sauer wird die Lösung auch durch die sich bildenden Aluminiumsalze. Der Schwefelwasserstoff war zuvor teilweise aus der Luft, aber mehr wohl aus Eiweiß von Fettfingern, im Silbersulfid gebunden. Schwefelwasserstoff riecht nicht gut. Bei einer schlichten Lagerung auf Alufolie kann dieser chemische Vorgang aber gar nicht stattfinden. »Ute«, eine Frau, die ich nicht kenne, außer von einer »Hausfrauenseite«, behauptet: »Silber läuft nicht mehr an, wenn man einige Stücke Schulkreide mit in die Schublade legt. Der Tipp stammt von meiner Oma (und Omas haben immer recht). Ich weiss auch nicht warum, aber es funktioniert!« Der Trick funktioniert natürlich *nicht*, selbst wenn »Ute« und ihre Oma das behaupten. Wie sollte auch zwischen angelaufenem Silber (Silbersulfid, Ag_2S) und Kreide (Calciumkarbonat, $CaCO_3$) ohne vermittelnden Stoff eine chemische Reaktion stattfinden?

Irrtum: Soßen lassen sich mit Gelatine binden

Fett emulgiert, wenn es mit Wasser oder einer wässrigen Flüssigkeit verquirlt wird. Der Vorgang lässt sich bei der Mayonnaiseherstellung gut beobachten. Ich bezweifle, dass selbst Spitzenköche bei den derzeit ruinösen Preisen für fertige und gute Mayonnaisen ihre eigene Emulsion herstellen, aber sie wissen natürlich schon, wie es geht.

Man gibt Eigelb in eine Rührschüssel, rührt es mit einem Schneebesen oder Elektroquirl glatt, gibt tropfenweise Öl dazu und sieht, wie sich Mayonnaise bildet. Dasselbe gilt für das Binden von Bratensaft zu einer Soße. Man kann Bratensoßen mit Butter oder mit Soßenbinder oder mit Mehl binden. Das Einzige, was nicht funktioniert, auch wenn es in Kochbüchern wieder und wieder empfohlen wird, ist das Binden von Soßen mit Blattgelatine.

Hervé This-Benckhard scheiterte, wie er selbst zugibt, mit dieser Methode kläglich: »Ich musste nicht nur ein bis zwei Blätter zugeben, sondern drei, vier, fünf! Die Viskosität der abgekühlten Sauce ließ nichts zu wünschen übrig, aber wenn man sie erwärmte … Kurz, das Ergebnis war enttäuschend.«[199] Eigentlich kein Wunder, wenn man noch einmal nachvollzieht, was bei der Verwendung von Gelatine passiert. Die Gelatineblätter werden in heißes Wasser gelegt, die Gelatine löst sich dabei. Dann wird das Gelatinewasser zum Soßenfond gegeben und der Soßenfond bleibt genauso flüssig, wie er es vorher schon war. Praktischer Nutzen zum Binden der Soße: keiner.

Dass diese Methode zum Soßenbinden völlig ungeeignet ist, kann man schon daran erkennen, dass die Gelatine mit heißem Wasser gelöst wird. Sie bleibt natürlich auch in der Soße gelöst und geliert erst wieder, wenn die Soße kalt wird. Kalt aber will kein Mensch Soße essen. Warum empfehlen einige Kochbücher trotzdem die Zugabe von Gelatine? Es geht um das vollere Mundgefühl, das durch Gelatine erzeugt wird. Ein Trick, den vor allem Hersteller von Fertiggerichten beherrschen. Eine mit Gelatine angereicherte Soße schmeckt einfach vollmundiger, weniger wässrig und wird deshalb von den meisten Menschen bevorzugt.

Irrtum: Soufflés fallen zusammen, wenn man den Ofen zwischendurch öffnet

»Der Pauli«, das Standardwerk für angehende Köche in der Schweiz, gibt als Fehlerquelle für ein misslungenes Soufflé Folgendes an: »Wird während des Aufgehens die Ofentüre geöffnet, kühlt die Luft innert Sekunden ab und der Auflauf fällt in sich zusammen. Ein erneutes Aufgehen ist nicht mehr möglich.«[200] Auch Herde mit Heiß- oder Umluft können, das berichtet Thomas Vilgis, eine verheerende Wirkung haben. Ein Soufflé falle dann zusammen. »Ich habe das mehrmals ausprobiert«, sagt der Physiker. Ausprobiert hat er sicher das Erhitzen eines Soufflés im Heißluftherd, nicht aber das Öffnen der Tür eines normalen Backofens. Ein Soufflé fällt dann nämlich durchaus nicht zusammen. Der Irrtum hält sich trotzdem hartnäckig und die Empfehlung, die Ofentür keinesfalls während des Garvorgangs zu öffnen, findet sich noch immer in vielen Kochbüchern.

Für diese Empfehlung gibt es nur einen scheinbar plausiblen Grund. Man nimmt an, dass sich die in den Eischaumbläschen eingeschlossene Luft schlagartig zusammenzieht, danach keine Gelegenheit mehr hat, sich wieder auszudehnen. Vergessen wird dabei aber, dass bei einem kurzen Öffnen der Ofentür allenfalls die oberste

»Auflaufform, Messing, fein vernickelt mit Porzellan-Einsatz, auch mit Zwiebelmuster-Einsatz.«
Ob Sie in einer so verzierten Form oder in einer schlichten Glasschüssel ein Soufflé zubereiten: Durch kurzes Öffnen der Ofentür versetzen Sie nur Zuschauern einen Schreck, nicht dem Soufflé.

Schicht der Bläschen abkühlt. Das Soufflé isoliert sich praktisch selbst. Peter Barham provoziert sogar mit dem Vorschlag, ein Soufflé mit geöffneter Ofentür zu backen. Der Nachteil: Die Form muss für eine gleichmäßige Erhitzung oft gedreht werden. Bei normalerweise geschlossener Ofentür beeinflusst das gelegentliche Öffnen der Tür die Schaumstabilität aber überhaupt nicht. Barham macht sich außerdem einen Spaß daraus, bei öffentlichen Veranstaltungen die Ofentür zu öffnen, kurz bevor das Soufflé fertig ist: »›Es braucht wohl noch ein paar Minuten‹, sage ich dann und schließe die Tür lautstark (…). Die Reaktion im Publikum: ›Oh je! Wie schade, das Soufflé hat er damit ruiniert!‹«[201] Seine Soufflés, sagt Barham, gelängen aber trotz dieser empfindlichen Störung. Seine Rezeptur sei »relativ robust«, man könne eigentlich gar nichts falsch machen.

Irrtum: Spiegeleier lassen sich in der Wüste auf der Motorhaube braten

»Als wir damals die Wüste durchquerten, war es so heiß, dass wir auf der Motorhaube Spiegeleier gebraten haben.« Besser: »Früher gab's noch richtig heiße Sommer. Da haben wir Spiegeleier auf dem Kotflügel von unserem Käfer gebraten.« Noch besser: »Mein Opa war im Krieg in Afrika, da haben sie Eier auf dem Panzer gebraten.« Glauben Sie Leuten, die so etwas erzählen, kein Wort! Motorhaube, Panzerdach, Bürgersteig: Lassen Sie sich keinen Bären aufbinden! Den Leuten fällt für große Hitze einfach keine bessere Metapher ein als die mit den brutzelnden Spiegeleiern. Richtig heiß wird es wohl gewesen sein, vielleicht sogar so heiß, dass man die Motorhaube nicht mehr anfassen konnte, ohne sich zu verbrennen. Heiß genug, um darauf ein Spiegelei zu braten, waren Panzer und Motorhaube aber ganz sicher nicht. Nein, auch nicht, wenn das Auto schwarz lackiert war.

Wolfram Siebeck wusste zwar, dass Eiweiß ab 63 Grad hart wird, nicht aber, dass eine Motorhaube niemals die fürs Eierbraten notwendigen annähernd 100 Grad erreicht. Deshalb glaubte er denen, die – wahrscheinlich unter Hitzeschock stehend – von ihren Wüstenerfahrungen berichteten.[202] Andere behaupten sogar, das Braten von Spiegeleiern auf Motorhauben sei eine Frühform der Nutzung von Solarenergie. Auch daran ist natürlich kein Wort wahr. Aus Oatman in Arizona, das mitten in der Mojavewüste liegt, wird berichtet, dass es beim jährlichen Sonnenkraft-Wetteierbraten nur selten gelingt, ein Ei in 15 Minuten zu garen. Immerhin klappt es, und woran liegt das? Man nimmt außer Parabolspiegeln auch Brenngläser zur Hilfe. Das gilt aber nicht!

Asphalt wird einfach nicht heißer als 62 Grad, Beton nur 51 Grad. Beides ist für menschliche Haut ziemlich heiß, zum Braten eines Eies reicht es aber nicht. Außerdem kühlt ein Ei die Grundfläche sofort aus, verhindert außerdem weitere Sonneneinstrahlung und bleibt dadurch ewig flüssig. Tatsächlich ist es also gar nicht so einfach, Spiegeleier in der Sommerhitze zu braten. Ein Experiment zum Braten von Spiegeleiern auf einer Motorhaube hat zum Glück schon Robert Wolke gemacht, sodass ich in gemäßigtem Klima bleiben kann. Auch sein Fazit: Es klappt einfach nicht.[203]

Irrtum: Spinat darf man nicht aufwärmen

Spinat enthält eine mittlere Menge an Nitrat. Dieses im Spinat enthaltene Nitrat werde, so heißt es immer wieder, bei Zimmertemperaturen von Bakterien in giftiges Nitrit verwandelt.[204] Warum das ausgerechnet beim Spinat stattfinden sollte, nicht aber bei Gemüsesorten, die wesentlich mehr Nitrat enthalten – etwa Endiviensalat, Feldsalat, Kohlrabi, Kopfsalat, Kresse, Mangold, Portulak,

»Eisschrank mit Doppel-Riegelschloss, vernickeltem Messingschild, Kreuzgriff und Schlüssel.«
Ein Tresor unter den Eisschränken, geeignet aber auch zur Aufbewahrung von abgekühltem Spinat. Wenn man den Spinat bei späterem Verzehr wieder vollständig erhitzt, haben Bakterien keine Chance zu überleben.

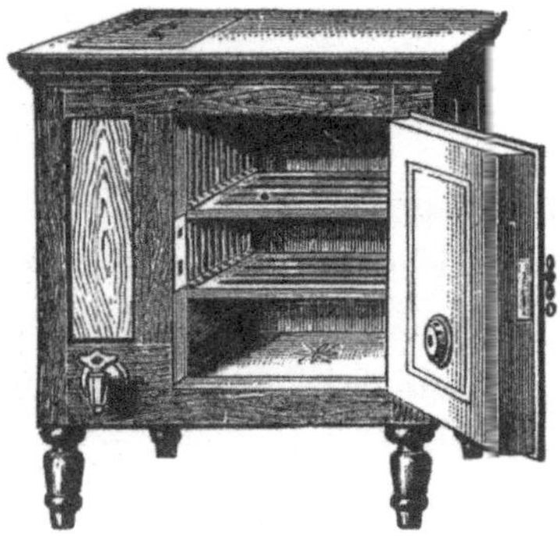

Radieschen, Rettich, Sellerie, Rote Beete –, kommt dabei nicht zur Sprache. Wie »giftig« dieses Nitrit tatsächlich ist, darüber wird außerdem derzeit noch heftig gestritten. Beim Erhitzen von Spinat auf annähernd 100 Grad und beim nochmaligen und nochmaligen Erhitzen wird die Menge an Nitrat aber überhaupt nicht erhöht. Nicht das Aufwärmen des Spinats ist also das Problem, sondern das, was davor passiert.

Wesentlich wichtiger ist das vollständige Erhitzen von Spinatresten wegen des guten Nährbodens, den sie für Bakterien bieten. Auch Reste von Spinatgerichten sollte man – wie alle Speisen – möglichst schnell abkühlen, dann im Kühlschrank aufbewahren und beim späteren Verzehr wieder vollständig erhitzen. Bakterien haben dann keine Chance zu überleben. Die durchschnittlichen Nitratgehalte der geläufigsten Gemüse- und Salatsorten:

Hohe Nitratgehalte (> 1000 mg/kg): Endiviensalat, Feldsalat, Kohlrabi, Kopfsalat, Kresse, Mangold, Portulak, Radieschen, Rettich, Sellerie, Rote Beete.

Mittlere Nitratgehalte (ca. 500–1000 mg/kg): Chinakohl, Eisbergsalat, Fenchel, Frisée, Grünkohl, Spinat, Weißkohl, Wirsing.

Niedrige Nitratgehalte (< 500 mg/kg): Auberginen, Bohnen, Blumenkohl, Brokkoli, Chicorée, Erbsen, Gurken, Kartoffeln, Möhren, Paprika, Pilze, Porree, Rosenkohl, Spargel, Tomaten, Zwiebeln.[26]

Irrtum: Steaks und Rinderbraten sind innen blutig

Man kann ein Steak »gut durchgebraten« bestellen. Der Kellner wird höflich bestätigen »gut durchgebraten, sehr wohl« und sich seinen Teil denken. Er weiß, dass das Steak voraussichtlich zäh werden wird und der Gast wird der Küche oder sogar ihm die Schuld dafür geben. Der Gast wird wahrscheinlich nicht wiederkommen und das beruhigt den Kellner. Lieber hätte er es gehört, wenn der Gast sein Steak »medium« oder »à point« (auf den Punkt gebracht) bestellt hätte, noch lieber als »blutig« oder »saignant«. Dabei weiß der Kellner, aber es wissen nicht viele Gäste: Fleisch enthält gar kein Blut. Wäre das der Fall, würde es koagulieren und eine unschöne dunkle Färbung annehmen. Tiere werden geschlachtet, indem ihnen das Blut abgelassen wird. Durch einen Bolzenschlag auf Gehirn oder, bei Kleintieren, einen Stockschlag ins Genick sind sie schon vorher betäubt. Durch das Ablassen des Bluts tritt Herzstillstand ein und das Tier wird zum Stück Fleisch. Mehr Sentimentalität können Sie hier nicht erwarten.

Das »Blutige« des Fleischs rührt von der Zellflüssigkeit her, die im Gegensatz zum roten Blutfarbstoff Hämoglobin einen verwandten Farbstoff, das Myoglobin, enthält. Ich werde hier nicht erklären, dass Myoglobin ein globuläres, einkettiges Protein aus 153 Aminosäuren mit einer Molekülmasse von 17 053 Dalton ist. Für uns ist am Myoglobin nur wichtig, dass es dem Muskelgewebe seine rote Farbe gibt. Sogenanntes »weißes Fleisch«, also vorwiegend das von Geflügel oder jungen Tieren, enthält wenig Myoglobin. Beim Kochen und Braten wird das Myoglobin zu einem Stoff umgewandelt (Biochemiker nennen es »denaturiert«), der Met-Myoglobin heißt. Dieser Stoff ist grau oder braungrau. Durch diese Umwandlung erhält das Fleisch seine graue Farbe. An der Oberfläche wird es durch die Maillard-Reaktion braun und innen ist es, wenn es schmackhaft bleiben soll, »blutig«, ohne dass ein Tropfen Blut im Spiel wäre.

Irrtum: Suppenfleisch muss in kaltem Wasser angesetzt werden

Ausgekocht war es. Es war in kaltem Wasser angesetzt worden, hatte sämtliche Nährstoffe an die umgebende Brühe abgegeben und gehörte nicht auf den Tisch, sondern in den Müll. Dieser Meinung war jedenfalls der französische Küchenlehrer Brillat-Savarin, der den Verzehr von Suppenfleisch nur vier Klassen von Menschen zugestand: den Gewohnheitsmenschen, den Ungeduldigen, den Unaufmerksamen und den Fressern. Keiner dieser Gruppen rechnete er sich selbst zu und eine Gruppe der geschwätzigen Genießer – das nämlich war er – beschreibt er in seinem Buch nicht. Trotzdem, ergänzte sein Übersetzer Carl Vogt, werde in Süddeutschland Suppenfleisch aufgetischt, »gewissermaassen als Beweis für die frische Zubereitung der Suppe«, das habe er selbst beobachtet.[206] Genau! Und das ist auch ganz richtig so!

Als Suppenfleisch wird vorwiegend langfaseriges Fleisch mit viel Bindegewebe, Fett und Sehnen verwendet, das teilweise auch Knochen enthält. Dadurch gibt es viele Aromen und Gelatine an das Kochwasser, also die dabei entstehende Suppe ab. Nach dem Kochen ist es aber für den Verzehr durchaus geeignet und keineswegs vollkommen ausgelaugt. Es ist zart und faserig, hat weiterhin den eigentümlichen Fleischgeschmack und verschafft dem Kulinariker,

»Schaumlöffel, verzinnt, mit halbtiefer Schale und grosser Lochung.«
Mit so einem Schaumlöffel holen Sie das Suppenfleisch aus der fertigen Suppe. Ob Sie es zuvor in kaltes oder kochendes Wasser gegeben haben, ist vollkommen egal.

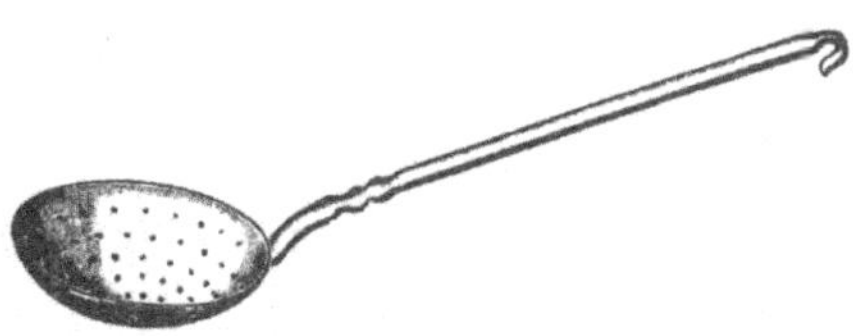

da hat Carl Vogt durchaus recht, die Gewissheit, dass seine Suppe nicht oder jedenfalls nicht ausschließlich aus Brühwürfeln zubereitet wurde. Und jetzt das Wichtigste: Die in allen Kochbüchern zu lesende Regel, Suppenfleisch sei in kaltem Wasser anzusetzen, ist falsch. Ein Unsinn, hervorgegangen aus der Vorstellung, die an der Oberfläche koagulierenden Proteine würden den Fleischsaft und das zu Gelatine gewordene Kollagen im Fleisch zurückhalten. Wie beim »scharfen« Anbraten bildet sich aber auch beim Kochen von Fleisch an dessen Oberfläche *keine* dichte Schicht. Will man möglichst viele Aromen und möglichst viel Zellflüssigkeit und Gelatine aus dem Fleischstück herausholen, reicht es, das Fleisch ohne Salz zu kochen. Salz würde nämlich den osmotischen Druck von außen erhöhen. Durch das Gefälle treten diese Stoffe aber aus und kommen in die Brühe. Das meint auch der Physiker Thomas Vilgis: »Nach zwei Stunden ist es der Brühe letztlich egal, ob Fleisch und Knochen ins kalte oder warme Wasser gelegt worden sind.«[207] Man setze also munter sein Suppenfleisch in kaltem Wasser auf oder in heißem, ist doch eh wurscht. Wenn Sie aber in einer Kochausbildung sind und Ihr Kochlehrer sagt, »Suppenfleisch muss in kaltem Wasser angesetzt werden«, dann machen Sie das doch einfach so. Der alte Zausel lernt's wahrscheinlich sowieso nicht mehr.

Irrtum: Teflonpfannen darf man nicht mehr verwenden, wenn sie zerkratzt sind

Darf man nämlich wohl! Ich empfehle Ihnen selbstverständlich nicht, Ihre beschichteten Pfannen und Töpfe absichtlich zu zerkratzen. Ihre Panik, ein paar versehentlich abgekratzte Stückchen zu verschlucken, ist aber vollkommen unbegründet. Schlucken Sie das Material getrost herunter. Es wird Ihren Körper auf natürlichem

Weg wieder verlassen und bis dahin keinerlei Schaden anrichten. Wirklich nicht!

Nicht einmal Magensäure, eine salzsäurehaltige Lösung, kann Teflon angreifen.[208] Und Lebensmittel können mit Teflon auch keine Verbindung eingehen. Deswegen wurde es ja genau so entwickelt. Es ist einfach zu glatt. Aus diesem Grund ist es aus gesundheitlicher Sicht auch völlig unbedenklich, eine zerkratzte beschichtete Pfanne zu benutzen. Je mehr Kratzer in der Pfanne sind, desto weniger funktioniert natürlich die Anti-Haft-Funktion der Beschichtung. Eier und Pfannkuchen und alles andere, was Sie darin braten, klebt immer stärker an.

Es gibt aber tatsächlich eine Möglichkeit, von Teflonpfannen gesundheitsschädliche Stoffe zu lösen. Das passiert, wenn Sie die Pfanne überhitzen. Polytetrafluoräthylen (PTFE) ist ein Kunststoff, der sich durch Wärme verändert. Teflon ist bis zu einer Temperatur von 260 Grad Celsius beständig. Bei etwa 340 Grad Celsius beginnt Teflon zu schmelzen, und ab 360 Grad Celsius entstehen gasförmige Spaltprodukte. Schon ab 200 Grad werden aber schon fluorierte Verbindungen frei. Menschen, die diese Verbindungen einatmen, setzen sich im schlimmsten Fall einem hohen Risiko von Lungenentzündungen und Ödemen aus. Geringere Konzentrationen haben grippeähnliche Symptome zur Folge. Man nennt es auch Teflonfieber. Entsprechende Dämpfe entstehen leicht, wenn die Pfannen ohne jeglichen Inhalt erhitzt werden. Erhitzen Sie also Ihre Teflonpfanne nur mit Inhalt, dann ist alles in Butter, auch ohne Fett in der Pfanne. Und kratzen Sie nicht so idiotisch darin herum! Dann bleibt nämlich bald alles drin haften und genau das wollen Sie doch nicht, oder?

Irrtum: Teflonpfannen sind ein Abfallprodukt der Raumfahrtforschung

Astronauten machen, wenn sie nicht im Weltraum unterwegs sind, täglich Trainingsfahrten in Zentrifugen. Astronauten essen aus Tuben. Astronauten müssen makellose Zähne haben. Alles Quatsch! Das weiß man am Lehrstuhl für Raumfahrttechnik der Technischen Universität München. Man weiß außerdem, dass Teflonpfannen nichts und wirklich gar nichts mit der Raumfahrt zu tun haben. Erfolglos versucht die NASA, dieses Gerücht zu zerstören. Sie hat dafür einen guten Grund: Das Material, das bei den ersten Apollo-Flügen als Kabelisolierung verwendet wurde, erwies sich wegen seiner leichten mechanischen Zerstörbarkeit für diesen Zweck sogar als ungeeignet.[209]

Das Einzige, was man weder bei der NASA noch an der TU München weiß, ist, wie es zu dem Gerücht kommen konnte, das Material sei bei der Raumfahrtforschung entwickelt worden. »Vielleicht hat der häufige Gebrauch von Teflon […] bei den Apollo-Flügen das Gerücht ausgelöst«, vermutet Ulrich Walter, »das jedoch ist reine Spekulation und kein Mensch weiß es wirklich.«[210] Die antihaftbeschichtete Bratpfanne wurde nämlich schon 1954, drei Jahre vor den ersten Raumflügen mit Sputniksatelliten patentiert, und zwar durch den französischen Chemiker Marc Grégoire. Dabei hatte er das Verfahren nicht einmal selbst erfunden, sondern angeblich seine Frau Colette. Als Küchenfee konnte sie diese Pfanne gut gebrauchen. Dafür war das Verfahren immerhin besser geeignet als zur Beschichtung von Angelschnüren, für die ihr Mann es vorgesehen hatte. Ob das stimmt?

Das Material selbst, chemisch benannt als Polytetrafluoräthylen, wurde jedenfalls schon 1938 von Roy J. Plunkett in der amerikanischen Firma DuPont erfunden, als er nach einem Kältemittel für Kühlschränke forschte. Die Firma DuPont kann, nebenbei betrachtet, eine der frühesten Verwendungen für eine Binnenmajuskel in ihrem Firmennamen für sich geltend machen. Mehr als 80 Prozent aller Pfannen sind heute mit diesem Material beschichtet, außerdem Backbleche, Backformen, Kasserollen, Kochlöffel, Pfannenwender, Raclettepfännchen, Schneebesen, Waffeleisen und Woks. Pfannen oder Töpfe mit Antihaftbeschichtung werden vor allem da eingesetzt, wo fettarm oder ganz ohne Fett gebraten werden soll. Genauso alt wie dieses Kochgeschirr selbst sind die Diskussionen darüber, ob und unter welchen Bedingungen die Antihaftbeschichtung gesundheitsschädlich ist.

Irrtum: Vorheizen des Ofens verhindert z. B. das Austrocknen eines Bratens

Viele Rezepte für Gebäck, aber auch für im Ofen gegartes Fleisch und für Tiefkühlpizza verlangen, den Backofen vorzuheizen. In keinem dieser Rezepte habe ich eine Erläuterung dafür gefunden, *warum* das notwendig sein sollte.[211] Manche Menschen glauben sogar, dass der Ofen schneller auf 180 Grad aufgeheizt werde, wenn sie zuvor eine höhere Temperatur, etwa 200 Grad einstellen. Ich lasse sie in dem Glauben, weil er wenig Schaden anrichtet. Ich verschwende meine Zeit und die dieser Menschen nicht damit, die Funktionsweise von Thermostaten zu erklären.

In der Wochenzeitung *DIE ZEIT* wurde kurz erläutert, warum ein Vorheizen des Ofens gar nicht notwendig und eigentlich eine reine Energieverschwendung ist. Bei einer Vorheizzeit von zwanzig Minuten geht gut und gerne eine halbe Kilowattstunde Strom völlig unnötig durch den Zähler. Immerhin werden 0,06 bis 0,08 Kubikzentimeter Luft dabei auf 200 Grad aufgeheizt. Kuchen, Braten oder wohl gar die beliebte Tiefkühlpizza nehmen durch langsames

Erwärmen aber überhaupt keinen Schaden. Der einzige Grund für ein Vorheizen ist kein backtechnischer, sondern er liegt in der Logik von Rezepten. Öfen heizen nämlich unterschiedlich schnell auf: »Deshalb ist es unmöglich, in den Rezepten und Kochanweisungen eine standardisierte Backzeit anzugeben. In einem ›langsamen‹ Ofen ist die Backzeit dann länger als in einem ›schnellen‹. In jedem Fall aber verringert sich der Energieverbrauch – um bis zu 20 Prozent. Das Vorheizen ist also fast immer überflüssig.«[212] So Christoph Drösser in der *ZEIT*. Die Empfindlichkeit eines Soufflés gegenüber Wärmeschwankungen schätzt allerdings auch dieser Experte größer ein, als sie tatsächlich ist, und empfiehlt hier ein Vorheizen.

Irrtum: Weinbrandgläser müssen warm ausgespült werden

Ich weiß, Sie haben keine Hausbar. Sie haben nur diesen Schrank, in dem die nie verwendeten geschliffenen Kristallgläser verstauben und in dem der süße Likör – wo kommt der eigentlich her? – schon über zehn Jahre vor sich hintrocknet. Im selben Schrank aber verdunstet der Cognac praktisch von selbst, sonst wäre der doch nicht immer so schnell leer. Beim Cognactrinken, dachte ich bisher, kann man praktisch keinen Fehler machen, außer zu viel zu trinken. Frank Kämmer, der oben erwähnte Weinkenner, schrieb mir aber: »Ein Klassiker ist das Servieren eines Cognacs in einem angewärmten Glas – es gibt kaum etwas Schlimmeres! Versuchen Sie das mal selbst: Nehmen Sie zwei Gläser, das eine normal, das andere mit heißem Wasser angewärmt und geben Sie Cognac oder Brandy hinein. Dann zuerst im normalen riechen und anschließend im angewärmten – ich verspreche Ihnen, Sie werden aufgrund des stechenden Alkohols die Nase sofort zurückziehen.«

Das habe ich gemacht und ich habe, was mir zuvor nie passiert ist, die Nase wegen des stechenden Alkohols sofort zurückgezogen. Das Ganze passierte auch noch bei einer Live-Fernsehsendung, bei der der Moderator Stefan Pinnow zugab, dass er überhaupt keinen Alkohol trinke und mir die ganzen Tests überließ. Ich dachte immer, das Aroma kommt schon noch, wenn der stechende Alkoholgeruch weg ist. Und außerdem dachte ich noch, dieser stechende Geruch sei das, worauf es ankomme. Ich Idiot! Gut, ich bin kein Cognackenner, aber die Thekenkräfte in »guten« Gasthäusern, die ihre Cognac- oder Weinbrandgläser vor dem Befüllen mit heißem Wasser ausspülen, müssten schon wissen, was sie tun. Offensichtlich tun sie das aber nicht.

Außerdem teilte mir Frank Kämmer mit: »Der bei uns übliche Cognacschwenker ist übrigens keinesfalls das beste Glas für Cognac. Durch die Kugelform wird das eigentlich hochkomplexe Bukett indifferent. In der Cognacregion selbst verwendet man deshalb schlanke tulpenförmige Gläser. Die unterschiedlichen Aromastoffe im Bukett haben eine unterschiedliche Flüchtigkeit, und in einem solchen Glas bildet sich dann quasi ein Duftkamin, in dem die Aromen transparent übereinander ›gestaffelt‹ sind. Probieren Sie das mal aus: wenn man die Nase fünf Zentimeter vom Glas entfernt hat, direkt am Glas und etwas ins Glas eingetaucht, wird man stets unterschiedliche Nuancen feststellen können.«[213] Ich habe auch das gemacht und wahrscheinlich werde ich das noch öfter machen. Nach dem ganzen Schnüffeln in unterschiedlicher Höhe mache ich sogar das Unvorstellbare: Ich trinke den Cognac!

Irrtum: Zitrusfrüchte müssen vor dem Pressen gerollt werden

Von dem Küchentrick haben Sie bestimmt schon gehört. »Um möglichst viel Saft zu gewinnen: Rollen Sie die Zitrusfrucht vor dem Pressen mit der Hand über einen Tisch!« Den Tipp kennen nicht nur erfahrene Hausfrauen, sondern auch der innovative Sternekoch Eckart Witzigmann. »Rollen Sie die Zitrone auf der Arbeitsplatte kräftig hin und her. Das löst den Saft.«[214] Eckart Witzigmann hat gute Ideen. Die Idee, Südfrüchte vor dem Pressen zu rollen und zu quetschen, stammt aber nicht ursprünglich von ihm und deshalb hätte er den Tipp vorher auch ausprobieren sollen. Lässt sich aus einer gerollten Zitrone mehr Saft herausholen als aus einer ungerollten? Natürlich nicht! Es lässt sich nämlich gar nicht erklären, wovon der Fruchtsaft sich »lösen« sollte. Von den Zellen? Von der pelzigen Schale?

Die Idee hinter dieser Empfehlung ist die folgende: Durch das Rollen würden die Saftschläuche, in denen sich der Fruchtsaft befindet, zerstört. Dadurch würden die Früchte leichter pressbar. Das passiert aber überhaupt nicht. Die kleinen Saftschläuche sind durch die Schale und deren weiße innere Schicht und zusätzlich durch die Häutchen der Segmente extrem gut geschützt. Außerdem sind sie selbst ungeheuer stabil und elastisch und bleiben bei der ungeöffneten Frucht vollkommen intakt, es sei denn, man wendet rohe Gewalt

»Citronenpressen, Glas, gepresst, Schale mit Ausguss u. Griff, 14 cm Durchmesser.« Gar kein schlechtes Gerät zum Pressen von Zitronen. Rollen und quetschen müssen Sie die Zitronen vorher natürlich nicht.

an. Das Rollen der Zitrone und der Orange ist also nichts als ein Ritual, so wie das Anstoßen und Zuprosten vor dem Trinken. Man macht es aus kommunikativen Gründen, es hat aber keinen Effekt auf den Geschmack. Beim Pressen in der Küche kommuniziert man aber nicht mit anderen Menschen. Das Zitronenrollen kann man deshalb getrost sein lassen.

Irrtum: Brauner Zucker ist gesunder Zucker

Brauner Zucker ist manchmal etwas feucht. Das wirkt ganz lustig und sehr wenig raffiniert. Viele Menschen finden das gut. Ich habe einmal für mehrere Minuten sehr interessiert das Abrutschen der Zucker-Steilwände in einem großen Zuckerglas beobachtet, bis ich feststellte, dass es Ameisen waren, die darin ein Bergwerk betrieben. Seitdem esse ich keinen braunen Zucker mehr.

Brauner Zucker hat denselben Gehalt an Nährstoffen wie weißer Zucker. Brauner Zucker ist so kalorienreich wie weißer Zucker. Brauner Zucker trägt genauso viel zur Entstehung von Karies bei wie weißer Zucker. Wo liegt dann der Unterschied? Was ist daran »vollwertiger«? Es klingt vielleicht etwas absurd, ist aber wahr: Brauner Zucker wird aus weißem Zucker hergestellt. Er ist also keineswegs eine Vorstufe oder eine weniger raffinierte Form von Zucker, sondern ein nach Abschluss des Raffinierungsprozesses gefärbter Zucker. Dazu wird weißer Zucker mit Sirup besprüht, der aus karamellisiertem, also erhitztem Zucker hergestellt ist. Das macht ihn etwas feucht. Auch diese Feuchtigkeit erweckt den Eindruck einer schwächeren Verarbeitung, obwohl es hier ja genau umgekehrt ist.

Schwächere Verarbeitung gilt vielen Menschen als Vorteil. Sie glauben – und es ist tatsächlich ein Glaube, der religiösen Charakter hat –, beim Raffinieren würden dem Zucker »Vitalstoffe« entzogen.

Was tatsächlich passiert, ist, dass bei diesem Vorgang Mineralien in Größenordnungen von einigen Mikrogramm zerstört werden. Für den Bedarf von Menschen sind die verlorenen Mineralien unerheblich. Wollte man seinen Mineralstoffbedarf tatsächlich durch Zucker decken, wären einige Kilogramm pro Tag zu schlucken.

Das Zwischenprodukt der Zuckerraffinierung, die Melasse, wird heute nur noch selten zur Färbung des Zuckers verwendet. Melasse besteht aus den Rückständen fauler Blätter, aus zerquetschten Käfern und Mäusekot. Auch mit noch so viel Sinn für natürliche Ernährung möchte man diese Rückstände normalerweise nicht im Zucker haben. Melasse ist wegen ihres noch immer hohen Zuckergehalts von 50 Prozent allerdings ein wertvolles Futtermittel. Für ganz Hartgesottene wird Melasse aber auch in Reformhäusern und Naturkostgeschäften verkauft. Einige Menschen halten Melasse aus unerfindlichen Gründen sogar für ein Anti-Aging-Mittel und – selbstverständlich auch ohne wissenschaftlichen Nachweis – für hilfreich gegen »Krebs, Tumore, Krampfadern, Arthritis, Schwächeanfälle, Geschwüre, Dermatitis, Ekzeme, Psoriasis, hohen Blutdruck, Angina Pectoris, Herzschwäche, Verstopfung, Kolitis, Schlaganfall, Anämie, Blasenleiden, Gallensteine, Nervenschwäche«.[215] Ich werde das hier nicht kommentieren.

»Zuckerbüchse, Weißblech mit Holzknopf, fein neublau lackirt mit Aufschrift ›Zucker‹ und Goldstreifen.« Ob Sie darin braunen oder weißen Zucker aufbewahren, auf Nährstoffgehalt, Kalorien und die Entstehung von Karies an Ihren Zähnen hat das keinen Einfluss.

Brauner Zucker also ist nichts anderes als gefärbter weißer Zucker. Deshalb ist es umso erstaunlicher, dass diesem Produkt die Aura des Geringerverarbeiteten, Gesünderen und Natürlicheren anhaftet. Brauner Zucker schmeckt leicht malzig. Manche Menschen mögen das. Als Süßungsmittel in der Vollwertküche trägt brauner Zucker vor allem zu dem gesund wirkenden Farbklang Braun in Braun bei.

Irrtum: Zusatzstoffe müssen nicht sein

»Chemie in Lebensmitteln«. Das hört sich schlimm an. Allein die Wortfolge erweckt den Eindruck, es handele sich bei Chemie um etwas, was in Lebensmitteln nichts zu suchen habe. Außerdem erweckt sie Furcht. Die Schlagzeile »Tonnenweise Äpfel mit Ascorbinsäure entdeckt« dürfte viele Menschen verängstigen. Dass es keinen einzigen Apfel gibt, der keine Ascorbinsäure (das begehrte – und überschätzte – Vitamin C) enthält, könnte dann ja im Kleingedruckten erklärt werden. Ohne die chemische Substanz Natriumchlorid schmeckt keine Suppe.

Zusatzstoffe sind hingegen Stoffe, die Lebensmitteln bewusst zugesetzt werden, um die Haltbarkeit oder die Verarbeitung zu verbessern. Es ist aber ein Irrtum, dass sie unnötig seien. Das könnte jedem schon nach einer einfachen Überlegung klar werden. Lebensmittelzusatzstoffe sind, verglichen mit Lebensmittelgrundstoffen, relativ teuer. Das gilt zwar nur für ihren Kilopreis und nicht für die Mengen, die Lebensmitteln tatsächlich zugesetzt werden. Aber welcher Hersteller eines Lebensmittels würde seinem Produkt, sei es einem Gebäck, einer Wurst oder einem zusammengesetzten Lebensmittel, einen oder mehrere Zusatzstoffe beigeben, wenn es nicht sein müsste? Was sollte ihn dazu bringen, Geld für etwas auszugeben, was sein Produkt nicht besser macht?

Wahrscheinlich, denken viele Verbraucher, verwendet dieser unverantwortliche und profitgierige Mensch die Zaubermittel aus dem Chemielabor bloß, um mit minderwertigen Grundstoffen ein scheinbar höherwertiges Produkt herzustellen. Dieser Gedanke enthält allerdings zwei Fehler. Der erste: Zusatzstoffe werden nicht nur von Lebensmittelherstellern verwendet, sondern von jedem Koch und jeder Köchin. Sie alle haben alles andere im Sinn, als Geld zu sparen. Der zweite: Minderwertige Grundstoffe lassen sich auch mit noch so viel »Chemie« nicht in gutes Essen verwandeln. Trotzdem sind Zusatzstoffe für Lebensmittelhersteller wertvolle Hilfsmittel bei der Vorbereitung, beim Herstellungsprozess und beim anschließenden Vertrieb.

Da Zusatzstoffe und ihre Bezeichnungen oder Kürzel bei Verbrauchern kein Vertrauen genießen, nutzen viele Hersteller sogar die Möglichkeit, damit zu werben, dass sie ohne Zusatzstoffe arbeiten. Warum tun das nicht alle? Können die nicht rechnen? Sind sie faul? Unverantwortlich? Bei den Lebensmittelbestandteilen, die als Zusatzstoffe gelten, sind verschiedene Gruppen zu unterscheiden. Bitte kriegen Sie jetzt keinen Schreck. Es gibt Anticoagulantien, Antioxidationsmittel, Aufschlagmittel, Backtriebmittel, Emulgatoren, Entzuckerungsmittel, Farbstoffe, Festigungsmittel, Fettabtrennmittel, Feuchthaltemittel, Füllstoffe, Geliermittel, Geschmacksverstärker, Komplexbildner, Konservierungsstoffe, Mehlbehandlungsmittel, modifizierte Stärke, Packgas, pH-Regulatoren, Rieselhilfsstoffe, Säuerungsmittel, Säureregulatoren, Schaummittel, Schaumverhüter, Schmelzsalze, Stabilisatoren, Süßungsmittel, Trägerstoffe, Treibgas, Trennmittel, Überzugsmittel, Verdickungsmittel, Viscositätsregulatoren. In der EU sind im Moment 361 Lebensmittelzusatzstoffe zugelassen. Alle sind für einen ganz speziellen Zweck vorgesehen. Sie erleichtern die Verarbeitung, verbessern den Geschmack, konservieren oder machen eine Speise einfach schöner, lockerer oder fester, homogener, bunter. Jeder einzelne dieser Zusatzstoffe ist auf seine Unbedenklichkeit für den menschlichen Verzehr hin überprüft.

Die Europäische Behörde für Lebensmittelsicherheit EFSA sammelt dazu Forschungsergebnisse aus aller Welt, bewertet sie, lässt sie öffentlich diskutieren und legt der Europäischen Kommission und dem Parlament jeweils einen Bericht vor. Nach intensiven Beratungen über Nutzen und Nachteile erfolgt dann eine Zulassung oder ein Verbot der Verwendung. Die Abwägung ist notwendig, weil ein möglicher Nachteil natürlich nicht denselben Stellenwert hat wie ein gleichzeitiger sicherer Nutzen. Da in dieser Welt und deshalb auch bei der Herstellung und Verarbeitung von Lebensmitteln nichts absolut sicher ist, sind Nutzen und Nachteile eines jeweiligen Zusatzstoffs immer wieder gegeneinander abzuwägen.[216]

Irrtum: Zusatzstoffe lösen Allergien aus

Eine verbreitete Strategie zur eigenen Gesunderhaltung oder zu der der eigenen Familie lautet: Finger weg von Zusatzstoffen. Zusatzstoffe sind leicht erkennbar, weil es in Europa eine Kennzeichnungspflicht auf allen verpackten Lebensmitteln gibt. Viel guter Wille führt dabei oft zu ungewollten aber fatalen Folgen. Der Deutsche Allergie- und Asthmabund e. V. gibt allerdings Entwarnung: Zusatzstoffe werden als Allergieauslöser meistens erheblich überschätzt. Zusatzstoffe sind nämlich nicht – wie oft vermutet – die häufigsten Auslöser allergischer Reaktionen. Stattdessen sind es natürliche Lebensmittel wie Kuhmilch, Hühnerei und Nüsse, die Allergikern oft gefährlich werden. Rund ein bis zwei Prozent der Erwachsenen und drei bis acht Prozent der Kinder leiden unter einer »echten« Lebensmittelallergie. Das sind zum Glück wesentlich weniger Menschen als all jene, die sich für Allergiker halten. »Echt« bedeutet im Zusammenhang mit einer Allergie: Der Körper reagiert mit einer übersteigerten Abwehrreaktion auf einzelne Lebensmittel, deren Proteine wie ungewollte Eindringlinge bekämpft werden. Solche echten Allergien führen zu Reaktionen der Haut oder der Schleimhäute in Nase, Augen, Rachen, Magen oder Darm. Hilfs- und Zusatzstoffe synthetischer und natürlicher Herkunft können sowohl echte Allergien als auch pseudoallergische Reaktionen auslösen. Dazu zählen zum Beispiel: ätherische Öle, Kräuter, Gewürze, natürliche Aromastoffe, Amaranth, Carotine, Kurkumin, Rote Beete, Honig, Malz, Stärke, Hefen, Mehle, Guarkernmehl, Soja, Traganth, Azorubin, Karmin, Cochenille, Bienenwachs, Bluteiweiße, Enzyme, Carrageen, Harze, Kautschuk, Gelatine, Pektine, Parabene, Gummi arabicum, Johannisbrotkernmehl.

Pseudoallergien

Pseudoallergien, man spricht auch von Hypersensitivitäten, sind Unverträglichkeitsreaktionen, bei denen das Immunsystem *nicht* beteiligt ist. Dabei treten ähnliche Erscheinungsbilder wie bei den Allergien auf, allerdings ohne die Bildung von Antikörpern, die sonst die Immunreaktion des Körpers auslösen. Ungefähr 0,01 bis 0,15 Prozent der Bevölkerung reagieren so auf Zusatzstoffe, also ungefähr eine Person von 10 000. Wahrscheinlich kennen Sie, so wie ich, keine 10 000 Personen, sicher aber mehr als eine, die bei sich entsprechende Symptome feststellt und sie auf Zusatzstoffe zurückführt. Typische Abwehrreaktionen sind Nesselsucht (Urtikaria), Asthma, tränende Augen, tropfende Nase und Hautödeme.

Schwefelverbindungen

Noch viel weniger Personen reagieren wegen eines Mangels an dem Enzym Sulfitoxidase empfindlich auf Schwefelverbindungen. Auch das ist *keine* allergische Reaktion. Speziell bei Asthmatikern liegt die Häufigkeit einer Sulfitunverträglichkeit bei etwa zwei bis fünf Prozent. Es sind also fünf Prozent von fünf Prozent aller Deutschen, die darunter leiden. Ich komme da auf immerhin 200 000 Menschen. Besonders häufig werden solche Reaktionen durch Wein ausgelöst. Im Prinzip sind die zugesetzten Schwefelverbindungen gesundheitlich unbedenklich. Gleichwohl spielen Reaktionen auf diese Stoffgruppe eine erhebliche Rolle. Beschwerden können bei schwer Betroffenen, insbesondere Asthmatikern, schon ab einer Aufnahme von etwa 25 Milligramm vorkommen. Lebensmittel mit einem SO_2-Gehalt unter zehn Milligramm/Kilo werden in der Regel gut vertragen.

Was tun bei einer Unverträglichkeit? Stellt der Arzt oder ein spezieller Allergologe oder die betroffene Person selbst eine Unverträglichkeit gegen einen Zusatzstoff fest, sollten Sie das Zutatenverzeichnis der verwendeten Lebensmittel genau studieren. Da die Reaktionen oft dosisabhängig sind, genügt es häufig, die Zufuhr des jeweiligen Stoffes zu reduzieren.

Eine unnötige Erörterung

Irrtum: Die Kulturtechnik des Kochens geht leider verloren

Das ist ein Irrtum, der häufig und unlängst von einer Kulturpessimistin beklagt wurde, von der zuvor berichtet wurde: »Nach alter Hausfrauenart drischt sie mit dem Fleischklopfer auf die Koteletts ein (...).«[217] Ich finde: Es gibt auch Kulturtechniken, die, wie das Fleischklopfen, aus guten Gründen in Vergessenheit geraten. Sie stammen aus einer Zeit, in der andere Bedingungen für die Nahrungszubereitung galten oder in der einfach wesentlich weniger über die Prozesse bekannt war, die beim Kochen ablaufen. Der Mensch ist nicht nur, wie Ludwig Feuerbach behauptete, das, was er isst, sondern er ist auch so, wie er isst, und er ist so, wie er dieses Essen zubereitet.[218] Es ist sicher keine allzu kühne Behauptung, dass hier auch philosophische Dimensionen gestreift werden. Was in diesem Buch gemacht wird, ist schließlich nichts anderes als Falsifikation, also die Widerlegung einer für richtig gehaltenen Annahme. Nur so ist Erkenntnisfortschritt möglich. Der Philosoph Karl Popper wäre begeistert gewesen.[219]

Die Zubereitung von Essen ist eine hohe Kulturleistung, selbst wenn es nur um das Öffnen einer Dose und das Erhitzen ihres Inhalts geht. Kochen und Backen sind lebenswichtige Kulturtechniken. Es hat Jahrtausende gedauert, bis – als Ergebnis von Irrtümern und Erfolgen – ungefährliche, nahrhafte, manchmal sogar schmackhafte Speisen hergestellt werden konnten. Wahrscheinlich war es aber eher so, dass sich der Geschmack den Möglichkeiten angepasst hat.[220] Geschmack hängt trotzdem stark von der individuellen Prägung ab. Man kann hier nicht von richtig oder falsch sprechen. Bei Zubereitungstechniken ist das anders. Man kann Techniken richtig oder falsch anwenden oder man kann überhaupt eine falsche Technik anwenden.

Die Kulturtechniken des Kochens und Backens werden mündlich oder schriftlich übertragen. Koch- und Backbücher sind Lehrbücher, die zahlreichen Ratgeber eine abgeschwächte Form davon. Wie viele Lehrbücher spiegeln diese Werke nicht den aktuellen Stand der Wissenschaft, sondern den traditionellen Hintergrund ihrer Autoren. Wie alle Kulturtechniken sind das Kochen und Backen stark von Traditionen geprägt. Traditionen gelten auch in diesem Bereich als sinnvoll. Von Zeit zu Zeit müssen sie aber überprüft und möglicherweise durch neue Traditionen ersetzt werden. Ich würde es sogar vorziehen, wenigstens beim Kochen ganz auf Traditionen zu verzichten. Die Begründung eines Vorgehens mit dem Argument »Das hat man immer so gemacht« reicht mir einfach nicht. Möglicherweise hat man es ja immer falsch gemacht. Viele Traditionen und Überlieferungen sind mittlerweile durch neuere aber noch nicht allgemein bekannte Forschung ausgeräumt worden. Millionen Menschen sind an falsch oder schlecht zubereiteten und gelagerten Speisen gestorben. Und die Begründung dafür wird oft ungefähr so lauten: »Es war eben so eine Tradition«. Im 21. Jahrhundert, so könnte man glauben, seien wir über dieses Stadium hinaus.

Aber auch heute gibt es noch viele folgenschwere Irrtümer. Zum Glück sterben heute immer weniger Menschen durch die falsche Lagerung und Zubereitung der Speisen. Auf der anderen Seite nutzen sie das, was an Nährwert und Geschmack in unseren Lebensmitteln steckt, nicht immer vollständig aus. In der Küche geht es leider noch immer eher um Tradition als um angewandte Chemie und Physik. Die Mythen um die ernährungsphysiologische Wirkung von Lebensmitteln, Zusatzstoffen und Diäten wurden in den letzten Jahren sehr kritisch unter die Lupe genommen.[221] Mythen rund um die Zubereitung von Speisen sind aber tief in den Köpfen von Hausfrauen und Hausmännern verankert. Auch professionelle Köche und sogar Ökotrophologen, die es ja eigentlich besser wissen sollten, haben sie verinnerlicht. Bei Diskussionen über richtige Ernährung und die Zubereitung der Speisen gibt es zwei gleichermaßen unbefriedigende Entwicklungen. Entweder enden sie mit der wegwerfenden Bemerkung »Mir muss es einfach schmecken, dann ist es mir egal, wie und womit es gekocht wurde« oder es stellt irgendjemand die Frage, was der Urmensch wohl zu sich genommen hat und wie die Zubereitungsmethoden sich seitdem verändert haben. Je nach Standpunkt heißt es dann, dass seitdem eine Verfeinerung, also Verbesserung eingetreten sei oder aber, dass die Essenszubereitung »überfeinert« wurde und daher heute viel zu kompliziert sei. Letzteres kommt meist von den Kulturpessimisten. Tatsächlich, würde ich sagen, hat keiner recht.

Die Vorbereitung von Nahrung zum Verzehr bis hin zum »Convenience-Food« ist gut entwickelt. Von einer »Hochzivilisation« kann man bei der Essenszubereitung aber noch keineswegs sprechen. Noch immer geht es darum, erlegte Tiere und aufgesammelte

Früchte für den eigenen Stoffwechsel nutzbar zu machen. Dafür gibt es nach wie vor genau drei Zubereitungsmethoden: zerkleinern, erhitzen sowie zerkleinern und erhitzen. Sandro Bedin, ein absoluter Experte in der Zubereitung von Speisen mittels Stickstoff, bat mich, darauf hinzuweisen, dass auch durch schnelles Tiefkühlen exklusive Gerichte entstehen können. Aber sagen Sie mal ehrlich: Haben Sie eine Flasche Stickstoff in der Küche stehen? Um die Nahrung aufnehmen zu können, wird sie zerkleinert, entweder vor dem Essen, beim Essen oder beim anschließenden Vorgang des Verdauens. Im Mund laufen neben den mechanischen schon wesentliche chemische Zersetzungsvorgänge ab. Es heißt immer wieder, Kochen sei eine Kunst. Ich glaube das nicht. Genauso gut könnte man Putzen und Waschen als eine Kunst bezeichnen, die Bewältigung eines Büroalltags oder das Chauffieren eines Linien-Gelenkbusses mit Schulkindern durch den Berufsverkehr. Es gibt kaum eine Tätigkeit, die nicht Augenmaß, Übersicht, Urteilskraft und Kreativität erfordert. Damit hatte Joseph Beuys tatsächlich recht. Ich besitze nicht ein einziges Kochbuch. Kochbücher enthalten Rezepte und Rezepte interessieren mich nicht. Deshalb werden Sie in diesem Buch auch keine Rezepte finden. Rezepte stehen heutzutage auch eher in Krimis und da stören sie mich auch.

Rechtsverbindliche Wahrheitserklärung

»Mensch, Ludger«, fragen mich viele Bekannte, »woher weißt du das eigentlich alles?« Dann antworte ich ihnen wahrheitsgemäß: »recherchiert, ausprobiert, selbst überlegt«. Andere zweifeln: »Mal ehrlich, Herr Fischer, das haben Sie wirklich prima beschrieben, aber stimmt das denn auch alles?« Und ich sage dann: »Aber sicher!« Außerdem wissen Menschen, die immer alles besser wissen, dass man das, was ich da geschrieben habe, sowieso schon längst weiß. Ja was denn nun? Leute mit einem unnatürlich starken Verfolgungswahn unterstellen mir Käuflichkeit, weil ich in Brüssel die Interessen der kleinen Lebensmittelhersteller vertrete, der Bäcker, der Konditoren, der Metzger. Deren Hauptinteresse ist es, trotz europäischer Verordnungen und mit diesen zu überleben. Irgendwie verständlich, oder? Selbstverständlich wäre ich so käuflich, wie jeder andere Mensch auch. Ich würde sogar wider besseres Wissen skrupellos und sofort schreiben »Kleine Bäcker backen besser«, oder »Mein Metzger macht mein Mett mit Liebe«. Wunderbare Brüche im Stabreim. So unangreifbar, wie Werbesprüche nun einmal sind. Weil sich aber niemand bereitfindet, mich für das Verbreiten solcher Imagesprüche zu bezahlen, habe ich einfach alles nach bestem Wissen und Gewissen aufgeschrieben und hoffe, es wird Ihnen helfen.

Nachwort

Wenn es mir nicht gelungen ist, Sie davon zu überzeugen, dass es sich bei allen aufgeführten Irrtümern tatsächlich um Irrtümer handelt, ist das auch nicht schlimm. Der Keim eines Zweifels ist wahrscheinlich doch gelegt. Beim nächsten angeblichen Fehler, der Ihnen beim Kochen unterläuft, werden Sie feststellen, dass es so auch und sogar noch besser geht. Das Nudelwasser hat nicht sprudelnd gekocht, das Fett für die Koteletts war gar nicht richtig heiß, der Braten war viel zu lange bei zu schwacher Temperatur in der Röhre, Sie haben ständig die Ofentür geöffnet, als das Soufflé drin war, und trotzdem schmeckt alles wunderbar, ist gar und saftig und locker und rundum gelungen. Sie werden das jetzt nicht mehr für Glück im Unglück halten und in Zukunft öfter solche »Fehler« machen. Irrtümer machen klug – sobald sie als solche erkannt werden.

Verwendete Literatur, leicht kommentiert

Franz Alt: Agrarwende jetzt. Gesunde Lebensmittel für alle, München 2001. Ein erschreckend borniertes Buch eines ideologisch festgefahrenen Journalisten.

Volker Angres, Claus-Peter Hutter, Lutz Ribbe: Futter fürs Volk. Was die Lebensmittelindustrie uns auftischt, München 2006, zuerst München 2001. Ein Werk, geschrieben mit einer ausgesprochen verschwörungstheoretischen Perspektive.

Peter Barham: Die letzten Geheimnisse der Kochkunst. Hintergründe, Rezepte, Experimente, München 2005, dt. zuerst Berlin/Heidelberg 2004. Ein Koch, der sich der molekulargastronomischen Richtung nahe fühlt.

Julian Barnes: Fein gehackt und grob gewürfelt. Der Pedant in der Küche, München 2006. Ein Romanautor, der wirklich gut schreiben und kochen kann.

Hannes Bertschi und Marcus Reckewitz: Von Absinth bis Zabaione. Wie Speisen und Getränke zu ihrem Namen kamen und andere kuriose Geschichten, Berlin 2002. Informationen, die Sie nicht unbedingt benötigen, die aber deshalb umso amüsanter sind.

Jean-Anthelme Brillat-Savarin: Physiologie des Geschmacks oder physiologische Anleitung zum Studium der Tafelgenüsse, Braunschweig 1865, zuerst Paris 1826, hier zit. n. dem Nachdruck Leipzig 1983. Auch nach 25 Jahren, die der Autor daran gearbeitet haben soll, ist dies kein ganz fehlerfreies Buch. Ehrlich gesagt steckt es voll damit. Außerdem plappert der Autor in einer selbst für Freunde eines feuilletonistischen Stils unerträglichen Verbaldiarrhö.

Henriette Davidis: Zuverlässige und selbstgeprüfte Recepte der gewöhnlichen und feineren Küche. (…), Bielefeld 1845. Ab der 3. Auflage erschien das Buch unter dem bekannteren Titel »Praktisches Kochbuch für die gewöhnliche und feinere Küche.« Bis 1942 brachte der Verlag 62 Auflagen heraus, darunter auch Schmuckausgaben. Nach Ablauf der Urheberrechte erschienen zahllose Bearbeitungen und Nachdrucke, zuletzt ein Reprint der Erstausgabe u. d. T. »Praktisches Kochbuch für die gewöhnliche und feinere Küche«, hrsg. von Walter Methler (Veröffentlichungen des Henriette-Davidis-Museums),

Wetter (Ruhr) 1994. Das ganze Buch kann man nachlesen unter https://gutenberg.spiegel.de/autor/henriette-davidis-120.

Adelle Davis: Let's Eat Right to Keep Fit, Orlando 1954, deutsch u. d. T. Jeder kann gesund sein, Bonn 1974. In Deutschland vor allem bekannt ist ihr Buch Let's stay healthy, deutsch u. d. T. Gesund bleiben – ein Leben lang, Bonn 1983. Die amerikanische Ernährungslehrerin (1904–1974) machte sich seit den 1920er-Jahren für den Verzehr unverarbeiteter Lebensmittel und gegen Zusatzstoffe stark. Der Nachklang ihrer Lehre ist auch in Europa noch in vielen Empfehlungen zu spüren.

Dr. Oetker: Schulkochbuch, Bielefeld 1911. Auch ein nicht ganz irrtumsfreies und trotzdem hilfreiches Kochbuch, das bis heute immer wieder aufgelegt wird, zuletzt 2018.

Karl Duch: Handlexikon der Kochkunst, 2 Bde., Linz 2008, zuerst 196[illegible]. Eines der Standardwerke für die europäische Hotel- und Restaurantküche.

Petra Foede: Wie Bismarck auf den Hering kam. Kulinarische Legenden, Zürich 2009. In diesem unverzichtbaren Nachschlagewerk erfahren Sie, wer das Croissant erfunden hat und warum ein Schmarrn ein Schmarrn ist.

M. Gehring, G. Schnell, E. Züricher, L. J. Kucera: »Hygienische Eigenschaften von Holz- und Kunststoffbrettern in der Nahrungsmittelverarbeitung und -präsentation: Ein Vergleich«, in: Holz als Roh- und Werkstoff 58 (2000), Berlin/Heidelberg 2000, S. 265–269. Eine

»Familienwaagen mit fein lackirten Gussgehäusen, weissem Zifferblatt und Zeiger-Regulirung und Weissblechschale.« Nicht auf jedes Buch über Ernährung ist gleich viel Wert zu legen. Deshalb hier ein paar Sätze zum inhaltlichen Gewicht des jeweiligen Werks.

beruhigende Untersuchung über die durchaus hygienische Verwendung von Holzgeräten bei der Lebensmittelverarbeitung.

Eugen Freiherr von Gorup-Besanez: Lehrbuch der physiologischen Chemie, Braunschweig 1862. Verbreitete den von Liebig in die Welt gesetzten Irrtum der beim Fleisch zu schließenden Poren.

Frank Kämmer: Kleines Lexikon der Wein-Irrtümer, Frankfurt a. M. 2006. Das Weinlexikon an sich.

Helene Karmasin: Die geheime Botschaft unserer Speisen. Was Essen über uns aussagt, Bergisch Gladbach 2001, zuerst München 1999. Eine hervorragende psychologisch-soziologische Analyse des Essverhaltens.

Dr. Willi Kremer-Schillings: Sauerei! Bauer Willi über billiges Essen und unsere Macht als Verbraucher, München/Berlin 2016. Ein Bauer, der nicht jammert, sich mit der Ethik von Nutztierhaltung auskennt und aus guten Gründen keine Bio-Landwirtschaft betreibt.

Silke Maier: Kulinarische Physik, Graz 2002. Magisterarbeit, im Internet vollständig nachzulesen unter http://www.brgkepler.at/~rath/fba/kulinarische_physik.pdf

Hans Peter Matkowitz, Juliana L. Raskin-Schmitz, Die Tricks und Tipps der Köche. Über 4500 Profi-Tipps mit vielen Farbfotos, Weil der Stadt 2007 (zuerst 1999). Ein sprudelnder Quell von nicht als solchen erkannten Küchenirrtümern (u. a. das beliebte »Porenschließen« bei Fleisch) mit unzähligen unbelegten Empfehlungen und nicht funktionierenden Tricks, die auch in der Kochausbildung gelehrt werden. Darunter allerdings auch Hilfreiches!

Dirk Maxeiner, Michael Miersch: Biokost & Ökokult. Welches Essen ist wirklich gut für uns und unsere Umwelt, München 2008. Eine schonungslose Darstellung des naiven Versuchs, durch Biokost sich und die Welt zu retten. Ergebnis: Bio ist nicht besser, häufig dagegen gesundheitsgefährdend.

Annerose Menninger: Genuss im kulturellen Wandel. Tabak, Kaffee, Tee und Schokolade in Europa (16.–19. Jahrhundert), Stuttgart 2004. Die bisher beste Analyse zum Gebrauch von Genussmitteln.

Hans P. Mollenhauer: Von Omas Küche zur Fertigpackung. Aus der Kinderstube der Lebensmittelindustrie, Gernsbach 1988. Eine gute Übersicht über das Zusammenwirken von Entwicklung, Marketing und Werbung im 19. Jahrhundert.

Richard Olney: Simple French Food, London 2003; ders.: Gemüse, Amsterdam 1979. Als frankophiler Amerikaner kombiniert Olney die besten Küchenmethoden beider Kultursphären.

Gert von Paczensky: Feinschmeckers Beschwerdebuch. Brevier wider die Sünden der Gastronomie, Reinbek bei Hamburg 1976. Lamento eines Kartoffel- und Nudelphobikers sowie militanten Soßenverächters über die 1976 in Deutschland angeblich besonders daniederliegende Gasthauskultur. Besonders Mehlschwitzen empfand der Autor als Zumutung. Warum eigentlich?

Michael Pollan: The Omnivore's Dilemma. A natural history of four meals, New York 2006. Deutsch unter dem Titel *Das Omnivoren-Dilemma*: Wie sich die Industrie der Lebensmittel bemächtigte und warum Essen so kompliziert wurde, München 2011. Beschreibung eines mutigen Selbstversuchs, sich »natürlich« zu ernähren. Natürlich gescheitert.

Udo Pollmer, Susanne Warmuth: Lexikon der populären Ernährungsirrtümer, Missverständnisse, Fehlinterpretationen und Halbwahrheiten von Alkohol bis Zucker, München 2002, zuerst Frankfurt 2000 und Neuausgabe 2007. Ein Klassiker der Irrtumslexika.

Udo Pollmer, Brigitte Schmelzer-Sandtner: Wohl bekomm's! Was Sie vor dem Einkauf über Lebensmittel wissen sollten, Köln 1998, 3. Auflage 2003.

Udo Pollmer, Monika Niehaus: Food-Design. Panschen erlaubt. Wie unsere Nahrung ihre Unschuld verliert, Stuttgart 2007. Hintergrundinformationen aus einer schuldenfreien Branche.

Katharina Prato, Edle von Scheiger: Süddeutsche Küche. Für Anfängerinnen und praktische Köchinnen. Bereichert und herausgegeben von deren Enkelin Victorine von Leitmaier, Graz, 34. Aufl., 1903 (zuerst 1858). Das gesamte Buch ist gescannt im Internet verfügbar unter https://archive.org/details/diesddeutschekcooleitgoog/page/n10. Ein Kochbuchklassiker auf dem damals höchsten Niveau, was aus heutiger Perspektive so viel bedeutet, wie »kaum noch zu gebrauchen«.

Ignatz Prummer: Salz-Essenz, oder Erklärung, wie vielfältig das Salz den Menschen, Thieren und Erdfrüchten nützlich sey. Aus einigen Stellen der heiligen Schrift bewiesen, und als ein Neujahrs-Geschenk allen Salz-Nießern überreicht, Salzburg 1791. Die 93 Seiten starke Broschüre war offensichtlich als Werbeschrift gedacht: »Salzburger Salz ist über alles«. Ihr Autor war kurpfalzbay(e)rischer Salz-Nebenanschaffer zu Hallein, Senior und Conducteur, was immer das alles heißen mag. Das ganze Buch des Salz-Lobbyisten – erschienen natürlich in Salzburg – ist nachzulesen unter https://reader.digitale-sammlungen.de/resolve/display/bsb10136244.html. Praktisch.

Karl Friedrich von Rumohr: Geist der Kochkunst, Frankfurt a. M. 1978, zuerst München 1822. Anfänglich erschien das Buch unter dem Namen seines Kochs Joseph König. Rumohr war einer der Begründer der Kunstwissenschaft.

Walter Schudel (Hrsg.): Pauli. Lehrbuch der Küche für Theorie und Praxis der modernen Koch- und Küchentechnik, Neuhausen 2005. Das Standardwerk der Schweizer Kochausbildung, nicht immer irrtumsfrei.

Karl Ludwig Schweisfurth: Das Buch vom guten Fleisch, München 2004. Ökologieorientiertes Buch zu Tierzucht und Fleischverarbeitung.

Jeffrey Steingarten: Der Mann, der alles isst. Aufzeichnungen eines Gourmets, München 2006, zuerst New York 1997. Ein Gourmand mit tolerantem Verdauungssystem.

Reay Tannahill: Kulturgeschichte des Essens, Wien 1973 (Original: Food in history, London 1973). Die Autorin sah die Lösung des quantitativen Ernährungsproblems der Menschheit in Protein-Ersatzprodukten. So optimistisch war man noch 1973. »Nur der Gutgenährte kann es sich leisten, einmal etwas Neues auszuprobieren, denn nur er kann es sich leisten, wegzuwerfen, was ihm nicht schmeckt.«

Hervé This-Benckhard: Rätsel der Kochkunst. Naturwissenschaftlich erklärt, München 1998, dt. zuerst Berlin/Heidelberg 1996, zuerst Paris 1993. Einer der Gründer der Molekulargastronomie, Lehrer am Collège de France im Fach Physik und Chemie des Kochens.

Hervé This-Benckhard: Kulinarische Geheimnisse. 55 Rezepte naturwissenschaftlich erklärt, München 1999, zuerst Paris 1995.

Eugen von Vaerst: Gastrosophie oder die Lehre von den Freuden der Tafel, 2 Bde., Leipzig 1851, Nachdruck München 1975. Sollten wir in von Vaerst tatsächlich einen »deutschen Brillat-Savarin« entdecken dürfen? Wie dieser ist er eine Plaudertasche von ungebremster Plappermäuligkeit. Ein Vergleich ist also durchaus angebracht (vgl. Brillat-Savarin). Natürlich auch online: https://gutenberg.spiegel.de/suche?q=eugen+von+vaerst

Thomas Vilgis: Die Molekül-Küche. Physik und Chemie des feinen Geschmacks, Stuttgart 2005, 7. korrigierte Auflage Stuttgart 2007. Molekularphysiker mit dem Spezialgebiet molekulare Küche. Der Autor bleibt trotz guter Kenntnis der Maillard-Reaktion ein Freund heißen und schnellen Anbratens.

Thomas Vilgis: Wissenschaft al dente. Naturwissenschaftliche Wunder in der Küche, Freiburg 2007. Ein äußerst fundiertes Buch des Physikers und Molekulargastronomen, und doch für Laien trotz eifrigen Bemühens des Autors um Verständlichkeit nicht immer leicht zu lesen.

Thomas Vilgis, Molekularküche. Geschmack, Aromen, Flavour, Wiesbaden 2009. Zur Hälfte Aromentheorie, zur Hälfte Rezepte, die vor allem deshalb anregend und lehrreich sind, weil sie jeweils einen Abschnitt Aromentheorie enthalten.

Martina Vollborn, Vlad D. Georgescu: Die Joghurt-Lüge. Die unappetitlichen Geschäfte der Lebensmittelindustrie, Frankfurt a. M. 2006. Ein Buch zweier Journalisten, die mit dem Verängstigen von Verbrauchern ihr Geld verdienen und in dem vor vielem gewarnt und wenig erklärt wird, vor allem nicht, worum es sich bei der angeblichen »Joghurt-Lüge« handelt.

Christoph Wagner: Fast schon Food. Die Geschichte des schnellen Essens, Bergisch Gladbach 2001, zuerst Frankfurt a. M. 1995. Fundierte historische Darstellung einer oft geschmähten Branche.

Robert L. Wolke: Was Einstein seinem Koch erzählte. Naturwissenschaft in der Küche, München 2003, zuerst New York/London 2002. Das Buch, das mich auf den Geschmack brachte, mich um Vorgänge zu kümmern, die beim Kochen wirklich passieren.

Abbildungsnachweis

Abbildungen aus dem Katalog »Illustriertes Preis-Buch für Blech-, Metall- & Lackirwaren von Albert Frank, Lampen- & Metallwaren-Fabrik«, München 1903.

Anmerkungen

1 Paul Wolf: »Creativity and chronic disease Vincent van Gogh (1853–1890)«, in: The Western Journal of Medicine, November 2001; 175(5), S. 348.

2 Richtlinie 88/3888/EWG vom 22. 6. 1988 zur Angleichung der Rechtsvorschriften der Mitgliedstaaten über Aromen zur Verwendung in Lebensmitteln und über die Ausgangsstoffe für ihre Herstellung. Die Richtlinie wurde mit Beschluss vom 27. 9. 1991 (Bundesratssache 428/91) in ein deutsches Gesetz umgesetzt.

3 http://www.land-der-traeume.de/drogeninfo.php?id=6

4 Vgl. Wolke 2003, S. 224.

5 Vgl. Christoph Drösser: Prozente im Essen, in: DIE ZEIT, 8. 12. 2005, Nr. 50.

6 http://www.herzogin.de/kochtipps/kochtipps.php

7 Nur katalytisch beschichtete Backöfen erreichen diese Temperaturen, allerdings auch nur im Reinigungsmodus. Dabei verbrennen Katalysatoren an der rauen Emailleoberfläche die Fettspritzer. Es stinkt und verbraucht sehr viel Energie. Bei einem neu entwickelten großoberflächigen Typ soll der Effekt schon bei 200 Grad, also mit weniger Energie und mit weniger Gestank vor sich gehen.

8 http://www.aeppelsche-homepage.de/kochen1.htm

9 https://www.vollwerth-apotheke.de/kolumne/137-gefahr-aluminium

10 Bundesinstitut für Risikobewertung BfR: Keine Alzheimer-Gefahr durch Aluminium aus Bedarfsgegenständen. Aktualisierte gesundheitliche Bewertung Nr. 033/2007 des BfR vom 13. Dezember 2007.

11 https://www.ncbi.nlm.nih.gov/pmc/articles/PMC6550484/

12 https://www.who.int/water_sanitation_health/water-quality/guidelines/chemicals/aluminium/en/

13 www.alzheimer-forschung.de

14 www.bernd-leitenberger.de/bestrahl.shtml

15 Richtlinie 1999/2/EG des Europäischen Parlaments und des Rates vom 22. Februar 1999 zur Angleichung der Rechtsvorschriften der Mitgliedstaaten über mit ionisierenden Strahlen behandelte

Lebensmittel und Lebensmittelbestandteile sowie Richtlinie 1999/3/EG des Europäischen Parlaments und des Rates vom 22. Februar 1999 über die Festlegung einer Gemeinschaftsliste von mit ionisierenden Strahlen behandelten Lebensmitteln und Lebensmittelbestandteilen.

16 Bundesforschungsanstalt für Ernährung: Die Strahlenkonservierung von Lebensmitteln, bearb. v. D. A. E. Ehlermann und H. Delincée, Oktober 1998

17 Ebd.

18 Vgl. Pollmer/Schmelzer/Sandtner 2003, S. 262–268.

19 Eine schöne bunte Broschüre erstellte auch die Bundesforschungsanstalt für Ernährung und Lebensmittel, jetzt Max Rubner-Institut: https://www.yumpu.com/de/document/read/8694761/lebensmittelbestrahlung-max-rubner-institut-bundde

20 Verordnung über die Behandlung von Lebensmitteln mit Elektronen-, Gamma- und Röntgenstrahlen, Neutronen oder ultravioletten Strahlen (Lebensmittelbestrahlungsverordnung – LMBestrV) vom 14. Dezember 2000 (BGBl I, S. 1730), zuletzt geändert durch Artikel 359 der Verordnung vom 31. Oktober 2006 (BGBl. I S. 2407).

21 So zitiert in zahlreichen Internetforen. Sollte ich mir die Mühe machen, die Originalquelle herauszufinden? Bitte machen Sie das für mich.

22 Vgl. dazu die Dissertation von Karin Hackel-Stehr: Das Brauwesen in Bayern vom 14. bis 16. Jahrhundert, insbesondere die Entstehung und Entwicklung des Reinheitsgebotes (1516), herausgegeben von der Gesellschaft für Öffentlichkeitsarbeit der Deutschen Brauwirtschaft e.V., Berlin 1987.

23 E-Mail vom 15. Mai 2009 an den Verfasser.

24 U. a. auch Barham 2005, S. 201, S. 203 und S. 216.

25 This-Benckhard 1998, S. 125.

26 Angaben der Zentralen Markt- und Preisberichtstelle für Erzeugnisse der Land-, Forst- und Ernährungswirtschaft (ZMP), Bonn.

27 https://kuechentipps.de/pannenhilfe/reis-ist-angebrannt/

28 So war es jahrelang unter https://www.rezepte-und-tipps.com/ zu lesen und wurde jetzt gelöscht.

29 Den Beweis erbrachte für mich der Chemiker Dr. Wolfgang Lortz, Wächtersbach-Leisenwald.

30 Davidis 1845.

31 Olney 2003.

32 Vgl. Pollmer/Warmuth 2000, S. 89.

33 https://www.zusatzstoffe-online.de/zusatzstoffe/122.e338_phosphorsäure.html

34 H. Serger: »Die Bombagen bei Dosenkonserven«, in: Zeitschrift für Untersuchung der Nahrungs- und Genußmittel sowie der Gebrauchsgegenstände, Bd. 41, H. 3/4, 15. Februar 1921; Ders.: »Verfahren der Begutachtung von Konserven und Hilfsmaterial«, in: Jahresbericht des Laboratoriums der Versuchsstation für die Konservenindustrie, Braunschweig 1911.

35 Rösle Katalog 2007/2008, Marktoberdorf 2007, S. 7.

36 Vgl. auch Christoph Drösser: »Auf dem Siedepunkt«, in: DIE ZEIT, 15/2001.

37 Vgl. Peter Barham: Die letzten Geheimnisse der Kochkunst, München 2006, S. 68 ff.

38 NTV, Die Welt.

39 https://www.egginfo.co.uk/

40 www.bembtrust.org.uk

41 Vgl. Len Fisher: Reise zum Mittelpunkt des Frühstückseis, Streifzüge durch die Physik der alltäglichen Dinge, Frankfurt 2003 (Original: How to dunk a doughnut, London 2002).

42 Die Eiertests und die entsprechenden Vorschläge machte mir Dr. Wolfgang Lortz aus Wächtersbach-Leisenwald.

43 Freundin 2/2008, 16. 1. 2008.

44 www.marions-kochbuch.de/rezept/1414.htm

45 This-Benckhard 1998, S. 62.

46 Schweizerisches Bundesamt für Gesundheit: »Haltbarkeit hart gekochter Schaleneier bei unterschiedlichen Lagerungsbedingungen«, in: Bulletin 12/02 (18. März 2002), S. 220–223.

47 Ebd., S. 223.

48 https://wortspass.de/kopfball

49 https://www.projekt-gutenberg.org/knigge/umgang/umgang.html

50 European Food Safety Authority (EFSA), Frage Nr.: EFSA-Q-2004-031, Stellungnahme angenommen am 7. September

2005, Gutachten des Wissenschaftlichen Gremiums für Biologische Gefahren auf Ersuchen der Kommission über die mikrobiologischen Risiken des Waschens von Tafeleiern. The EFSA Journal (2005), 269, S. 1–39.

51 Barham 2006, S. 252.

52 Ebd., S. 313.

53 https://www.brigitte.de/rezepte/backen/biskuit--so-gelingt-biskuitteig-10095984.html

54 This-Benckhard 1998, S. 61.

55 Ebd., S. 166. Über den Wahn, dass der Verzehr von Cholesterin beim Menschen zu einem erhöhten Cholesterinspiegel führt, und den Irrtum, dass daraus wiederum ein erhöhtes Herzinfarktrisiko resultiert, vgl. Pollmer/Warmuth 2000 sowie Walter Hartenbach: Die Cholesterin-Lüge. Das Märchen vom bösen Cholesterin, München 2002.

56 Barham 2006, S. 311.

57 This-Benckhard 1998, S. 61.

58 Eine solche Spritze bekomme ich in Belgien ohne Weiteres jederzeit von meinem Apotheker geschenkt. Er legt dann immer auch noch ein paar Nadeln unterschiedlicher Stärke dazu. In der Schweiz hat man dagegen Schwierigkeiten, die Verwendung solcher Utensilien zu rechtfertigen.

59 Je höher der pH-Wert, desto weniger sauer die Lösung. Wasser hat einen als »neutral« eingestuften pH-Wert von 7,0.

60 von Paczensky 1976, S. 24.

61 Eugen Block in einem Fernsehinterview 2006.

62 This-Benckhard 1998, S. 94.

63 Annemarie Wildeisen: Fleisch sanft garen bei Niedertemperatur, Aarau 2007, S. 9.

64 Werner, Wirth: Intelligente Küche, Urtenen 2003, S. 116.

65 Justus von Liebig: Chemische Untersuchung über das Fleisch und seine Zubereitung zum Nahrungsmittel, Heidelberg 1847. Das ist die berühmte Abhandlung über die Gewinnung des Fleischextraktes.

66 Gorup-Besanez 1862, S. 621. Kapitel »Über den Chemismus der Zubereitung des Fleisches als Nahrungsmittel.«

67 Vgl. This-Benckhard 1998, S. 106.

68 Rumohr 1822, hier zit. n. d. Ausgabe Frankfurt 1978, S. 58 und 222.

69 Brillat-Savarin 1865, S. 245.

70 Annemarie Wildeisen: Fleisch sanft garen bei Niedertemperatur, Aarau 2007, S. 9.

71 ABl. L 40 vom 11. 1. 1989, S. 34. Die europäische Richtlinie wurde in Deutschland umgesetzt mit der Verordnung über tiefgefrorene Lebensmittel (TLMV) vom 29. Oktober 1991 (BGBl. I S. 2051), zuletzt geändert durch ÄndVO vom 16. November 1995 (BGBl. I S. 1520) § 5, Kennzeichnung von Erzeugnissen für Verbraucher: »Tiefgefrorene Lebensmittel in Fertigpackungen, die zur Abgabe an Verbraucher im Sinne des § 6 Abs. 1 des Lebensmittel- und Bedarfsgegenständegesetzes bestimmt sind, dürfen gewerbsmäßig nur in den Verkehr gebracht werden, wenn zusätzlich zu den durch die Lebensmittel-Kennzeichnungsverordnung vorgeschriebenen Angaben angegeben sind [...] die Worte ›nach dem Auftauen nicht wieder einfrieren‹ oder ein gleichsinniger Hinweis.«

72 Verordnung über tiefgefrorene Lebensmittel vom 29. Oktober 1991 (BGBl. I S. 2051), zuletzt geändert durch Artikel 27 des EWR-Ausführungsgesetzes vom 27. April 1993 (BGBl. I S. 512); danach: »Verordnung über tiefgefrorene Lebensmittel«, BGBl. Nr. 201/1994 (TiefgefVO). Grundlage war die EU-Richtlinie 93/43 vom 14. 6. 1993 über Lebensmittelhygiene. Die »Erste Verordnung zur Änderung der Verordnung über tiefgefrorene Lebensmittel« vom 16. November 1995 (BGBl. I S. 1520) ist die Umsetzung der Richtlinien 92/1/EWG und 92/2/EWG in deutsches Recht.

73 Rechtsgrundlage: § 24 VStG i. V. m. § 66 Abs. 4 AVG, § 45 Abs. 1 Z. 1 VStG, § 64 Abs. 1 u. 2 VStG, § 65 VStG.

74 http://www.schweizerfleisch.ch

75 Prummer 1791, S. 10–11.

76 Prato 1903, S. 26.

77 Ebd., S. 59.

78 Ebd., S. 25–26.

79 http://www.gutefrage.net

80 Zitat Wolfgang Stein, hier zit. n. dpa/tmn, 27. März 2009.

81 L'Abbé Nollet (Juni 1748): Recherches sur les causes du bouillonnement des liquides. In: Mémoires de Mathématique et de Physique,

tirés des registres de l'Académie Royale des Sciences de l'année 1748, S. 57–104, zit.n. http://de.wikipedia.org/wiki/Osmose

82 Albert Einstein: »Über die von der molekularkinetischen Theorie der Wärme geforderte Bewegung von in ruhenden Flüssigkeiten suspendierten Teilchen«, in: Annalen der Physik Bd. 322 (17), Mai 1905, S. 549–560.

83 Jonny Behm und Elinor Goetze: Die Kunst zu würzen, München 1956.

84 Ruth Reichl in: Falscher Hase. Als Spionin bei den Spitzenköchen, München 2007, S. 316.

85 Focus Money online 10. 10. 2007.

86 https://www.fleischwirtschaft.de/

87 Zur CMA vgl. hier das Kapitel »Milch brennt nicht an, wenn man den Topf zuvor mit kaltem Wasser ausspült.«

88 Barham 2006, S. 97.

89 Die Empfehlung gibt u. a. das Dr. Oetker Schulkochbuch, Ausgabe 2008.

90 www.rki.de

91 Karmasin 2001, S. 110.

92 https://www.gesundheitsportal-privat.de/

93 This-Benckhard 1998, S. 101.

94 Thorwald Ewe: »Ehrenrettung für die Pommes«, in: Bild der Wissenschaft 8/2001, S. 20–25.

95 http://www.navefri-unafri.be/

96 Dr. Christian Gertz, zit. n. Thorwald Ewe: »Ehrenrettung für die Pommes«, in: Bild der Wissenschaft 8/2001, S. 20–25, Zit. S. 25.

97 www.3sat.de

98 Journal of the Science of Food and Agriculture, Vol. 83, S. 1511

99 Davis 1983.

100 Richtlinie 90/496/EWG des Rates vom 24. September 1990 über die Nährwertkennzeichnung von Lebensmitteln.

101 Davis 1983.

102 https://www.dge.de/

103 https://www.gesundheitstipp.ch/

104 Vgl. auch Pollmer/Warmuth 2000, S. 262–266.

105 Steingarten 2006, S. 374.

106 ddp, 9. September 2008.

107 http://www.aeppelsche-homepage.de/kochen3.htm

108 http://www.kuechentipps.de

109 https://www.fug-verlag.de/pages/pflanzen/620/bittere_gurken_durch_ueberhoehtes_c_n-verhaeltnis_im_boden

110 Greenpeace Magazin 6/2004.

111 MDR: Hauptsache gesund, 27. 10. 2005.

112 http://www.inform24.de/nitro.html

113 Pollmer/Warmuth 2002, S. 267.

114 In der Fassung vom 9. 9. 1997 (BGBl I S. 2296), zuletzt geändert durch das Siebte Gesetz zur Änderung des Arzneimittelgesetzes vom 25. 2. 1998 (BGBl I S. 374), vgl. u. a. http://www.rechtliches.de/gesetze/LMBG.html

115 Gehring/Schnell/Züricher/Kucera 2000, S. 265.

116 https://de.statista.com/ Pro-Kopf-Konsum von Käse in der europäischen Union 2017.

117 U. a. von Vollborn/Georgescu 2006, S. 112–116.

118 Erläutert nach Gisbert Strotdrees und Gabi Cavelius: Was brummt da auf dem Bauernhof – Technik in der Landwirtschaft für Kinder leicht erklärt, Münster 2000.

119 Vgl. die Broschüre des Bundesinstituts für Risikobewertung: Schutz vor Toxoplasmose, Berlin 2017.

120 »Siebecks Sommerseminar«, in: DIE ZEIT, 17. 7. 2008 Nr. 30.

121 Ebd.

122 https://www.kuechengoetter.de/

123 Barham 2006, S. 229.

124 https://www.frag-mutti.de

125 Ich meine das Apothekenmagazin Senioren Ratgeber 5/2007.

126 WIPO, Weltorganisation für geistiges Eigentum, internationale Anmeldung, veröffentlicht nach dem Vertrag über die internationale Zusammenarbeit auf dem Gebiet des Patentwesens (PCT), Veröffentlichungsnummer WO 99/41 045.

127 Justin Warner: Garlic wards off undead bacteria, in: New Scientist, 14. 5. 1994.

128 https://www.bild.de/media/veweis-tips-27978/Download/2.bild.pdf

129 E-Mail vom 9. Dezember 2009 an den Verfasser.

130 This-Benckhard 1998, S. 61.

131 https://www.manufactum.de/schlagschuessel-kupfer-a79499/

132 Barham 2006, S. 260.

133 Jochen Kittel: Symptome und Zeichen der chronischen Kupfervergiftung, Diss. München 2006, S. 4.

134 Jean-Jacques Rousseau: Von der Schädlichkeit des Kupfergeschirrs in der Haushaltung. In: Briefe an Herausgeber des Mercure de France, Frankfurt und Leipzig 1754, hier zit. n. Kittel 2006.

135 Davidis 1845.

136 This-Benckhard 1998, S. 221.

137 E-Mail an den Verfasser vom 10. März 2008. In Goslar wurde wahrscheinlich die noch heute in Brüssel getrunkene Geuze erfunden. Dort heißt sie Gose und ist, wie die Brüsseler Geuze, ein spontan fermentiertes Bier ohne Hefezusatz. Die aktiven Hefen (Brettanomyces bruxellensis) finden ihren Weg aus dem Dachgebälk des Brauhauses von selbst in die offenstehenden Sudbottiche. Zur Blütezeit der Goslarer Gose (1400 bis 1600) wurde sie bis nach Hamburg, Wien, Sachsen und Belgien exportiert. Wahrscheinlich ist sie deshalb auch Namensgeber des Geuze-Biers. Geuze ist übrigens verschnittene, in Champagnerflaschen abgefüllte und weiter vergorene Lambic, ein obergäriges Bier. Sie ist wegen ihres stark säuerlichen, an Erbrochenes erinnernden Geschmack nur für echte Liebhaber genießbar. Ich hüte mich, das in Brüssel so vorzutragen, genausowenig wie meine These von der Goslarer Herkunft dieses Getränks.

138 Verordnung (EWG) Nr. 315/93 des Rates vom 8. Februar 1993 zur Festlegung von gemeinschaftlichen Verfahren zur Kontrolle von Kontaminanten in Lebensmitteln. Sie wurde ersetzt durch die Fassung (EG) Nr. 466/2001 und diese wiederum durch die Verordnung (EG) Nr. 1881/2006 vom 19. Dezember 2006 zur Festsetzung der Höchstgehalte für bestimmte Kontaminanten in Lebensmitteln. Die neue Verordnung gilt seit dem 1. März 2007.

139 Jonny Behm und Elinor Goetze: Die Kunst zu würzen, München 1956.

140 Prato 1903, S. 306, 308.

141 This-Benckhard 1998, S. 124.

142 http://www.rezepterang.de/gemuese/gemueserezept_3210.html

143 Ulrich Oltersdorf unter Mitarbeit von Jasmin Ecke: Berichte der Bundesforschungsanstalt für Ernährung BFE-R-03-01: »Entwicklungstendenzen bei [der] Nahrungsmittelnachfrage und ihre Folgen«, Karlsruhe 2003, S. 117.

144 In der Europäischen Union gilt seit April 2001 die Verordnung (EG) Nr. 466/2001 zur Festsetzung der Höchstgehalte für bestimmte Kontaminanten in Lebensmitteln. Sie wurde im Februar 2002 durch die Verordnung (EG) Nr. 257/2002 – (Aflatoxine in Lebensmitteln) und im März 2002 durch die Verordnung (EG) Nr. 472/2002 – (Aflatoxine in Gewürzen sowie Ochratoxin A in bestimmten Lebensmitteln) erweitert. Weitere Änderungen der Verordnung (EG) Nr. 466/2001 erfolgten im August 2003 und im März 2004 durch die Verordnungen (EG) Nr. 1425/2003 und 455/2004 in Bezug auf Patulin, im Dezember 2003 durch die Verordnung (EG) Nr. 2174/2003 in Bezug auf Aflatoxine und im Januar 2005 durch die Verordnung (EG) Nr. 123/2005 in Bezug auf Ochratoxin A. Mit der Verordnung (EG) Nr. 856/2005 wurden in der Europäischen Union im Juni 2005 auch Höchstmengen für die Fusarientoxine Deoxynivalenol, Zearalenon und Fumonisine, jedoch nicht für T-2 und HT-2 Toxin festgelegt. Sie gilt ab 1. Juli 2006.

145 Anistatia R. Miller und Jared Mcdaniel Brown: Shaken Not Stirred. A Celebration of the Martini, New York (Harper Paperbacks) 1997.

146 Ian Flemming, Casino Royale, 1954: »A dry martini,« [Bond] said »One. In a deep champagne goblet.« »Oui, monsieur.« »Just a moment. Three measures of Gordon's, one of vodka, half a measure of Kina Lillet. Shake it very well until it's ice-cold, then add a large thin slice of lemon peel. Got it?« »Certainly, monsieur.« The barman seemed pleased with the idea. »Gosh, that's certainly a drink,« said Leiter. Bond laughed. »When I'm … er… concentrating,« he explained, »I never have more than one drink before dinner. But I do like that one to be large and very strong and very cold and very well-made. I hate small portions of anything, particularly when they taste bad. This drink's my own invention. I'm going to patent it when I can think of a good name.«

147 Metin Tolan, Joachim Stolze: Geschüttelt, nicht gerührt: James Bond und die Physik, München 2008.

148 Vilgis 2009, S. 29.

149 Telefonische Beratung durch Dr. Wolfgang Lortz, Wächtersbach-Leisenwald am 3. November 2009.

150 E-Mail vom 30. Oktober 2009 von Dr. Manfred Müller, Alfeld, an den Verfasser.

151 Arbeitsgemeinschaft der Verbraucherverbände (Hrsg): Gesundheitskost – gesunde Kost? Aachen, 5. Aufl. 1996, S. 110–111. Jetzt: Verbraucherzentrale Bundesverband.

152 Barham 2006, S. 264.

153 Albert Hofer: Beiträge zur Etymologie und vergleichenden Grammatik der Hauptsprachen des Indogermanischen Stammes, Bd. 1, Berlin 1839, S. 362.

154 Davidis 1845.

155 Matkowitz/Raskin-Schmitz 2007, S. 9.

156 This-Benckhard 1998, S. 118.

157 Maier 2002, S. 9.

158 https://www.bild.de/media/veweis-tips-27978/Download/2.bild.pdf

159 Heinz Strunk: Trittschall im Kriechkeller, CD, München 2005.

160 Entsprechende Empfehlungen gibt »Gaby« im Forum frag-mutti.de.

161 DIE ZEIT 42/2000, 12. Oktober 2000, 14:00 Uhr, editiert am 30. August 2010, 16:23 Uhr.

162 Pollmer/Schmelzer-Sandtner 2003, S. 67.

163 Davis 1983.

164 Eine Umrechnung in die aktuell verwendete, mit hPa (Hektopascal) rechnende Druckskala ergibt für 5000 m = 540,25 hPa, für 8000 m = 356,06 hPa.

165 This-Benckhard 1998, S. 91.

166 https://www.barilla.com/

167 Kopfball, 9. Oktober 2005.

168 www.besserwisserseite.de

169 Pollmer/Schmelzer-Sandtner 2003, S. 27–29.

170 Bild der Frau Nr. 30, 23. Juli 2007.

171 Dr. Oetker Schulkochbuch, Bielefeld 1960/2008, S.112.

172 www.vegetarierforum.de; https://forum.garten-pur.de/

173 Mirjam Hecking: »Birkel. Vom Spätzle-Pionier zum Marktführer«, in: Stern, 6. 12. 2004.

174 Rotraud Degner: Die Welt der Pasta – 150 Pastasorten in Text und Bild, München 2000.

175 Die Welt, 8. 7. 2006.

176 Marcella Hazan, hier zit. n. Barnes 2006, S. 94.

177 Harold McGee: The Curious Cook, San Francisco 1990; Wolke 2003, S. 337.

178 Karmasin 2001, S. 35. Als Gegenteil des zeremoniellen, männlichen Kochens beschreibt Helene Karmasin das weibliche, alltägliche Kochen.

179 http://www.bolliskitchen.com/2007/07/insalata-di-polpo.html

180 Jean Claude Bourgueil: Philosophie der großen Küche, herausgegeben von Thomas Ruhl, Köln 2001.

181 https://www.swr.de/buffet/

182 https://www.planet-wissen.de/gesellschaft/lebensmittel/salz/pwiesalzalsgewuerz100.html

183 Silke Maier: Kulinarische Physik, Graz 2002, S. 76.

184 Gesetz über das Branntweinmonopol, BranntwMonG vom 8. April 1922, außer Kraft seit dem 31. 12. 2017.

185 https://www.spiegel.de/panorama/gesellschaft/rtl-quiz-jauchs-krumme-millionenfrage-a-522661.html

186 Kämmer 2006, S. 137.

187 Kerstin Kuhlmann in NEON, Jugendmagazin des STERN, 2. 1. 2006.

188 Paul Imhof im Züricher Tagesanzeiger, 12. 3. 2005.

189 Heiko Dustmann: Erstellung einer Machbarkeitsstudie über die Vermarktungsmöglichkeiten für regional erzeugte Milch und regional erzeugtes Fleisch mit erhöhten Omega-3-Fettsäure Gehalten. Teilprojekt im Rahmen des Omega 3 Herzmilchprojekts des Chiemgauer Bauernmarktes e. G. in Zusammenarbeit mit Regionen aktiv Chiemgau-Inn-Salzach e. V. und dem Bundesministerium für Verbraucherschutz, Ernährung und Landwirtschaft.

190 http://www.borchardtsbauernladen.de/

191 Bayerischer Rundfunk, 6. 6. 2005.

192 Rezepterang.de

193 https://www.bild.de/tipps-trends/gesund-fit/bio-fleisch-1395658.bild.html

194 Günter Keil: »Chronik einer Panik. Ein Vierteljahrhundert Waldsterben – oder wie ein deutscher Mythos entstand, sich verfestigte und allmählich zerbröckelt. Beobachtungen aus dem Bundesforschungsministerium«, in: DIE ZEIT, 9. 12. 2004.

195 Karl Ludwig Schweisfurth: Das Buch vom guten Fleisch, München 2004, S. 49.

196 M. Wendt, K. Bickhardt, A. Herzog, A. Fischer, H. Martens, Th. Richter: »Belastungsmyopathie des Schweines und PSE-Fleisch: Klinik, Pathogenese, Ätiologie und tierschutzrechtliche Aspekte«, in: Berl. Münch. Tierärztl. Wsch. 113 (2000), S. 173–190. Vgl. auch Holger Martens: »Physiologie und Patophysiologie des Ryanodin-Rezeptors beim Schwein. Bedeutung für die Streßempfindlichkeit, Belastungsmyopathien, maligne Hyperthermie und die Qualität des Fleisches«, in: Tierärztliche Praxis, 1997, 25, S. 41–51.

197 Prof. Dr. Holger Martens, FU Berlin, Fachbereich Veterinärmedizin, Brief an den Verfasser vom 19. November 2007

198 Matkowitz/Raskin-Schmitz 2007, S. 9.

199 This-Benckhard 1998, S. 98–99 und 139.

200 Schudel 2005, S. 353.

201 Barham 2006, S. 313–314.

202 Wolfram Siebeck: »Butter aufs Haupt«, in: DIE ZEIT, 17. 8. 2006 Nr. 34.

203 Wolke 2003, S. 228.

204 Greenpeace-Magazin 6/2004 – Ernährungswissenschaftlerin Ulrike Gonder über die kniffligsten Küchenfragen.

205 www.inform24.de/nitro.html

206 Brillat-Savarin 1865, S. 95–96.

207 Vilgis 2009, S. 111.

208 Der Name Teflon® ist markenrechtlich geschützt für die Firma DuPont oder eine ihrer Konzerngesellschaften.

209 http://www.nasa.gov/missions/science/f_apollo_11_spinoff.html

210 Prof. Dr. Ulrich Walter in einem Interview.

211 This-Benckhard 1998, S. 97.

212 Christoph Drösser: »Verpuffte Energie«, in: DIE ZEIT vom 23. 11. 2006.

213 E-Mail vom 19. Mai 2009 an den Verfasser.

214 https://www.bild.de/media/veweis-tips-27978/Download/2.bild.pdf

215 Karsten Theobald: Melasse. Gesundes »Abfallprodukt« der Zuckerindustrie, 2003.

216 Über Zusatzstoffe, ihre E-Nummern, Namen, jeweilige Funktion und mögliche Nebenwirkungen informiert die »Die Verbraucher Initiative e. V.« auf https://www.zusatzstoffe-online.de. Über Zusatzstoffe international informiert der Codex Alimentarius mit seiner Datenbank »Codex General Standard for Food Additives« http://www.fao.org/fao-who-codexalimentarius

217 STERN 43/2007 (18. 10. 2007), S. 196, in einem unsentimentalen Bericht über »Das kurze Leben von Ferkel 0146«.

218 Harald Lemke: Feuerbachs Stammtischthese oder zum Ursprung des Satzes: »Der Mensch ist, was er isst«, in: Aufklärung und Kritik. Zeitschrift für freies Denken und humanistische Philosophie, herausgegeben von der Gesellschaft für kritische Philosophie Nürnberg 11 (2004), Nr. 1, S. 117–140.

219 Karl Popper: Logik der Forschung, Wien 1935, Tübingen 2005.

220 Menninger 2004.

221 U. a. Pollmer/Warmuth 2000.